(lu)

TAIPIN[illegible]

V[illegible]

! great book..
1-5-2024

La porcelaine oubliée

失去的瓷盤

ÉDITIONS DU MASQUE
17, rue Jacob 75006 Paris

ISBN : 978-27024-3325-7

PÉKIN AU TEMPS DES EMPEREURS QIN

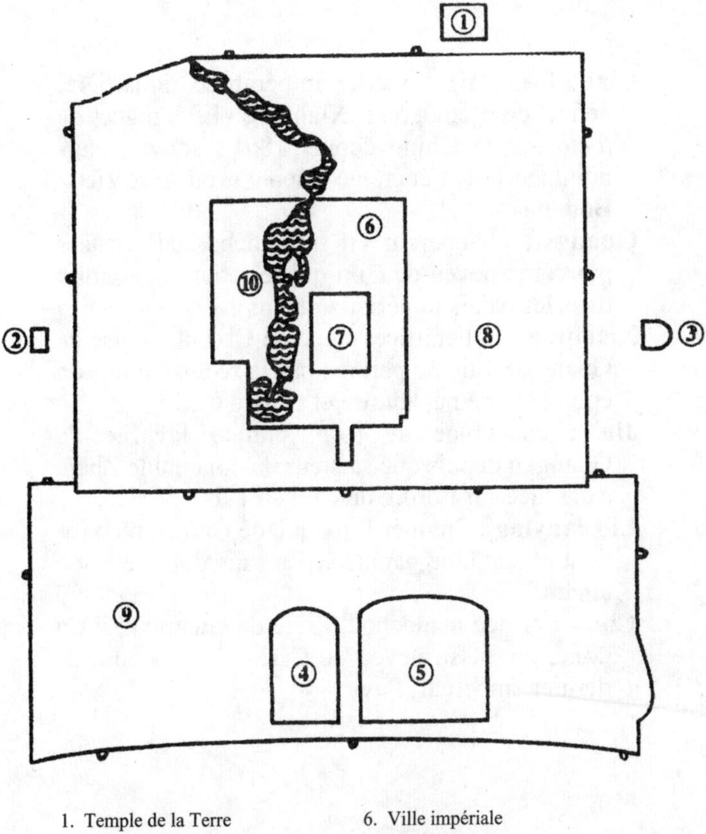

1. Temple de la Terre
2. Temple de la Lune
3. Temple du Soleil
4. Temple de l'Agriculture
5. Temple du Ciel
6. Ville impériale
7. Cité interdite
8. Ville mandchoue
9. Ville chinoise
10. Lacs bordés par les Palais de mer

LES PERSONNAGES HISTORIQUES

Cixi (Tseu Hi) : vieille impératrice douairière, veuve de l'empereur Xianfeng. Elle règne *de facto* sur la Chine depuis 1861 ; souvent surnommée la « Vénérable Aïeule » ou le « Vieux Bouddha »

Guangxu : empereur en titre, dépossédé de ses pouvoirs, neveu de Cixi qui le retient prisonnier dans les palais impériaux depuis 1898

Xiaoding : impératrice, nièce de Cixi et épouse de Guangxu. Elle ne partage pas la réclusion de son époux et, même, admire et vénère Cixi

Jin : concubine de jade, unique favorite de Guangxu depuis que sa sœur, la concubine Zhen, a été tuée sur l'ordre de Cixi en 1900

Li Lianying : Premier Eunuque de Cixi, son confident et son âme damnée. Il a sans doute été son amant

Chun : prince mandchou. Frère de Guangxu, il est donc, lui aussi, neveu de Cixi. C'est le père du dernier empereur, Puyi.

LES PERSONNAGES ROMANESQUES

Sourcil de paon : dame d'honneur de Jin
Petit Brillant : eunuque de Li Lianying
Poulie grinçante : eunuque concierge de la demeure de Cixi
Solive de montagne : eunuque gardien des collections du Palais du bonheur justifié
Hua le Têtard (Hua le Plat des Français) : eunuque très attentif aux esprits attachés aux meubles et aux maisons
Désir d'été : dame de cour de Cixi
Arôme d'angélique : dame de cour de Cixi
Fleur entrouverte de soie : dame de cour de Cixi
Maître Den Tiantao : médecin impérial

LES EMPEREURS DE LA DYNASTIE DES QING, D'ORIGINE MANDCHOUE (1644-1911)

Shunzi (1644-1661)
Kangxi (1662-1722)
Yongzheng (1723-1735)
Qianlong (1736-1795)
Jiaqing (1796-1820)
Daoguang (1821-1850)
Xianfeng (1851-1861)
Tongzhi (1862-1874)
Guangxu (1875-1908)
Xuantong (Puyi) (1908-1911)

L'urne mystérieuse

En France, dès la fin de la Révolution et jusqu'au retour des Bourbons, lors de la Restauration de 1814, un motif décoratif fut à la mode parmi les monarchistes, notamment les aristocrates émigrés dans toute l'Europe. Typique du style dépouillé et édifiant en vogue dans le dernier quart du XVIIIe siècle, ce dessin, dit de « l'urne mystérieuse », permettait, de manière discrète, d'évoquer le souvenir des membres de la famille royale emportés par la tourmente révolutionnaire.

Ce motif représente, au milieu d'un paysage champêtre, une urne néo-classique déposée sur un piédestal orné de rubans ou de plantes grimpantes. Sur le côté, figure un saule pleureur, autour duquel s'enroule un serpent, dont les branches retombent au-dessus de ce petit monument. Parfois, une figure féminine éplorée se tient sur le côté. Les courbes de l'urne et de son socle dessinent, se faisant face, les profils du roi Louis XVI et de son épouse Marie-Antoinette, l'un et l'autre guillotinés en 1793. Dans d'autres œuvres, plus élaborées, le tronc de l'arbre et le feuillage évoquent en sus le visage de la sœur du roi, Madame Élisabeth, elle aussi décapitée (1794) et celui du jeune dauphin, surnommé Louis XVII par ses partisans, mort au Temple. Sur certaines images, on trouve aussi le profil de la fille des souverains, Madame Royale qui, seule, échappa à la Révolution.

C'est ce type de dessin qu'évoque Honoré de Balzac dans « La Vieille Fille » (« Scènes de la vie de province ») : « [...] les murs tendus d'un papier d'auberge offraient ici les profils de Louis XVI et des membres de sa famille tracés dans un saule pleureur, là le sublime testament imprimé en façon d'urne, enfin toutes les sentimentalités inventées par le royalisme sous la Terreur ».

Ce motif figurait aussi sur des gravures. Plus étonnant, il fut également transmis à des artisans chinois, à charge pour eux de le recopier à l'identique pour en orner des vases ou diverses pièces de services de table (assiettes, soupières, plats, etc.) fabriquées dans l'Empire du Milieu. C'est dans la ville de Jingdezhen, dans le nord-est de la province méridionale du Jiangxi, centre de production de céramique depuis l'époque des Yuan, que ces objets étaient façonnés avant d'être expédiés en France. Plusieurs d'entre eux ont été conservés comme, par exemple, au musée Guimet, à Paris, et au musée de la Compagnie des Indes, à Lorient.

Quant au sort tragique de Louis XVI et de Marie-Antoinette, il était bien connu de la famille impériale chinoise et l'empereur Puyi y fait du reste allusion dans ses mémoires.

Première partie

Les Palais de mer

C'était l'année *wushen*, dédiée au singe, l'an 1908 des Barbares. L'impératrice de Chine, Cixi, était née en 1835 et s'était emparée du pouvoir en 1861. Depuis près d'un demi-siècle, donc, elle régnait sur l'Empire du Milieu. Gouvernant d'une main de fer, recourant volontiers au meurtre, la Vénérable Aïeule n'avait cependant pu empêcher l'abaissement de son pays, s'opposant avec obstination aux réformes qui auraient pu le sauver. Ce qui, entre autres sombres épisodes d'un règne qui voyait l'agonie de la Chine, avait conduit la douairière, voici dix ans tout juste, à commettre un forfait épouvantable, un crime dont un homme avait été et était toujours la victime. L'année wuxu, l'année 1898 selon le calendrier des Barbares, l'empereur en titre, Guangxu, son propre neveu, avait en effet voulu se saisir de la réalité du pouvoir afin de moderniser un pays à la dérive, en forçant sa tante à se retirer de la vie publique. Durant quelques jours, comme la plupart de ses prédécesseurs, Guangxu avait reçu ses ministres dans le Palais de la nourriture de l'esprit, les avait écoutés et leur avait donné ses ordres. Puis, soudain, Cixi l'avait fait arrêter par un général félon, Yuan shikai. Depuis, le Fils du Ciel déchu était emprisonné dans l'une ou l'autre des résidences impériales, souvent affamé, parfois battu, toujours moqué, sauf quand l'intérêt politique de Cixi ou la bienséance obligeait de le produire tel un animal apprivoisé et silencieux lors d'une cérémonie officielle ou devant un parterre d'ambassadeurs étrangers.

Fruit d'une longue expérience et d'un savoir-faire indéniable, le coup de dent fut précis, parfaitement maîtrisé. Il fallait que la canine perce d'un coup la carapace de l'insecte, en évitant de la briser en mille morceaux ou de l'écraser. C'était un véritable geste d'artiste. Il faisait de l'eunuque Poulie grinçante, du moins le croyait-il, l'égal des sculpteurs des ateliers impériaux qui façonnaient des scènes de pêche ou de chasse dans des noyaux d'abricots, de fabuleuses batailles dans des cônes d'ivoire, si petits qu'ils tenaient dans la main d'un enfant.

D'un habile coup de langue, l'eunuque lécha un peu de jus sorti de la bête, afin d'en goûter la saveur, mais pas trop, pour ne pas en éventer les parfums ni en dissiper les sucs puissants qui s'épanouiraient au mieux dans la tasse. Poulie grinçante recracha l'animal, pour s'assurer qu'il était bien mort. Il ne servait à rien d'infliger des tourments inutiles à la petite créature. C'était même imprudent : l'insecte pouvait être apparenté à l'eunuque, l'avoir fréquenté lors d'une vie antérieure ou s'apprêter à le faire dans une existence future, après que l'un et l'autre aient revêtu une nouvelle apparence, celle d'un homme ou d'une bête, sur le chemin des cycles de vies quasi sans fin qui étaient le lot de tout être vivant.

Ce cafard-là était vraiment une prise de choix. Ce craquant, cette saveur âcre mais légèrement sucrée, avec une pointe aillée… L'animal était digne de remplir sa mission, du moins si l'on en croyait les enseignements des médecins du village de Xiao li pu : plus la saveur était puissante, plus grande serait l'efficacité thérapeutique et magique. À la vérité, le croquant de la bête ne faisait rien à l'affaire, même si c'était plus agréable de mordre dans un cafard croustillant que dans un insecte ramolli par les pluies ou l'âge.

– C'est bien, tu me fais plaisir, chuchota l'eunuque en déposant avec délicatesse le cafard mort sur un plateau de laque. Tu n'as pas résisté et tu te montres généreux… Tu vas y gagner des siècles de rédemption. Tu arriveras plus vite à l'Illumination suprême et tu seras ainsi débarrassé de cette vie, de toutes ces vies qui s'enchaînent et nous malmènent, et nous usent tant, les eunuques et les cafards…

C'était bien une femelle, et fécondée, comme l'avait laissé supposer la teinte rouge-brun du bas de son abdomen, la lenteur pesante avec laquelle la bête s'était traînée sur le carrelage, laissant aux vieux doigts de l'eunuque tout le temps de l'attraper, en dépit des rhumatismes qui le rendaient chaque mois plus maladroit. Les rhumatismes, justement, que l'insecte allait l'aider à soigner…

Il en allait ainsi depuis des années, peut-être

même depuis la fin du règne de l'empereur Xianfeng, voici près de cinquante ans. Poulie grinçante était arrivé tout jeune homme à la cour des Fils du Ciel, l'esprit encore épouvanté de la mutilation subie pour en faire un eunuque, mais déjà résigné et désireux de donner satisfaction. Il avait dû se battre, de corvée en corvée, pour acquérir une bonne place et la garder. Afin de ne pas succomber au découragement, l'eunuque s'était appliqué à respecter les conseils que sa mère lui avait prodigués avant de le laisser partir. Il avait aussi suivi les enseignements des thérapeutes de son village natal. Un insecte dans le thé du matin, un autre dans le thé du soir gardaient les maladies à distance ou, tout au moins, l'âge venant, permettaient d'en juguler les développements. Mais attention, pas n'importe quel cafard, il fallait un insecte en tous points semblables à ceux que l'on trouvait dans les masures de Xiao li pu, des « petits voraces aux jambes lisses ». Leurs trois paires de pattes, comme leur nom l'indiquait, étaient dépourvues de poils, et ils avaient des antennes si recourbées qu'elles formaient presque des cercles parfaits…

– Santé, vitalité, lucidité, marmonna Poulie grinçante. Il continua à se parler à lui-même : Ma mère avait raison. Hormis ces deux ou trois doigts qui s'engourdissent un peu chaque nuit, depuis l'automne de l'année passée, ça va à peu près… Tout cela, c'est grâce à vous, les « petits voraces », qui me maintenez en forme… Le serviteur marqua un temps d'arrêt puis ajouta, plus grave : Sans compter la clairvoyance que vous m'accordez chaque fois que votre sang passe dans le mien, la clairvoyance et le pouvoir de voir ce qui ne se voit pas d'ordinaire.

L'eunuque jeta un œil sur le cafard. Il crut voir une antenne trembler :

– Tu ne t'échapperas pas, petit soldat… Tu es mort au combat.

Avec ces animaux-là, on ne pouvait jamais être sûr de rien, songea l'eunuque. Même perforés de part en part, tronçonnés, la tête ou les pattes arrachées, certains insectes se remettaient à courir dans tous les sens…

– Comme des soldats barbares à la cuirasse percée poursuivis par les valeureux militaires des Grands Qing, s'exclama …

Protégé depuis un demi-siècle par les hauts murs de briques des palais impériaux, Poulie grinçante ne savait pas que l'armée des empereurs de Chine n'était depuis longtemps que l'ombre de la troupe conquérante qu'elle avait été. Elle n'aurait pas même été capable d'empêcher une jacquerie d'enfoncer la Porte de la fierté divine, de prendre d'assaut les terrasses de marbre blanc avant de s'engouffrer dans les résidences des concubines comme cela s'était autrefois produit, à la fin de la dynastie des Ming… Sans parler des étrangers qui s'étaient installés à Pékin depuis plusieurs années, à quelques pas de la Porte du Midi : dans la vaste cité impériale, pas un pavillon, pas une cour n'était à l'abri de leurs canons, si jamais ces Barbares décidaient de passer à l'attaque.

Poulie grinçante accorda un nouveau regard à la bête croquée… Non, vraiment, celui-là avait son compte… La petite carapace brune ne bougeait pas davantage que les grues et les tortues de bronze qui montaient la garde sur les terrasses de la Cité interdite.

En dépit de ses rhumatismes, l'eunuque était droit et svelte, encore préservé de la graisse qui envahissait le plus souvent les autres castrats, épaississait leur ventre, leurs cuisses et leurs bras. Il virevoltait dans la minuscule pièce où il dormait, mangeait, se lavait. Poulie grinçante s'approcha de la fenêtre tendue de papier translucide. L'eunuque connaissait sur le bout des doigts l'emploi du temps qui réglait la vie de Cixi. Il lui suffisait d'apercevoir des silhouettes indistinctes à travers la membrane pâle et nervurée, le papier qui tenait lieu de vitre, pour remplir sa mission de surveillance, savoir qui venait voir la douairière, et pour quoi faire.

Cette fois-là, les dames de cour de Cixi étaient occupées à disposer sur la véranda tout ce dont la vieille souveraine aimait être entourée lors de sa collation de l'après-midi : des cages à oiseaux et une multitude de tables basses en bois de pêcher où seraient présentés les mets préparés pour le « Vieux Bouddha », d'innombrables plats où celle-ci picorerait au gré de sa fantaisie.

Le portail rouge sang qui s'ouvrait du côté des cuisines pivota dans un grand bruit sec, que Poulie grinçante connaissait bien. Le temps que se forme le cortège des serviteurs chargés de la collation, l'eunuque avait encore le temps de procéder à sa petite préparation…

Un autre aurait considéré avec circonspection la cloison derrière laquelle se trouvaient les appartements impériaux où séjournait la douairière depuis que celle-ci avait décidé de s'installer dans cette partie de la Ville impériale [1]. Une ou deux rangées de briques, c'était tout ce qui le séparait du Vieux Bouddha, l'impératrice de Chine, celle qui avait tour à tour tué son mari l'empereur Xianfeng, sa rivale et son fils, puis emprisonné son neveu et commis bien d'autres crimes pour assurer son pouvoir, celle qui s'en prenait à la domesticité pour une faute vénielle, voire sur un simple caprice, ordonnait chaque jour ou presque de châtier une dame de cour ou un serviteur parfois jusqu'à ce que la mort s'ensuive.

Poulie grinçante secoua la tête. Lui, il le savait, n'avait rien à craindre. Tout au contraire. Non pas parce qu'il avait toujours accompli son devoir avec zèle et ponctualité. En fait, et l'eunuque en était fier, la minceur de ce mur faisait de lui l'égal des plus proches conseillers de la douairière, grands eunuques, mandarins dont les habits brodés d'une grue, d'un faisan d'or ou d'un paon annonçaient le rang élevé, qui apportaient chaque matin à Cixi les rapports à viser et les édits à signer. Oui, loin de le rendre vulnérable, cette cloison faisait de l'eunuque le confident de Cixi, puisqu'il savait tout d'elle ou presque. À travers ce mur, Poulie grinçante devinait tout des moindres déplacements de Cixi, de l'identité des visiteurs qu'elle recevait. De

1. La Ville impériale, contenant elle-même la Cité pourpre interdite, était située dans la moitié nord de Pékin, surnommée la Ville mandchoue. Au sud, s'étendait la Ville chinoise.

plus, en tant que gardien de la porte, n'était-il pas le véritable maître de la vie de la douairière, son maître, son époux secret, puisque, sans lui, l'impératrice n'aurait pu ni quitter son palais ni y rentrer ? Cixi l'ignorait, mais elle était déjà sienne.

– Et depuis longtemps, murmura l'eunuque. Je t'ai conquise peu à peu, dès que j'ai reçu l'ordre de veiller sur toi.

Bien que les guérisseurs de Xiao li pu ne lui en aient jamais rien dit, Poulie grinçante était convaincu que les milliers de cafards dont il avait bu et digéré les entrailles, année après année, l'avaient gardé en bonne santé mais aussi fortifié son esprit, l'avaient rendu plus intelligent… Vite, l'eunuque allait boire sa préparation, pour s'approcher de Cixi. Il désirait tant vivre à ses côtés sans qu'elle en sache rien…

Poulie grinçante s'avança à pas mesurés du réchaud rougeoyant. Chacun de ses gestes était calculé, leur amplitude adaptée à la petitesse de la pièce, plutôt une loge, une cellule. L'eunuque versa l'eau dans la théière de terre rouge. Le pot venait lui aussi de Xiao li pu. L'eunuque était certain que ses flancs de terre cuite étaient les plus dignes de contenir la boisson régénératrice, de recevoir les sucs de l'insecte. D'une main agile, en un geste mille fois répété, Poulie grinçante mit le cafard dans la tasse, sur le lit de feuilles de thé, puis versa l'eau brûlante. La carapace se décolora sous l'effet de la chaleur. L'eunuque se réjouit de ce phénomène mille fois observé. Il y voyait un signe favorable : l'animal n'avait pas souffert et ne lui en voulait pas de lui avoir donné la mort, il lui offrait de bon cœur sa puissance cachée.

– Jeunesse éternelle…, murmura l'eunuque, le nez au-dessus de la buée qui montait, afin de ne pas perdre une parcelle de la senteur magique.

Oui, ainsi préparée avec fidélité et attention, la recette lui donnait chaque jour la force de servir la vieille impératrice. Et plus que d'autres, le serviteur en était certain, les insectes nés et grandis dans la Ville impériale étaient chargés de puissance, de la force captée au voisinage de la dynastie des Grands Qing. Peut-être, même, ce cafard-là s'était-il nourri des miettes tombées de l'assiette de l'impératrice douairière. Ce qui pouvait expliquer sa belle couleur, sa corpulence. Qui sait, peut-être cet animal avait-il même assisté aux réunions du Grand Conseil, caché sous le trône de Cixi ? La sagesse de la douairière, le savoir de ses conseillers et leur hauteur de vue auraient rejailli sur la bête, auraient imprégné son corps, ses antennes rondes, ses pattes.

Tout à son exaltation, l'eunuque ne craignait pas de se brûler en buvant, encore fumant, le thé au « petit vorace aux jambes lisses »… Une fois de plus, peut-être davantage qu'à l'accoutumée, la saveur de l'insecte se mariait parfaitement à celle du thé. L'herbe elle-même aimait cette compagnie : échaudées, les feuilles lancéolées se redressaient, quittaient le fond de la tasse pour remonter droit vers la surface, comme des poissons minuscules, en se bousculant les unes les autres.

Certes, songea l'eunuque, il avait moins fière allure que les farouches gardes mandchous qui veillaient aux portes de la Cité interdite, avec leurs armes et leur turban sombre. Mais eux ne voyaient passer que des charrettes aux rideaux tirés, des palanquins clos, de vulgaires convois chargés de légumes ou de charbon. Poulie grinçante, lui, savait à quel moment, précisément, Cixi sortait de son séjour pour se faire porter jusqu'au rivage de l'Étang de la grande salive, la plus vaste des pièces d'eau qui agrémentaient les Palais de mer. Parfois, même, le serviteur apercevait à la dérobée le visage de la Vénérable Aïeule. Et c'était beaucoup.

Poulie grinçante n'avait jamais connu ni homme ni femme, pas même durant les quelques mois, passée l'enfance, qui avaient précédé son opération. Il avait toujours vécu seul. Mais à l'heure où tant d'eunuques se mouraient de tristesse et de solitude, dans la Ville impériale ou hors les murs, trop vieux pour travailler et réduits à la mendicité, lui, il était le plus heureux des hommes. Il était vivant, bien vivant, alors que bien des puissants, de plus jeunes que lui, n'avaient fait que passer dans cette vie. Par exemple l'infortuné empereur Tongzhi, le propre fils de la douairière, et tant de princes, ensevelis avec leurs richesses… L'eunuque sourit. Grâce aux conseils de sa mère, à la science des thérapeutes de Xiao li pu et aux infusions de cafards, il vivait et, de plus, ne formait qu'un seul être avec Cixi, la douairière de Chine.

De nouveau, l'eunuque versa de l'eau brûlante sur le thé et l'insecte. La seconde décoction était toujours la meilleure. Alliée à l'eau, la terre de la théière avait eu le temps de prendre au cafard tout ce qu'il avait à offrir, de se charger de la moindre parcelle magique. Poulie grinçante se plut à laisser un moment ses lèvres au contact du thé, la tasse à peine inclinée. L'ivresse…

D'un coup, son esprit bascula. C'était une impression étrange, maintes fois éprouvée et qui le surprenait pourtant encore. Poulie grinçante se sentait à la fois gagné par une envie de dormir et, tout au contraire, un ardent besoin de parler, de crier, de rire, avec le plus grand nombre de personnes possible les centaines d'eunuques qui peuplaient le Zijincheng, la Cité pourpre interdite, les milliers de serviteurs et d'artisans qui demeuraient dans ses dépendances et y travaillaient sous l'autorité du Neiwufu, l'administration impériale… Cette fois, avec ou sans son corps, l'eunuque ne savait pas très bien, son esprit s'éleva, traversa sans peine le plafond et, passé les combles où s'enchevêtraient les poutres sculptées de la toiture recourbée, poursuivit son ascension, jusqu'à se retrouver à la hauteur des grands arbres qui ombrageaient le Palais des nuages ordonnés, ensemble de vastes salles claires et tuilées de bleu, où résidait la douairière.

Une fois parvenu au sommet des branchages que le printemps finissant n'avait pas encore portés à leur maturité, l'eunuque aperçut le seul objet de ses désirs, là en dessous, si proche. Cixi, vieillissante et affaiblie, mais que Poulie grinçante apercevait jeune et belle. À la vérité, elle était vêtue d'une simple robe d'intérieur jaune et mauve, brodée d'un semis régulier de nuages et de pierres musicales. Or, les sucs du cafard transformaient cette tenue modeste en une robe de cour somptueuse, jaune impérial, aux manches et au col ornés de dragons rampants.

Cixi était seule et, pourtant, il sembla à Poulie grinçante qu'elle se trouvait au milieu de toutes les princesses de la cour des Grands Qing, les unes jouant de la musique, à la balle, à cache-cache, d'autres au cerf-volant, au gré du vent venu des steppes du nord de la Chine. C'était bien elle, jeune et ravissante comme au premier jour de son existence dans la Ville impériale.

– Cixi ! s'émerveilla Poulie grinçante.

Ses habits lui tenaient chaud. Il repoussa d'une main sa robe de coton, étreignit sa cuisse avec fièvre, les doigts écartés, prit cependant soin d'éviter la cicatrice bourrelée qui lui causait tant de soucis puisque chaque jour, chaque heure, elle lui rappelait qu'il n'était pas tout à fait un homme. Il ajouta :

– Comment te prouver que nous sommes faits l'un pour l'autre ?

Tout en bas, Cixi l'avait-elle entendu ? En tout cas, elle ne répondit rien. Cela n'avait aucune importance, se persuada l'eunuque. Poulie grinçante n'avait jamais connu l'extase. Le seul fait d'avoir eu l'audace de prononcer ces paroles, insensées mais sincères, le dégrisa d'un coup. Son imagination retomba à même le sol, et lui aussi, tout comme les cerfs-volants qu'il avait cru apercevoir.

Avait-il rêvé ? Sans bien savoir ce qui lui était arrivé, l'eunuque se retrouva seul dans sa loge, affalé à même le carrelage de pierre grise, ses vêtements désajustés. Un frisson le parcourut. Qu'avait-il vu ? Il n'était pas certain de le savoir.

D'ailleurs, son esprit et son corps s'étaient-ils vraiment échappés de lui pour observer l'impératrice par-dessus les murs ? Probablement, car l'image qu'il avait eue de Cixi était trop précise, trop entêtante… Vite, de ses doigts maladroits, l'eunuque attrapa un peu de thé, le jeta dans la tasse et raviva le feu de son réchaud, l'esprit tout occupé des visions qui y traînaient encore, lambeaux riches de promesses, d'une exaltation capiteuse.

Peu à peu, Poulie grinçante retrouva son calme et se sentit moins conquérant. Il se souvint que, le plus clair de son temps, sa vie le conduisait surtout à répéter les mêmes gestes, à les reproduire mille fois, ces gestes qui cependant suffisaient à nourrir son orgueil puisqu'ils étaient ceux d'un eunuque impérial. Pendant de longues années, encore, pour son plus grand bonheur, Poulie grinçante guetterait les pas et les chuchotements des serviteurs de Cixi, derrière la porte rouge, ouvrirait celle-ci en faisant le moins de bruit possible, pour ne pas déranger la vieille impératrice et ses dames. Il tirerait avec fermeté les madriers, le plus rapidement possible, mais sans geste brusque, apprécierait pleinement le son doux que faisaient les traverses de bois poncé, raboté par les ans, en glissant à l'intérieur de leur compartiment. Ces pièces qui s'emboîtaient les unes dans les autres, cette impression de perfection, il ne cesserait de les regarder fonctionner, et il admirerait aussi, au passage, les neuf rangées de neuf clous de bronze, le nombre réservé à l'usage exclusif des résidences impériales, pour achever de se persuader de l'importance de son travail, qui l'amenait à côtoyer Cixi.

Les effets du thé aux cafards étaient presque complètement dissipés, maintenant. Un instant saisi par le doute, le serviteur s'écria :

– Je ne suis qu'un eunuque, mais ça t'est égal, n'est-ce pas ?

Pour se rassurer, enhardi, dégrisé, Poulie grinçante poursuivit :

– Tu es vieille, à présent, je le sais bien, mais ces choses n'ont plus aucune importance. Tout ce dont tu as besoin, c'est de t'en remettre pleinement à ton admirateur, à ton serviteur, à moi…

Le castrat s'énerva de ne plus apercevoir Cixi. Il s'emporta :

– Mais pourquoi ne m'accordes-tu pas davantage d'attention, moi qui garde ta porte depuis tant d'années ? Je veille sur toi, te protège et je sais tout de toi, des visites que tu reçois, de tes promenades. Cixi, mon amour, ma femme…

Nul ne répondait à l'eunuque. Derrière lui, recommençaient à courir dans tous les sens, sur le sol et les meubles, les cafards que ni la perte de l'un des leurs ni les vociférations de Poulie grinçante n'avaient émus.

Ignorant bien entendu l'émoi qu'elle suscitait, assise sur une simple chaise dotée d'un haut dossier, Cixi grignotait en attendant le repas proprement dit, des sucreries, exclusivement, dont elle devenait de plus en plus friande à mesure qu'elle vieillissait. Elle avala deux ou trois quartiers de fruits frais, mangea un pain mandchou aux graines de sésame parfumé à l'osmanthe, ne prit qu'une bouchée d'un autre, farci au lotus, tenta une cuillérée de crème de noix… Rien ne lui plaisait vraiment.

Cixi songeait, morose, en regardant du côté de la Cité interdite. Toute impératrice qu'elle était, ces pierres, ces palais disaient les renoncements auxquels elle avait dû se résoudre, les désillusions qui avaient été les siennes, plus nombreuses que ses joies. Là-bas, dans le Grand Au-Dedans, la Cité pourpre interdite, tout lui rappelait les événements funestes de l'année *gengzi*, l'année du rat, l'année 1900 selon le décompte des Barbares. Ceux-ci avaient été attaqués dans leurs légations par la secte des Boxers, alliés à l'armée impériale. Contre toute attente, les étrangers avaient victorieusement résisté, à un contre mille, repoussé les Boxers et les impériaux avant de contre-attaquer en s'en prenant à la Cité interdite. Cixi et la cour avaient dû s'enfuir dans la précipitation, concubines et castrats entassés dans des charrettes cahotantes. Au cours des jours qui avaient suivi, avant de parvenir à Xian, en sécurité, Cixi avait connu la faim, le froid, la peur, en dépit des précautions, des prévenances dont ses sujets l'avaient entourée. Après l'exil, la douairière et la cour avaient regagné Pékin, contraints d'en passer par les volontés des Barbares, qui avaient imposé un traité humiliant, une fois de plus. Les bâtiments du Grand Au-Dedans avaient été respectés et préservés par les Occidentaux, les Nez longs, et les richesses n'en avaient pas été emportées. Mais savoir que cette soldatesque rustaude avaient pénétré dans ce lieu qui aurait dû en être préservé était insupportable à Cixi. Non, vraiment, partout, où qu'elle aille, elle se heurtait à la destruction et au désarroi. Surtout, dans ces lieux dévastés, qui avaient les uns connu l'affolement, les autres la détresse, Cixi était confrontée à sa propre mort. De plus, la veille femme trouvait la Cité interdite trop solennelle, ses résidences trop mal commodes, dépourvues de charme. Aussi la douairière avait-elle décidé de rester le moins souvent possible en ce lieu.

Pendant un temps, Cixi avait jeté son dévolu sur le nouveau Palais d'été, le Jardin où l'on cultive la concorde, dont elle avait personnellement approuvé les plans et surveillé de près les travaux d'aménagement. Pendant de longues années, Cixi était restée tapie dans ce ravissant semis de pavillons distribués autour d'un lac agréable. Quelques heures lui suffisaient pour regagner Pékin, par voie de terre ou bateau, quand une cérémonie importante requérait sa présence dans l'un des grands temples de la capitale ou dans la Cité interdite. Pourtant, lui aussi, à son tour, le nouveau Palais d'été l'avait lassée. En fait, en dépit de ses charmes, de ses sanctuaires tibétains, du bateau de marbre où Cixi se plaisait à se reposer, de son théâtre coloré, le nouveau Palais d'été n'était que l'ombre de l'ancien, le seul Palais d'été, le vrai, l'unique, brûlé, ravagé, pillé par les Barbares à la fin du règne de l'empereur Xianfeng, l'infortuné Fils du Ciel. De cette merveille composée de centaines de salles et de kiosques, il ne restait aujourd'hui que des ruines et des herbes folles, et les jolis étangs autrefois parcourus de barges dorées n'étaient plus que des mares aux eaux stagnantes, désertés par les poissons tachetés et joufflus que caressaient autrefois des concubines roucoulantes. Depuis plusieurs années, donc, en raison des pensées sombres qu'il lui inspirait, même le Jardin où l'on cultive la concorde lassait Cixi. Elle continuait certes à s'y rendre mais pour des séjours, plus courts qu'autrefois.

Aussi, le plus clair de son temps, le Vieux Bouddha habitait dans les Palais de mer. Au contraire de la Cité interdite, où régnait la symétrie la plus contrainte, ceux-ci se distribuaient en un désordre savant autour de lacs disposés en chapelet. Établis à quelques pas de la Cité interdite, en allant vers l'Occident, les Palais de mer comportaient des salles de spectacle et des temples, des bâtiments d'habitation, un foisonnement de kiosques, de galeries couvertes et de pavillons environnés d'arbres. Ils formaient un enchantement gracieux où Cixi se plaisait beaucoup. Le Trésor impérial peinait à freiner la décrépitude dans laquelle tombaient des parties entières de la Cité interdite. Il n'éprouvait en revanche aucune difficulté à entretenir les Palais de mer, plus récents donc en meilleur état, et moins vastes.

Aujourd'hui, la Vénérable Aïeule comptait prendre tous ses repas à deux pas de sa chambre à coucher, dans le Pavillon des chatons de saule. Ce jour-là, en se levant, elle s'était sentie trop fatiguée pour se faire porter en un autre lieu, même en palanquin. Selon le rituel immuable, un cortège s'était formé à la porte des cuisines impériales pour acheminer les mets jusqu'à Sa Majesté. Des eunuques droits et attentifs portaient avec orgueil des paniers de bois contenant des boîtes laquées et des plats enveloppés de jaune, le tout recouvert, noué, retenu, attaché par des rubans jaunes. Raides, orgueilleux, craintifs, les serviteurs devaient faire preuve d'une attention de tous les instants, prendre garde à chaque foulée, à chaque geste : la moindre faute d'inattention, le moindre faux mouvement aurait été puni. Cette anxiété conduisait ces hommes à se préoccuper de leurs propres pas mais aussi de ceux de leurs camarades, qu'il fallait anticiper et suivre, de manière à ne former qu'un seul et long dragon. En cas de chute, les châtiments encourus étaient sévères et souvent distribués de manière collective, même quand il s'agissait de ne punir qu'un seul maladroit.

La surveillance de cette véritable cérémonie faisait en principe partie des tâches dévolues au redouté Li Lianying. Chef des eunuques de Cixi et castrat lui-même, ce dernier avait depuis de longues années outrepassé son rôle en devenant le confident, l'âme damnée, le principal conseiller de la douairière. Peut-être, même, lorsque tous deux étaient plus jeunes, Li Lianying avait-il été encore bien plus proche de la douairière. Un jour ou l'autre, tous les serviteurs de la Cité interdite avaient entendu parler des rumeurs insistantes : le Premier Eunuque n'avait en fait jamais été amputé et il avait réussi à corrompre les médecins impériaux chargés de vérifier le résultat d'une opération qui n'avait donc jamais eu lieu. Puis, grâce à son allure fière et à une assurance qui avait intrigué Cixi, il avait su se faire remarquer par l'impératrice, la séduire et la contenter…

Dans les faits, Li Lianying ne surveillait plus

qu'en de rares circonstances le bon déroulement des repas impériaux, par exemple lorsque Cixi conviait des membres de sa famille à partager son repas ou bien quand elle exhibait, pour s'en amuser, l'empereur Guangxu sorti de sa geôle l'espace d'un repas. Ce jour-là, donc, le chef des eunuques de Cixi était demeuré chez lui, peut-être occupé à caresser une servante docile et terrorisée. À moins qu'il ait été occupé à contempler les objets précieux que lui avaient permis d'acheter un goût très sûr joint à des ressources considérables, fruits de ses trafics et rapines.

Hormis un simple eunuque en chef qui demeurait en retrait, l'une des dames de Cixi surveillait les préparatifs du repas impérial. C'était la première fois que cette suivante, Désir d'été, dame de cour de troisième grade, exerçait une telle responsabilité. C'était une tâche redoutable, qui pouvait attirer sur sa tête aussi bien des avantages, voire une récompense, au terme de quelques mois, si elle donnait satisfaction, que des calamités. La jeune fille s'était préparée pendant des jours et des jours à accomplir au mieux cette mission. En silence, en se remémorant ce qu'elle avait observé depuis son entrée dans la Ville impériale, Désir d'été avait appris par cœur le rôle dévolu à chaque serviteur lors du repas impérial.

Fort heureusement pour Désir d'été, celui-ci était parfaitement réglé. Chaque servante, chaque serviteur savait ce qu'il devait accomplir, ce qui rendait toute parole inutile, toute bousculade impensable, toute hésitation impossible. Préparés à l'autre extrémité des Palais de mer, les mets venaient de traverser des cours et des jardins, d'emprunter des corridors ventés et des passages humides : tout avait refroidi. Aussi, dans l'office, d'autres domestiques s'affairaient, maniant une batterie de soucoupes, de bols et de couvercles, de bassines à bain-marie, de réchauds et de torchons. Il s'agissait, en quelques instants, de réchauffer les plats, sans en altérer ni la saveur ni les qualités médicinales et, surtout, de faire en sorte qu'ils soient à la température requise, ni trop chauds ni trop froids… Que l'une de ces règles soit bafouée, et la douairière ordonnerait des punitions en rafales. Que Cixi se brûle la langue ou n'aime pas le goût d'un mets, l'eunuque qui aurait la malchance de le lui présenter, ainsi que le goûteur et le cuisinier responsables de ce désastre, n'avaient plus qu'à se dénuder pour se laisser bastonner en étouffant leurs cris.

Désir d'été avait la particularité d'appartenir à une véritable dynastie de dames de cour, ce qui était assez rare : sa mère avant elle, et aussi sa grand-mère avaient servi les Qing, depuis le temps de l'empereur Daoguang. Un jour, Cixi l'avait appris et en avait conçu une vive satisfaction : la douairière voyait dans cette longue expérience familiale la certitude d'être bien servie, et elle avait demandé au Neiwufu de recruter Désir d'été. Grande, bien faite, celle-ci accomplissait avec application et adresse les tâches qui lui étaient dévolues et, de plus, aimait la compagnie des autres dames de cour, ce qui n'était pas si fréquent dans un monde où la jalousie et l'envie prévalaient…

Pour plus de sûreté, Désir d'été n'avait rien

mangé depuis son lever, hormis un bol de riz blanc sans aucun assaisonnement. Elle éprouvait certes une faim légère, mais n'en était que plus vive, plus attentive. En outre, son estomac ne risquait pas, ainsi, de troubler la collation de Cixi par des bruits inconvenants et qu'il lui aurait été impossible de maîtriser. Surcroît de précaution : Désir d'été avait eu l'idée de placer derrière un paravent deux de ses compagnes, Arôme d'angélique et Fleur entrouverte de soie. Ces deux suivantes étaient prêtes, au moindre signe, à faire face à l'imprévu, par exemple à changer les couverts de Cixi si ceux-ci venaient à tomber à terre, à porter une serviette brodée d'argent dont la douairière aurait eu besoin.

Arôme d'angélique était très liée à Désir d'été : les deux jeunes filles avaient été recrutées le même jour par le Neiwufu et avaient fait leurs classes ensemble auprès des mêmes instructrices. Elles s'étaient mutuellement soutenues et encouragées dans les moments de détresse, s'étaient réjouies ensemble, avec une sincérité sans mélange, lorsque l'une des deux recevait une récompense ou un encouragement. En revanche, la dame de cour de troisième grade connaissait mal la jeune Fleur entrouverte de soie, qui ne se trouvait là que par le jeu des avancements sur le grand tableau de service tenu par les fonctionnaires du Neiwufu. De plus, lors de son arrivée dans les palais impériaux, cette Fleur entrouverte de soie n'avait été qu'incomplètement formée par Sourcil de paon, faute de temps, avant de passer au service de Cixi.

En fait, celle-ci s'appliquait depuis toujours à observer les règles de prudence déterminées par les empereurs ses prédécesseurs. Afin de prévenir toute conspiration, d'égarer l'empoisonneur qui aurait pu se glisser parmi les cuisiniers, marmitons et autres eunuques préposés aux repas, les souverains Qing évitaient de marquer leur préférence pour un plat en particulier, certes au prix de frustrations et de regrets, ne reprenant presque jamais d'une même préparation. Respectant cette habitude, chaque matin, Cixi commandait quelques dizaines de mets et, parmi eux, celui qu'elle désirait spécialement mais qui ne pourrait être découvert par d'éventuels espions, au milieu de tant d'autres, d'autant qu'à cette commande se mêleraient les mets prescrits par les astrologues et les médecins.

La douairière picorait, avec dédain, parcimonie, prenait une bouchée de chacun des mets qui lui plaisaient : un petit pain en forme de fleur, de lapin ou de pêche, un gâteau de haricots rouges ou à la pomme de terre sucrée… Après avoir grignoté tout à l'heure, la douairière n'avait plus très faim mais elle se forçait à manger, pour ne pas paraître malade. Habituée depuis des décennies au luxe de la cour que la douairière s'était plu à accroître, elle aimait admirer le ballet que décrivaient devant elle les suivantes manipulant les trésors de la vaisselle impériale, assiettes, aiguières et bols jadis façonnés pour les premiers empereurs Qing. Au milieu de ces richesses étalées, parée et maquillée, la douairière ressemblait à une statue de déesse entourée de présents. Se servant d'une coupe précieuse puis d'une autre, reposant un gobelet pour se saisir d'un autre, couvant des yeux les objets dont elle ne se servait pas, Cixi éprouvait une joie immense. Elle possédait ces trésors, en faisait ce qu'elle voulait, se plaisait à penser qu'ainsi, elle insultait la mémoire des souverains qui l'avaient précédée et n'avaient jamais imaginé qu'une simple femme ose leur succéder, une obscure concubine du harem impérial, appartenant à la cinquième classe des favorites et de surcroît non issue d'une lignée princière…

Autour de l'impératrice, les dames de cour et les eunuques apportaient, desservaient, remplaçaient les pièces d'orfèvrerie et de cristal à mesure que se déroulait le repas. Passaient devant Cixi les bols précieux chers au grand Qianlong, ainsi que ses couverts favoris, en émail, or et jade, puis les porcelaines de Jiangxi, les verres spécialement fabriqués dans les ateliers impériaux, en collaboration avec des artisans occidentaux pour l'empereur Xianfeng, l'époux falot et indécis que Cixi avait tant méprisé. Et même le nécessaire en or spécialement fabriqué pour le fils et successeur de ce dernier, l'empereur Tongzhi.

Tongzhi, mon fils, mon cher fils, songeait Cixi en se saisissant d'une cuillère. Je t'ai donné le jour mais je t'ai empêché de vivre et je n'en ai aucun regret. Quand tu étais petit, je faisais semblant de te chérir devant mon époux, ton père l'empereur Xianfeng. Quand celui-ci est mort, j'ai exercé le pouvoir en ton nom, tout allait bien. Tandis que tu babillais sur ton trône, je gouvernais et dirigeais les travaux des ministres, cachée derrière un rideau de perles.

– Je devais me dissimuler, moi, Cixi ! hurla soudain la Vénérable Aïeule. Comme une voleuse, une criminelle !

De rage, elle repoussa du bras les pâtisseries que lui présentait un gros eunuque. L'homme baissa vite la tête pour ne pas risquer de croiser le regard de Cixi, ramassa le plateau d'or et fila. Obéissant à un geste de Désir d'été, Arôme d'angélique s'avança en prenant elle aussi bien soin de baisser les yeux. En un tour de main, elle ramassa une assiette en forme de tournesol tombée sur le tapis. L'instant suivant, le repas reprit son bel ordonnancement. Rien ne témoignait de l'incident qui venait de se dérouler sous les lanternes de bois sombre et de verre peint. Rien, sauf les yeux de la douairière qui ne décolérait pas.

– Voici des pommes de terre sucrées, Vénérable Aïeule, murmura un eunuque. Et des poires deux fois bouillies à la poudre de fritillaire.

Stupéfaite que le fil de ses pensées indignées soit interrompu, Cixi esquissa un geste, se retint, jeta un regard malveillant au castrat qui rampait à ses pieds, le jugea indigne de sa haine et avisa une coupe de jade du Xinjiang, à l'arrondi très pur et au délicat décor de fleurs de rubis, une pièce venue des collections de Qianlong. Rendue maladroite par ses longs protège-ongles de vermeil, l'impératrice saisit l'objet avec toute la force dont une vieille femme était capable. La coupe tomba sur le sol, sans se briser, roula un instant sur le flanc, répandant un filet de sauce brune, un coulis de fruits frais qui gicla et souilla les servantes. Chacun retenait son souffle.

– Que l'empereur Tongzhi reste à jamais maudit ! s'égosilla Cixi. Moi, j'ai tout fait pour l'envoyer à la mort !

Elle releva le menton et s'adressa à son fils défunt :

– Quand tu es devenu un homme, je t'ai trouvé des compagnes, des amantes, toutes plus sucrées et dociles les unes que les autres, pour que tu me laisses gouverner en paix la Chine, imbécile ! Et quand tu as fais mine de t'intéresser aux affaires de l'Empire, j'ai facilité tes sorties nocturnes dans la Ville chinoise, j'ai donné des ordres aux gardes des Portes pour qu'ils te laissent aller et venir à ta guise !

La voix de Cixi se fit plus rauque :

– Et j'ai répandu l'argent pour que toutes les prostituées de Pékin partagent tes nuits et tes plaisirs, surtout les filles les plus malades, d'ailleurs souvent les plus entreprenantes, et les plus travailleuses, parce que les plus désespérées.

Pas un eunuque, pas une servante n'ignorait l'histoire de cet avilissement programmé. Mais c'était la première fois que son instigatrice s'en vantait en public. Cixi était vieille, ni les remords, ni les scrupules, ni la crainte à devoir rendre des comptes ne retenaient désormais sa langue. Elle exultait :

– Et plus tu découchais, plus tu me faisais plaisir, mon fils, et plus je payais en secret ces filles délurées. Plus tu marchais à grands pas vers ta tombe et plus tu bâtissais mon bonheur ! En quelques mois, tu t'es affaibli, tu as décliné sans que les thérapeutes de la Cité interdite puissent te venir en aide : je leur interdisais de prescrire les préparations qui auraient pu te sauver !

Cixi éclata de rire avant d'ajouter :

– Après tout, tu es mort de plaisir ! Un sort enviable, comparé à celui des princesses qui se morfondent dans la Cité interdite ou des princes assassinés au détour d'un corridor par des eunuques révoltés.

Face à ce torrent d'insanités indignes, bien peu de serviteurs réussissaient à conserver le visage impassible que l'étiquette les obligeait de composer, à accomplir les gestes nécessaires sans trembler ni montrer leur trouble. Indifférente à leur malaise, Cixi poursuivait :

– Tongzhi, mon fils, tu es mort, fauché dans ta plus belle jeunesse, juste après avoir étreint des centaines de femmes plus ardentes les unes que les autres, au lieu de vieillir, malade et aigri, regrettant de ne plus pouvoir honorer tes épouses après que ton membre se fut affaibli. J'espère que tu as mesuré cette chance sur ton lit de mort. Je t'ai tellement aimé, mon enfant, que je t'ai offert cette fin si rapide, qui t'a épargné la déchéance dans laquelle je me trouve, avec ma vieillesse et mes maux divers. Tu peux en être redevable à ta mère attentionnée !

Cixi se redressa et s'adressa à la cantonade :

– Une mère a-t-elle jamais autant protégé son enfant que moi ?

Par mégarde, elle bouscula une nouvelle coupe en forme de pêche. Parmi les rares à conserver son sang-froid, Désir d'été fit un geste à l'attention d'Arôme d'angélique. Celle-ci s'avança, un linge à la main, mais ne sut quel parti adopter. Devait-elle essuyer les éclaboussures de crème qui zébraient la nappe ou l'emporter ? En signe d'impuissance, elle se tourna vers Désir d'été pour en obtenir une indication claire, buta contre la coupe renversée, trébucha et s'étala aux pieds de Cixi, déséquilibrant dans sa maladresse un délicat buisson de corail posé sur un socle de poirier noirci.

L'espace d'un instant, le temps fut suspendu. Chacun retenait son souffle, craignant de recevoir sa part du châtiment qui allait s'abattre sur la fautive. Puis il y eut un grand rire, caverneux, rauque. C'était Cixi, qu'amusait la mésaventure survenue à Arôme d'angélique. La douairière s'abandonnait à ce rire avec d'autant plus de force et de déraison que, dans le fond de son cœur, elle avait honte des propos adressés à son fils défunt. Surtout, elle avait besoin de s'enfuir du temps présent, d'oublier son corps qui la trahissait de jour en jour, ses dents gâtées, son ventre toujours lourd, sa vue basse. Fuir, elle voulait fuir sa vieillesse, dans la moquerie et la haine, pourvu qu'elle oublie un instant, un seul instant, qu'elle allait mourir bientôt, comme n'importe lequel de ces Chinois qu'elle gouvernait d'une main de fer et qui tremblaient devant elle. L'impératrice eut un hoquet, son rire s'étrangla. Soudain, son amusement s'évanouit, et Cixi regarda autour d'elle. Elle aurait certes pu continuer à donner libre cours à sa haine devant ses serviteurs, des misérables qui n'avaient que le droit de se taire, mais la douairière était trop orgueilleuse pour s'accorder cette facilité. Ces visages terrorisés, elle ne voulait plus les voir, elle n'avait même plus la force de les toiser. Cette aversion soudaine lui donna la force d'exiger la solitude qui était seule en mesure d'apaiser son désespoir : au moins, que plus personne ne contemple la déchéance dans laquelle elle se noyait.

– Partez, tous, sortez d'ici.

Rire tant lui avait fait mal à la gorge, sa voix était éraillée, douloureuse, ce qui accrut son irritation. Impatiente, elle éructa :

– Hors d'ici, hommes ridicules, amputés obséquieux. Vous aussi, servantes peureuses. L'impératrice de Chine veut être seule !

Gardant les yeux tournés vers le sol, les serviteurs reculèrent à pas lents, pressés de quitter le Pavillon des chatons de saule. Ils étaient cependant assez avisés pour ne pas montrer trop d'empressement à quitter le monstre qui se plaisait à parler aux morts : Cixi était si susceptible, son humeur versatile… Glissement des chaussons à semelle de feutre effleurant le sol, froissement des soies glissant les unes sur les autres, cliquetis léger et joyeux des colliers de perles de jade et de buis, les serviteurs se retirèrent dans un discret bruissement avant que celui-ci ne laisse la place au silence.

D'un geste gracieux dont Petit Brillant ne se lassait pas, Sourcil de paon reboutonna sa robe, ses longs doigts fuselés effleurant son épaule. Elle vérifia, d'un mouvement imperceptible, que l'étoffe brodée du rabat était convenablement appliquée au-dessus de son sein droit. La jeune fille détournait la tête. Non par pudeur, cela faisait des années qu'elle faisait l'amour avec Petit Brillant, ils s'étaient habitués à explorer mutuellement leurs corps et les plaisirs que ceux-ci étaient en mesure de leur offrir, en se regardant l'un l'autre sans jamais chercher à rien cacher de leur anatomie. De plus, les deux amants avaient été conduits, au fil des mois, à multiplier les expériences afin de pallier autant que possible les limites insurpassables que son état imposait à l'eunuque. Si la dame d'honneur de Jin se détournait, c'est parce qu'elle souhaitait cacher un demi-sourire.

Faire l'amour avec Petit Brillant dans ce kiosque retiré où ils avaient leurs habitudes offrait à la jeune fille de grands bonheurs, non seulement au terme ultime de leurs caresses, mais aussi dans les moments, les heures qui suivaient ces étreintes. Sourcil de paon s'était souvent demandé si, en compagnie du mari qu'elle prendrait en quittant à jamais les palais impériaux, un jour prochain, ce plaisir serait de même nature, s'il serait au contraire amoindri ou décuplé. La dame d'honneur s'était souvent satisfaite de cette interrogation, ne cherchant pas à en connaître la réponse, d'autant qu'elle n'avait jamais éprouvé, du moins le pensait-elle, la moindre frustration en compagnie de Petit Brillant. À présent, le jour où elle quitterait définitivement le service des Grands Qing, et plus spécialement la demeure de la concubine Jin n'était plus guère éloigné. Sourcil de paon avait depuis longtemps atteint la limite d'âge impartie aux suivantes de la famille impériale.

Elle avait déjà failli, l'année 1906, être renvoyée par le Neiwufu. La dame d'honneur n'avait dû qu'à sa débrouillardise de demeurer encore quelques mois dans la Ville impériale, le temps de se faire à l'idée d'être confrontée d'un coup au monde extérieur, au terme de tant d'années de réclusion et, surtout, de demeurer aux côtés de Petit Brillant. Ce délai de grâce touchait à sa fin, l'heure des bilans était venue. Ce qui conduisait naturellement Sourcil de paon à s'interroger sur la nature de la liaison qu'elle avait entretenue avec Petit Brillant. Amputé, le corps du garçon était finalement bien peu différent du sien. Le goût que Sourcil de paon éprouvait pour ces étreintes, par définition inabouties, n'indiquait-il pas que la dame d'honneur préférait les femmes ? Loin de l'effaroucher, cette pensée amusait la jeune fille, ce qui expliquait son sourire, qui allait en s'accroissant.

Pour achever de se donner une contenance, elle rajusta les pendeloques de perles qui ornaient sa coiffure, mais son geste manqua de naturel et éveilla les soupçons de Petit Brillant :

– Tu souris ? À quoi penses-tu ?

Le désir de ne pas froisser son amant en lui donnant à penser qu'elle se moquait de son infirmité stimula la vivacité de Sourcil de paon :

– Je songeais à Cixi. Tu sais, quand elle a chassé hier ses serviteurs du Pavillon des chatons de saule… À peine le goûteur s'est-il retiré, le dernier, en emportant ses baguettes d'argent, qu'elle n'a finalement pas supporté de demeurer seule. Elle a fait appeler Li Lianying.

– Je sais, je me trouvais en compagnie du Premier Eunuque. La Vénérable Aïeule ne lui laisse plus aucun répit. Il avait prévu de passer un moment en compagnie d'une nouvelle fille de cuisine avant de réfléchir avec quelques-uns d'entre nous sur la meilleure manière de distraire Cixi pour qu'elle cesse de l'importuner à tout propos. Cette fois, l'impératricc nc lui a même pas laissé le temps de trouver le moyen de ne pas être dérangé.

Petit Brillant sourit à son tour. Sourcil de paon, elle, était ravie que son mensonge rencontre un tel succès. L'anecdote racontée à son amant pouvait désormais justifier son propre sourire. Soulagée, elle reprit :

– Li Lianying a été obligé de demeurer avec Cixi jusqu'à une heure avancée de la nuit. Il lui a lu des poèmes, a joué aux dames avec elle. Elle l'a même contraint à lui masser les pieds, comme au temps de leur jeunesse. Tu sais, avec le jeu de maillets de bois que la douairière garde dans le coffre aux griffons.

L'eunuque sourit de nouveau :

– Je ne sais pas si Li Lianying a jamais pris du plaisir à enlacer Cixi ou s'il est autrefois devenu son amant par inclination. Mais je suis certain qu'aujourd'hui, il n'éprouve plus pour le corps de Sa Majesté, au mieux, que de la pitié, mais plus sûrement du dégoût.

Sourcil de paon protesta :

– S'ils ont été amants comme le dit la rumeur qui rôde depuis toujours dans les palais impériaux, le Premier Eunuque ne peut se montrer aussi cynique. Cixi avait fière allure au temps de sa jeunesse, ce qui explique qu'elle ait été distinguée par feu l'empereur son époux. L'esprit de Li Lianying, ses yeux, ses souvenirs sont forcément encore emplis de ces beautés, et il s'en souvient nécessairement s'il étreint encore Cixi. Si le désir n'est plus là, la tendresse guide ses gestes, il ne peut en aller autrement.

Comme pour mieux se persuader qu'elle avait raison, Sourcil de paon se serra contre Petit Brillant, jusqu'à entendre battre le cœur de l'eunuque. Elle se blottit avec tendresse et entrain, à défaut d'éprouver un désir charnel que l'étreinte récente avait assouvi. Ce mouvement sincère, songea-t-elle, dissiperait les soupçons de Petit Brillant pour le cas où ce dernier aurait deviné qu'elle s'était un peu moquée de lui en le comparant à une femme dans le secret de son cœur.

Heureux de cette apparente marque de tendresse, le jeune eunuque au regard sombre se fit accueillant au corps de Sourcil de paon, il referma son bras sur la poitrine menue, observa un silence et répondit, trop mélancolique pour s'en amuser :

– Lorsque Cixi l'a enfin laissé partir, bien après les mises en garde rituelles des eunuques guetteurs de feu, au terme de l'heure du rat [1], à peine revenu chez lui, le Premier Eunuque s'est entièrement déshabillé et a fait brûler ses vêtements dans le brasero d'hiver. Ils étaient pourtant neufs. Puis il a demandé à ce qu'on lui prépare un bain, avec des herbes rafraîchissantes, y est resté encore fort tard, à charge pour nous de l'alimenter en eau chaude. Montrant la paume rougie de ses mains, Petit Brillant ajouta :

– Regarde, c'est la marque des seaux qu'il nous a fallu porter les uns après les autres. Nous avons même été obligés d'aller jusqu'au réservoir du Pavillon des brumes irisées car les eunuques

1. Donc vers une heure du matin. Chaque heure chinoise de l'ancien temps correspondait à deux de nos heures pleines.

subalternes avaient oublié de remplir celui de la résidence de Li. Ensuite, il a fallu parfumer le Premier Eunuque de la tête au pied, lui raser le crâne. Et lui raconter des histoires drôles. Tu sais, comme celle des diplomates étrangers à qui les fonctionnaires du Neiwufu ont permis, en l'absence de Sa Majesté, de visiter le Jardin où l'on cultive la concorde. Ils avaient reçu l'ordre de présenter la demeure de l'ancienne concubine Zhen comme étant celle de Cixi, pour préserver la dignité de Sa Majesté, ne rien dévoiler qui lui appartienne. Le Premier Eunuque ne se lasse pas d'entendre décrire la naïveté des Longs Nez.

Mis en joie par le moment passé en compagnie de Sourcil de paon, le garçon rit à son tour. Mais il ne sut pas communiquer son hilarité à Sourcil de paon et le remarqua. Aussi changea-t-il de ton et, un peu abruptement, reprit le fil de son propos :

– J'ai cru que je ne pourrais jamais venir à notre rendez-vous.

– Tu es fatigué ? Après la corvée que vous a imposée Li Lianying, tu n'as même pas pris le temps de te reposer avant de travailler pendant toute la journée qui vient de s'écouler…

Petit Brillant serra plus fort la jeune fille :

– T'aimer m'a redonné des forces. Ou alors, en m'aimant, c'est toi qui m'as transmis un peu de ta détermination.

Il y eut un silence. Quoi qu'en dise le jeune eunuque, les deux amants étaient épuisés. Ils restaient l'un contre l'autre, leurs respirations mêlées, le bruit de leur souffle se confondant avec la rumeur de la nuit, les coassements des grenouilles de l'Étang de la grande salive, les frémissements des branches qu'agitait un léger vent venu de l'est. Leurs yeux se fermaient, ils luttaient contre le sommeil parce qu'ils voulaient demeurer ensemble, le plus longtemps possible. Le désir renaissait peu à peu, mais la fatigue le tenait à distance, en dépit de lentes caresses que les deux jeunes gens s'échangeaient de nouveau en silence.

Soudain, un bruit sec retentit dans la nuit, glissa sur le miroir sombre des eaux du lac avant de se répercuter de l'autre côté de la pièce d'eau, contre le haut mur du Temple du Monde de la grande félicité. Dans un sursaut, Sourcil de paon et Petit Brillant s'écartèrent l'un de l'autre. Puis il y eut un enchaînement de claquements sonores, une pétarade qui, trouant la nuit habituellement calme des Palais de mer, fit l'effet d'une canonnade assourdie. Passé l'effet de surprise et contrainte par la nécessité de recouvrer toute sa lucidité, Sourcil de paon se leva.

– C'est la porte du palais de Cixi, j'ai reconnu le bruit qu'elle fait en s'ouvrant.

Petit Brillant n'eut pas le temps d'acquiescer car retentit le cri traditionnel qui annonçait le passage du cortège de Cixi.

– Laissez la place à la Vénérable Ancêtre ! Détournez-vous !

Les deux jeunes gens se regardèrent, interdits. Que le portail de la résidence impériale s'ouvre en pleine nuit était absolument inhabituel. Mais que, de plus, la Vénérable Aïeule quitte ainsi sa demeure à l'heure du bœuf ne s'était jamais vu, sauf peut-être, à l'occasion des événements funestes de l'année 1900, lorsque les Barbares l'avaient contrainte à quitter précipitamment la Cité interdite et Pékin.

Prudents, les deux amants s'approchèrent de l'unique fenêtre de l'étroit kiosque qui abritait leurs amours. Au travers de la baie en forme de losange, ils aperçurent le cortège qui s'était formé au sortir de la résidence impériale, selon l'étiquette qui présidait aux déplacements de Cixi. Une petite armée d'eunuques transportaient tout ce dont, en théorie, Cixi pouvait avoir besoin, même en pleine nuit : des tabourets, des éventails, des coussins, des vêtements de rechange, des gâteaux contenus dans des coffrets empilés, du thé et de l'eau chaude, de l'encre et des feuilles de papier vierge, des réchauds et des paniers emplis de pâtisseries, des coussins de soie et des médicaments, ainsi que des encensoirs, des tambours, des hallebardes factices. C'était absurde et superbe, à la lumière des lampions rouge et blanc qui se balançaient mollement au bout de perches laquées. En tête de la procession, glissait dans la nuit, au pas ajusté et rapide de ses porteurs, le palanquin de la douairière, comme guilleret.

Des deux amants, Sourcil de paon était la plus surprise :

– Cixi les a tous fait se relever en pleine nuit…

– Tu as vu, il y a même les eunuques porteurs de cages, avec les oiseaux préférés de Sa Majesté.

– Mais où va-t-elle ? reprit la dame d'honneur. On dirait qu'elle se dirige vers la porte de l'Est, comme si elle voulait sortir des Palais de mer et gagner la Cité interdite.

Petit Brillant se mit de côté, pour mieux voir ce qui se passait là-bas :

– Tu as raison, je crois que ça s'agite un peu du côté du casernement de la garde mandchoue. Regarde, voici la chaise à porteurs du Premier Eunuque, elle rejoint celle de Cixi. Petit Brillant se retourna vers la jeune fille :

– Li Lianying doit être furieux. Il tolère que ses eunuques se distraient et en prennent à leur aise quand leur service auprès de lui est achevé, mais il ne supporte pas de ne pas nous avoir sous la main quand il a besoin de nous. Il a dû me faire chercher partout. Je dois le rejoindre.

– Comme ça ? Sans même ton chapeau de soie et tes bottes de feutre ?

L'eunuque haussa les épaules :

– La journée écoulée et cette nuit sont extraordinaires, et cette expédition inédite. À part Cixi qu'anime je ne sais quelle furie, tout le monde a envie de dormir. Nul ne s'étonnera de ma tenue inappropriée : on pensera que, réveillé en sursaut, je me suis habillé à la hâte.

Petit Brillant passa le plat de la main sur sa veste pour en chasser les faux plis et ajouta :

– Et toi, que fais-tu ?

Sourcil de paon réfléchit un instant avant de répondre :

– Je n'ai pas vu le palanquin de la concubine Jin : Cixi n'a pas jugé bon de la convier à son escapade. La connaissant, elle a dû une nouvelle fois se gaver de fruits confits toute la soirée et elle dort, dans l'ignorance de cette agitation. Seuls des serviteurs de confiance connaissent tout de mes allées et venues : j'en suis certaine, ils ont laissé une porte de service ouverte à mon intention. Je vais retourner prendre ma place auprès de la concubine sans courir aucun danger. Pars le premier, je vais remettre un peu d'ordre ici et fermerai le kiosque. Toi, tu n'es sans doute pas près de te coucher.

Le jeune eunuque serra une dernière fois la jeune fille contre lui et sortit dans la nuit.

– Attends, prends ça.

La dame d'honneur lui tendit un coffret recouvert d'étoffes rouges à motifs verts, comparable aux boîtes que transportaient les serviteurs de Cixi et de Li Lianying. Pour répondre au regard interrogateur de Petit Brillant, elle précisa :

– Simplement pour te donner une contenance lorsque tu prendras ta place dans le cortège et que tu ne dépares pas au milieu des autres eunuques.

Son amant prit la boîte et s'éloigna, cette fois pour de bon. D'humeur décidément mutine, Sourcil de paon s'amusa par avance de la surprise qui serait celle de son compagnon lorsqu'il ouvrirait le coffret. Petit Brillant y trouverait les vêtements intimes de la jeune fille que celle-ci avait ôtés ce soir et n'avait pas remis. De plus, elle entendait jouir, durant cette nuit si particulière, de la sensation que lui offrirait le contact de ses habits de soie sur sa peau donc nue.

Fantomatique, le cortège de Cixi sortit de l'enceinte contenant les Palais de mer, passa le long d'une double haie de gardes mandchous martiaux.

Puis il longea quelques bâtiments officiels et s'engagea aussitôt dans l'allée qui bordait les douves entourant la Cité pourpre interdite. Le cortège impérial était d'ordinaire très chatoyant, avec les jaunes des palanquins et des ombrelles de cérémonie, les étoffes multicolores des eunuques et les laques des coffrets de voyage… Cette nuit, à la seule lumière de la lune, au lieu des rouges claquants, des verts profonds et des bleus intenses, le convoi n'offrait à voir que des gris, brillants ou mats, à peine rehaussés d'un pâle reflet coloré lorsqu'un lampion s'approchait d'une broderie ou d'un étendard.

Après avoir longé la muraille crénelée, Cixi et son escorte s'engouffrèrent sous la Porte fleurie de l'Ouest. Comme si de rien n'était, Petit Brillant avait pris la place qui lui était assignée dans le convoi. Il trottinait avec dignité à côté du palanquin de Li Lianying. Le Premier Eunuque écarta le rideau et s'adressa à son serviteur, sans craindre de lui parler à haute voix car le pas de ses hommes et le halètement des porteurs couvraient sa voix :

– Je me moque que tu traînes la nuit avec cette fille. Mais je veux t'avoir à ma disposition en permanence. Une autre fois, tu diras aux autres où aller te chercher.

Le Premier Eunuque se pencha, approcha sa bouche de l'oreille de Petit Brillant. Sa maigreur extrême, qui lui conférait une élégance certaine, faisait ressortir chacune de ses expressions, avivait son regard. Dans un rictus désagréable, le favori de Cixi demanda :

– Combien de fois as-tu fait « la pluie et le

vent », ce soir ? Ta bonne amie s'est montrée habile et tendre ?

Au risque de provoquer la colère de son maître, Petit Brillant ne dit rien. Il était habitué à entendre les propos vulgaires que Li se permettait de tenir mais cette fois-là, il songea que répondre au Premier Eunuque salirait le souvenir des moments passés avec Sourcil de paon. D'ailleurs, le plaisir trouble que Li Lianying prenait à prononcer de telles paroles se contenta de cette seule question salace, l'imagination de Li faisant le reste pour le contenter. Le Premier Eunuque poursuivit :

– Sais-tu où nous allons ? Au Palais du bonheur justifié !

Petit Brillant ne put cacher son étonnement. Ce bâtiment de la Cité interdite était situé à l'écart des grandes salles de cérémonie et des appartements impériaux. C'était une sorte de vaste entrepôt. Là, depuis des générations, les eunuques entassaient les objets d'art, les trésors qui avaient séduit puis contenté les Fils du Ciel avant de cesser de plaire. Mais jamais les empereurs ne s'y rendaient, et encore moins en pleine nuit !

Au petit trot, les chaises à porteurs empruntèrent un pont qui enjambait un ruisseau de pacotille, puis s'avancèrent sur une rampe de pierre, ce qui conduisit Petit Brillant à s'écarter du palanquin de son maître. Le cortège passa un seuil et traversa une succession d'avant-cours et de cours. Long millepattes de soie et de bois laqué, il parcourait la Cité interdite, à demi-déserte et endormie, ordonné et fastueux. Il se mouvait avec une pompe parfaitement inutile tandis que, de l'autre côté des murailles concentriques enserrant les palais impériaux, la Chine délaissée par Cixi se mourait de misère et de corruption.

Enfin, le cortège décrivit un ultime large demi-cercle avant de s'arrêter devant un bâtiment gris et bas dépourvu d'ornements, hormis les tuiles jaune d'or qui revêtaient tous les édifices de la Cité interdite. Dans un même mouvement, les eunuques de Cixi déposèrent le palanquin de la douairière sur le sol. D'autres repoussèrent les rideaux de soie et voulurent aider la Vénérable Aïeule à s'extirper de la luxueuse caisse qui l'avait convoyée. Cixi les repoussa et se releva sans aide. Le sourcil froncé, elle regarda le Premier Eunuque s'approcher d'elle. Li Lianying voulut lui débiter le propos d'étiquette qui saluait l'arrivée du souverain dans la Cité interdite, mais Cixi l'en dissuada d'un geste.

– Merci, Li, mais j'ai déjà entendu ce compliment des centaines de fois.

Avec une vigueur surprenante pour une femme de son âge, de surcroît souffrante, elle marcha droit vers le Palais du bonheur justifié, distant de quelques pas. Sans même se retourner vers le Premier Eunuque, Cixi s'adressa de nouveau à lui :

– Arrache les bandes de papier qui scellent la porte. (Plissant les yeux, elle ajouta :) De toute manière, elles ne servent à rien.

Marquant un temps d'arrêt, Cixi se retourna vers les serviteurs qui s'étaient alignés derrière elle et attendaient ses ordres :

– Ces rubans cachetés sont inutiles car je sais que le jour où je mourrai, vous vous jetterez sur les richesses qui sont rassemblées ici afin de les revendre à votre seul profit, dans les ruelles du quartier des antiquaires.

Les eunuques baissèrent la tête, faussement contrits. Ce qui suscita la colère de Cixi :

– Vous niez ! Un jour, je vous ferai bastonner, tous, pour vous faire avouer vos larcins, et même ceux que vous n'avez pas commis. Pour chaque objet dérobé, même le plus petit, je vous ferai enlever une lanière de peau qui aura la forme de ce que vous avez volé.

La douairière s'avança, pesante, caressa du regard les eunuques courbés et se réjouit de la peur qui émanait d'eux. Mais la fureur impériale n'était que feinte, Cixi l'avait laissée s'épanouir pour s'amuser, juste un peu. Cette colère disparut donc aussi vite qu'elle avait surgi, et Cixi se retourna vers le Premier Eunuque :

– Alors, Li, as-tu fini, avec ces bouts de papier ?

Outré d'avoir été contraint d'accomplir une aussi basse besogne devant les eunuques qu'il commandait, Li voulut recouvrer auprès d'eux le crédit qu'il avait perdu en accomplissant une tâche normalement dévolue à un serviteur de quatrième catégorie. Il n'avait d'autre choix que de déployer des trésors de componction, pour tenter de travestir l'humiliation subie en une marque de dévouement volontaire. D'un geste, le Premier Eunuque désigna la porte désormais libre de scellés avant de reculer d'un pas, comme s'il attendait un nouvel ordre de Cixi.

Satisfaite, celle-ci attendit que les petits valets

porteurs de lanternes se déploient autour d'elle, et bouscula presque son favori afin de pénétrer la première dans la réserve. Elle marcha droit vers le trône qui occupait le centre de la première salle, à l'image de toutes les résidences, de tous les grands bâtiments de la Cité pourpre interdite.

– Li, fais venir les eunuques, je veux plus de lumière. Je veux aussi les registres des collections, les recueils. Et convoquez sur-le-champ les archivistes.

Li Lianying continuait à s'affairer, pour achever de convaincre la foule des serviteurs qu'il n'était jamais si puissant et redoutable que lorsque Cixi lui parlait ainsi. Il se força aussi à sourire aux eunuques à qui il distribuait ses ordres afin de mettre en œuvre ceux de Cixi…

Le temps que les castrats apportent les registres demandés et aillent chercher les fonctionnaires convoqués en pleine nuit, Li Lianying adressa un signe à Petit Brillant, s'obligea à le regarder avec bienveillance quand le garçon s'approcha. Li estimait que parler au jeune eunuque lui redonnerait un peu de la contenance perdue par la faute de Cixi. Au plus profond de cette nuit étrange, des paroles anodines murmurées à l'oreille de Petit Brillant avec un air important passeraient aisément pour des secrets d'État chuchotés à l'oreille d'un proche digne de confiance, espéra Li Lianying.

– La Vénérable Aïeule s'ennuie depuis plusieurs jours, encore plus qu'à l'accoutumée, à périr. Elle a aujourd'hui épuisé tous les plaisirs que nous étions prêts à lui offrir, représentations théâtrales, parties de cache-cache, démonstrations acrobatiques effectuées par la troupe des artistes de la Montagne aux pics enneigés. Elle a tout refusé et a soudain voulu voir les trésors amassés ici par ses prédécesseurs.

En fait, la douairière était lasse de la vie qu'elle menait. Elle s'ennuyait. Ce déplacement nocturne l'amusait, car il lui plaisait de contraindre ses serviteurs titubants à demeurer éveillés. De plus, cette escapade l'aidait à oublier les maux qui lui tiraillaient les entrailles et tenaient à distance son propre sommeil. La Vénérable Aïeule vieillissait, et elle n'était même pas certaine de mourir sur son trône, craignant que les Nez longs ne l'en chassent au moindre prétexte. Autant profiter de son pouvoir jusqu'au bout, en en usant et en en abusant.

Les services de la Maison impériale des Grands Qing étaient aussi ordonnés et efficaces que l'administration chinoise était depuis de longues années parfaitement incompétente. Quelques instants suffirent aux eunuques pour commencer à répondre aux désirs de Cixi. Les gardiens remirent un jeu de répertoires au Premier Eunuque. Li Lianying était ravi de pouvoir reprendre peu à peu son rôle de seul véritable confident de la douairière, de fin connaisseur de la psychologie impériale. Il regarda Petit Brillant et chuchota :

– Tu connais tout aussi bien que moi la situation de la Chine. Le pouvoir impérial est moribond, Cixi n'a pu le préserver. Que lui reste-il, hormis admirer ce qu'il y a de plus beau dans les réserves des palais, se pénétrer de la grandeur passée de l'Empire du milieu ? Car elle sait, au fond de son cœur, que le génie créateur de la Chine s'est depuis longtemps enfui avec sa puissance.

Petit Brillant était sidéré que le Premier Eunuque lui parle avec une telle franchise, et aussi simplement. Li poursuivait :

– Face aux appétits des Nez longs, Sa Majesté n'a pu que préserver l'apparence de son pouvoir. Depuis de longues années, elle aime à se faire appeler « Vieux Bouddha ». Moi-même, je ne suis pas certain qu'elle ne se croie pas parfois faite d'or et d'ivoire… Cixi pense que sa place naturelle est ici, au milieu de splendeurs. Avant de mourir, elle veut prendre sa place parmi les objets d'art façonnés par la Chine éternelle…

En deux longues files qui prenaient forme derrière de puissantes colonnes de bois rouges, les eunuques s'avancèrent vers le trône, chargés des trésors les plus aisés à apporter dans un premier temps. Les castrats de Cixi s'étaient mêlés aux eunuques qui s'occupaient en permanence des collections impériales, pour renforcer leurs rangs. Sur le côté, deux fonctionnaires particulièrement érudits décrivaient d'une voix grave les objets présentés. Commença ainsi une longue présentation de rouleaux calligraphiés, jadis commandés par l'empereur Kangxi, sortis pour un instant des longues boîtes de laque rouge qui leur assuraient une conservation parfaite, et aussi des peintures, des porcelaines anciennes et des statuettes de jade, des éventails à la mode coréenne. Furent exhibés devant Cixi des effigies de Bouddhas, par dizaines, par centaines, enchâssées dans de lourdes montures d'or, à la mode tibétaine, des livres anciens que nul n'avait ouvert depuis le règne de Kangxi, des objets antiques déterrés dans des palais jadis incendiés et qu'avaient restaurés les artisans de la Cité interdite, de gracieux céladons à couverte craquelée et des bronze puissants, des coupes à décor de vagues, de montagnes, de scènes champêtres, de guerriers, de daims ou de lettrés.

Cixi hochait la tête, souriait, demandait parfois une explication, invitait d'un geste le lent défilé à ralentir afin qu'elle ait le loisir d'admirer une pièce qui retenait son attention : vases à double, triple, quadruple col, vases maillets, vases galbés, sceaux en forme de bête fabuleuse, globes terrestres d'or et de diamants. C'était une débauche d'ors, de broderies, de pierres translucides, brillantes et délicatement sculptées, de trésors de savoir-faire et de patience déployés pour peindre une urne de caractères si fins qu'il était difficile de les déchiffrer sans de puissants instruments d'optique. La Chine serait-elle capable aujourd'hui de produire de telles splendeurs ? Cixi en doutait. Non, elle était certaine que les artisans de la Cité interdite ne sauraient que les reproduire, certes à la perfection, mais sans parvenir à en comprendre le génie et incapables de proposer ensuite une œuvre novatrice. Et ces imbéciles, qui défilaient devant elle en tremblant, mesuraient-ils seulement la beauté de ce qu'ils montraient à l'impératrice, cachant leurs bâillements sous des prosternations épuisées ? Ce n'était pas certain. Mais Cixi s'en moquait. Ici, enveloppée du poids des siècles qui avaient produit ces splendeurs, elle se sentait pleinement souveraine. Elle songea qu'elle aurait dû venir plus tôt, le Palais du bonheur justifié était l'un des seuls cadres où son orgueil était flatté.

C'était à présent la présentation de l'un des fleurons des collections de l'empereur Qianlong, les « malles aux cent trésors », énormes coffres en bois de santal dont les intérieurs cloisonnés recélaient une profusion d'objets minuscules, serrés là par centaines : des ivoires calligraphiés, des noyaux ciselés, des bijoux, des antiquités léguées par les souverains de la dynastie des Song.

Le temps passait, Cixi paraissait insensible à la fatigue. Maintenant, les serviteurs présentaient des objets aux formes étranges, à la destination inconnue, de facture inattendue. Ravi de pouvoir faire montre de l'étendue de ses connaissances, Li Lianying se tourna vers Petit Brillant et expliqua à mi-voix :

– Ce sont sans doute les présents que les envoyés du Pays courageux[1] avaient offerts au grand empereur Qianlong. Ces insolents espéraient impressionner le Fils du Ciel en faisant étalage de leurs machines inutiles, de leurs savoir-faire vains. Les fous ! Tu connais la suite de l'histoire : leurs cadeaux ont été remisés et les Barbares ont été priés de quitter la Chine sans avoir signé le traité qu'ils voulaient conclure avec l'empereur.

Petit Brillant frémit : présenter ces objets prétentieux et inutiles à Cixi constituait à ses yeux une maladresse insigne. Les serviteurs auraient dû les mettre de côté, faire comme s'ils n'avaient jamais existé. Du reste, une fois ou deux, le garçon crut

1. L'Angleterre.

discerner chez la douairière un geste d'humeur, précurseur de l'éructation qui signerait la disgrâce définitive d'un eunuque et la fin de la cérémonie improvisée. Pourtant, la douairière ne réagit pas, ne s'offusqua pas de voir ces objets insolents ressortir du néant où Qianlong les avait précipités avec dédain.

Les cadeaux barbares une fois tous exhibés, reprit la lente présentation des trésors chinois, inépuisables. Sur son trône, Cixi était aux anges. Elle en oubliait sa vieillesse, ses soucis. Encore, toujours, elle admirait ces trésors qui flattaient son orgueil, souhaitait que cela ne s'arrête jamais et, même, qu'elle expire au milieu d'eux, en faisant de sa mort une ultime œuvre d'art à jamais mêlée à ces chefs-d'œuvre. Épuisés, les eunuques continuaient à défiler devant elle. Après une suite de peintures paysagères, ce fut une nouvelle succession de coffres. Chaque fois, les serviteurs déposaient la malle devant la douairière, l'ouvraient et en sortaient plusieurs pièces avant de les remettre en place. Un soupir de Cixi les faisait se hâter, un regard appuyé, au contraire, les incitait à se montrer moins rapides, de manière à ce que la douairière ait le loisir d'admirer un jade, une porcelaine, une soucoupe d'or et de perles. Un coffre, un autre… Le temps passait, l'heure du tigre s'achevait. Rien n'indiquait que Cixi était lasse. Les eunuques étaient moins adroits, moins prompts à devancer les désirs de l'impératrice. Peu à peu, Li Lianying s'était rapproché du trône, de manière à reprendre la place et le rôle qu'il n'aurait jamais dû perdre, fût-ce un instant. Le premier eunuque ne doutait pas que, à la moindre maladresse, au premier eunuque qui laisserait tomber un rouleau calligraphié, Cixi s'emporterait. Il lui fallait être à son côté quand éclaterait la colère de la douairière, afin de se placer du côté de la force et de l'autorité…

Petit Brillant n'avait pas aperçu le manège de son maître, trop occupé à surveiller les serviteurs, à craindre que ceux qui étaient ses amis se montrent les plus gauches. Un certain Solive de montagne, silhouette trapue, membres et cou épais, s'approcha, titubant de fatigue, il tenait un coffre qu'il déposa aux pieds de Cixi. D'une main hésitante, il souleva le couvercle. Blasée, la douairière hésita à baisser les yeux. Le castrat ne sut s'il devait déjà refermer la caisse ou en sortir l'objet présenté. Cixi eut un rictus, se pencha. Li Lianying en fit autant. Il aperçut une porcelaine, à la forme inusitée, au dessin difficilement compréhensible, d'une facture presque pauvre, dotée d'une palette de teintes peu harmonieuses. Encore un objet barbare, songea Li Lianying, séparé des autres par erreur et seulement digne d'être méprisé. Du coin de l'œil, le Premier Eunuque regarda Cixi, guetta sa réaction. La douairière avait l'air contrariée. Cette fois, songea son favori, sa colère allait enfin éclater, il s'en réjouissait déjà.

– Comment t'appelles-tu ? aboya l'impératrice.

Solive de montagne crut sa dernière heure venue. Il oublia les salutations d'usage et put à peine balbutier son nom. Cixi poursuivit :

– Connais-tu la provenance, la signification de ce que tu me montres ?

Pour une raison encore inconnue, l'objet semblait déplaire à Cixi. Li Lianying se prépara à voir Solive de montagne s'embourber avant de succomber…

– Je l'ignore, Vénérable Aïeule.

La procession des autres serviteurs s'était arrêtée, chacun attendait la suite des événements avec d'autant plus d'appréhension que l'épuisement habitait les corps et les esprits.

– Approche-toi, ajouta Cixi d'une voix encore plus rauque.

Solive de montagne s'exécuta, à peu près certain que, ces trois pas accomplis, il serait châtié.

– Tu présentes donc à ta souveraine un objet dont tu ignores tout ?

Cixi oublia un instant ses douleurs de vieille femme. Elle détailla la porcelaine, puis se redressa et haussa la voix :

– Je vois là quelque chose qui m'amuse et surtout qui m'intrigue. Il n'y a donc personne, parmi vous tous, en mesure d'expliquer ce qu'est cette chose ?

Il y eut un silence, seulement troublé par la respiration oppressée de Cixi. Un homme s'avança. Li Lianying ne put réprimer un frisson. L'eunuque qui se distinguait ainsi se nommait Hua le Têtard, en raison de sa façon de marcher, qui le conduisait à faire onduler son corps, de la tête jusqu'aux pieds, en un mouvement que nul n'était capable de reproduire, pas même les petits eunuques qui se plaisaient à se moquer de lui en s'efforçant de l'imiter. Ce n'était du reste pas là la caractéristique principale de cet eunuque, qui approchait la soixantaine et était donc né à la fin du règne de l'empereur Daoguang. Outre sa fine connaissance des coutumes et de l'histoire de plusieurs pays étrangers, Hua le Têtard passait pour être très proche des esprits et des dieux demeurant eux aussi dans les palais impériaux, qu'il s'agisse de créatures malines ou bienfaisantes, de fantômes de concubines assassinées par des compagnes jalouses ou d'enfants qui n'auraient pas dû naître et avaient été étouffés avant leur premier vagissement.

– Majesté, puis-je vous dire un mot en particulier ?

L'impératrice ne parut pas surprise de cette requête pourtant quasi inimaginable, qui jetait à bas les usages et l'étiquette en vigueur dans les palais impériaux. Néanmoins, d'un geste, Cixi permit à Hua de s'approcher d'elle. Ce que Li Lianying redoutait le plus était en train de se produire sous ses yeux : un autre que lui allait parler en tête-à-tête avec Cixi, et sans que lui, Li, ait été l'ordonnateur de cet entretien. Pour tenter de retenir un peu du pouvoir qui lui échappait, le favori impérial éloigna les serviteurs d'un geste. Embarrassés par les objets qu'ils transportaient, ceux-ci reculèrent, avec maladresse, se cognèrent les uns les autres, ce qui irrita la douairière, impatiente de savoir ce que Hua voulait lui apprendre.

– Déposez vos coffres et vos boîtes à même le sol, idiots ! Sur-le-champ, à l'endroit même où vous vous tenez. Vous les rangerez lorsque je serai partie.

Le Premier Eunuque tenta alors le tout pour le tout. Il agita son bras en prenant soin de faire crisser l'étoffe de sa robe et repoussa doucement Petit Brillant, avec une bienveillance affectée. Cixi connaissait trop son favori pour se laisser abuser par cette manœuvre voyante. Elle prit soin de ne pas regarder Li pour lui signifier que, lui aussi, elle le congédiait et bien qu'il ait tenté, en une manœuvre dérisoire, de faire croire que Cixi voulait qu'il reste à ses côtés.

– Hormis l'escorte qui va m'attendre près de la porte, je rentrerai seule, Li. Précède-moi dans les Palais de mer et assure-toi que les bouillottes seront à la température désirée. J'aurais tant veillé qu'au petit matin, mes vieux os se croiront déjà en hiver.

L'impératrice douairière laissa passer un instant puis ajouta :

– Tu ne peux savoir à quel point tu m'es utile.

Sans regarder le Premier Eunuque, elle adressa à Hua le Têtard un sourire qu'elle aurait aimé engageant mais qui ne fut qu'une grimace.

Comme l'avait demandé Cixi, le Palais du bonheur justifié se vida rapidement. Seuls s'attardèrent quelques eunuques occupés à refermer une porte, à ranger une boîte qu'ils avaient à peine eu le temps d'ôter d'une étagère. Ils prenaient toutefois soin, pour ne pas gêner Cixi, de rester hors de sa vue, se faufilant derrière les colonnes ou les paravents, jetant sur le sol de grandes ombres fuyantes qui disparurent à leur tour, à mesure que les castrats s'en allaient.

La douairière était donc seule en compagnie de Hua le Têtard, tous deux comme cernés par une multitude de boîtes, de rouleaux calligraphiés et d'étuis qu'une vague mystérieuse semblait avoir déposés autour d'eux dans le plus grand désordre avant de se retirer assez doucement pour ne rien briser.

L'embarras de Hua était palpable. D'emblée, apercevant de loin la porcelaine présentée à Cixi, l'eunuque avait mesuré tout le crédit que l'objet pouvait l'aider à acquérir. Mais dans le même temps, il craignait fort que la teneur de ce qu'il allait révéler à Cixi n'indispose celle-ci ou, pire encore, l'effraye. Avec adresse, il s'arrangea pour que les conséquences de ce qu'il allait être conduit à révéler puissent être imputées à un autre, du moins pour une large part :

– Majesté, je ne m'explique pas la présence de cette porcelaine dans les collections impériales. J'avais entendu parler de semblables objets, et c'est pour cette raison que je l'ai immédiatement reconnue, même si je n'aurais jamais pensé qu'il s'en trouvait dans la Cité interdite. La poussière qui en recouvre encore l'étui l'atteste : cette pièce a dû être entreposée voici de longues décennies dans le Palais du bonheur justifié. Les fonctionnaires qui l'ont remisée ici ne savaient probablement pas à quoi ils avaient affaire. Autrement, je le répète, cette porcelaine ne serait pas ici.

Cixi ne dit rien. Les préliminaires de Hua l'étonnaient, l'inquiétaient, même. Elle ne voulait cependant pas presser l'eunuque, devinant que ce dernier était le seul dépositaire des connaissances qu'il s'apprêtait à révéler.

– Votre Majesté, répéta Hua, il ne peut s'agir que d'une erreur…

D'un regard, l'eunuque demanda à la douairière l'autorisation de se saisir de la pièce. La maniant avec précaution, presque des réticences, il la retourna :

– Voyez, ce plat est assurément de facture chinoise. Il y a la marque des ateliers impériaux de Jingdezhen, dans votre province du Jiangxi. Mais comme Votre Majesté le devine, ce ne peut-être le Neiwufu, pas même un Chinois qui se trouve à l'origine de sa commande.

Cixi acquiesça, bien qu'elle ne devinât rien du tout. Elle était pressée que Hua lui présente de nouveau le dessus de la porcelaine, afin qu'elle tente de comprendre la signification du dessin trop vite aperçu.

– Vieux Bouddha, il est probable que celui qui a apporté ce plat dans la Cité pourpre interdite n'en a pas compris la nature. Il me paraît vraisemblable de penser qu'il s'agit là d'une prise de guerre. Avec la permission de Votre Majesté, je demanderai demain aux eunuques de compulser les registres pour voir si ceux-ci comportent quelque indication propre à nous renseigner plus précisément. Mais je pense que je suis dans le vrai. Nul Chinois n'a pu offrir cette pièce en connaissance de cause à l'un ou l'autre des Fils du Ciel qui ont précédé Votre Majesté. En revanche, il est possible que l'une de nos jonques ait jadis arraisonné un navire barbare qui s'approchait trop près de nos côtes interdites. Justement confisquée par nos soldats, la cargaison aura été offerte au Fils du Ciel, ses divers éléments versés dans les collections impériales. Pour savoir si le Palais du bonheur justifié recèle d'autres porcelaines du même type, Votre Majesté pourra, si elle le désire, sommer les eunuques de procéder à une recherche systématique et approfondie dans les collections.

L'eunuque approcha la porcelaine. Cixi put enfin en observer de près la décoration sans toutefois en comprendre l'ordonnancement.

– Pourquoi ces contours bizarres, hasarda-t-elle. Et ces couleurs inusitées, ce bleu, ce vert et ce jaune pâles ?

– Ce plat a été fabriqué à la fin du règne du grand Qianlong, comme le dit cette inscription. Ce n'est bien entendu pas la facture qui nous le dit, car elle répond aux goûts des Barbares, plus précisément à certains de ceux qui vivaient autrefois dans le Pays des lois, Faguo, la France.

– Des Français ? Ce sont eux qui ont commandé cette pièce à nos ateliers ?

Hua le Têtard opina :

– Des partisans du roi Louis XVI. Du moins des Français qui souhaitaient honorer sa mémoire.

Née dans une famille mandchoue relativement modeste, Cixi n'avait pas reçu une éducation très soignée. Mais, une fois devenue favorite de l'empereur Xianfeng, elle avait pris soin d'accroître ses connaissances et surtout, d'écouter attentivement les mandarins et les généraux les plus cultivés. Devenue impératrice, elle s'était fait lire plusieurs milliers des ouvrages que recélait la Bibliothèque impériale, particulièrement ceux qui traitaient d'histoire et de géographie. Comme tous les membres de la famille impériale, depuis deux siècles, la douairière connaissait désormais bien les grandes lignes de la Révolution française et particulièrement ce qui concernait l'histoire des souverains de ce pays, détrônés et guillotinés dans les dernières années du règne de l'empereur Qianlong.

– Voilà qui explique, poursuivait Hua, que ce dessin ne ressemble en rien à ceux dont nos artisans habillent les pièces réservées à l'usage des habitants de l'Empire.

La France était certes un pays lointain. Pourtant, ses soldats avaient récemment, à plusieurs reprises, foulé le sol de la Chine, pillé l'ancien Palais d'été et contraint Cixi à s'éloigner de Pékin durant l'année 1900. À cette heure, toujours aussi impudents, des militaires de ce pays paradaient chaque jour dans leur légation, à portée de vue des palais impériaux au son de fanfares discordantes. L'évocation de ce pays inamical et conquérant, ajoutée à celle du sort de l'ancien roi de France et de son épouse indisposa Cixi. Celle-ci fut sur le point d'ordonner à Hua de se taire, comme ce dernier l'avait prévu. Mais la douairière se ravisa, car sa curiosité était la plus forte. Si elle congédiait l'eunuque, qui d'autre serait en mesure de lui expliquer le secret de la porcelaine ?

Sans se départir de sa prudence, Hua jeta un regard détourné à Cixi. Il sut qu'il avait gagné la partie. Comblée par ses révélations, la douairière le couvrirait d'honneurs et de récompenses financières. Il déclinerait les premiers et utiliserait les seconds pour embellir le temple de son village natal, là où il voulait reposer, ainsi que les autels où la domesticité des palais impériaux brûlait de l'encens en l'honneur des divinités.

Cachant sa satisfaction, le serviteur reprit :

– Voyez, Vieux Bouddha, à première vue, dans ce dessin, l'œil ne distingue qu'une sorte de grand vase à demi caché par des branches et des feuillages.

Ne trouvant rien à dire et de crainte de paraître sotte, Cixi ne répondit pas. Hua le Têtard poursuivit :

– Il y a pourtant là une diablerie comme les Barbares aiment à en créer. De part et d'autre de ce vase, remarquez, on distingue deux profils.

Cixi aurait aimé demeurer impassible mais elle sursauta à cette révélation.

– Et là, plus haut, dans les feuillages, deux autres visages se dessinent.

Afin d'éviter que la douairière ne se vexe, Hua précisa :

– Ils sont plus petits, on les voit moins bien.

– C'est prodigieux, murmura Cixi qui, à force d'efforts, distinguait enfin ce que Hua lui montrait avec application.

Peu familiarisée avec l'art des pays situés au-delà des Quatre Mers, elle était cependant assez intelligente pour pénétrer aisément dans l'univers que l'eunuque lui dévoilait et y évoluer avec agilité :

– Là, je vois un homme, là une femme. Et un enfant.

– Votre Majesté a l'œil sûr, répondit Hua. Il s'agit du roi Louis XVI et de la reine Marie-Antoinette, Vieux Bouddha. Je pense que parmi les deux autres figures, il y a celle du dauphin, ainsi que l'on nommait le fils du roi dans ce pays, qui mourut en prison. Pour la quatrième, je ne le sais pas exactement. De mémoire, je crois que la sœur de ce roi fut elle aussi condamnée à mort par les révolutionnaires, j'avoue que sur ce point, ma mémoire fait défaut.

Cixi hocha la tête :

– Au contraire, elle est prodigieuse, comme ton savoir, Hua.

Sensible au compliment qui annonçait une récompense probablement plus large qu'il ne l'avait escompté, l'eunuque poursuivit :

– Pour vénérer le souvenir du roi et perpétuer sa mémoire, des monarchistes avaient commandé ces services entiers aux ateliers chinois, des assiettes, des coupes, des plats.

Il marqua un silence, hésita puis reprit :

– Je ne sais si ces gens se rassemblaient pour ripailler les uns avec les autres.

– C'est curieux, remarqua Cixi, déposer des mets sur le visage de leur roi, le souiller, voire le recouvrir complètement en y déversant des sauces et des viandes… Et tu dis que ce n'était pas pour le tourner en ridicule ? Tu es certain que cette commande n'a pas été passée par des révolutionnaires ?

– Les usages des Nez longs nous sont souvent incompréhensibles, Votre Majesté. Je suis cependant certain que cette porcelaine a été commandée par des partisans, non par des adversaires du roi Louis XVI.

– Je te crois, Hua. Mais vois-tu, j'ai du mal à comprendre comment ces gens-là osaient faire figurer leur roi et les siens sur un tel objet. Non contents d'y déposer leur nourriture, leurs domestiques risquaient fort de le briser en servant. Une fêlure et, d'un coup, c'était l'effigie de leur roi qui se brisait en mille morceaux.

À ces mots, Hua se fit plus grave :

– Justement, Votre Majesté. Ce plat… il ne faut pas le casser.

Cixi parut surprise de cette recommandation, elle s'en amusa presque :

– Ce n'était pas dans mes intentions…

Le visage de Hua s'assombrit davantage. Il regarda autour de lui, réfléchit, balança entre deux partis puis choisit de dire la vérité : il était trop tard pour la taire et, de toute façon, Cixi saurait récompenser sa franchise, du moins l'espérait-il :

– Il y a près de nous des forces, des esprits qui sont en train de me parler, Vieux Bouddha.

Cixi ne s'étonna pas de ces propos. Il y avait tant de démons qui hantaient la Cité interdite. Elle en avait elle-même rencontré plusieurs, surtout ceux des eunuques qu'elle avait fait fouetter à mort à l'issue du coup d'État manqué de 1898, quand l'empereur Guangxu, son neveu, avait tenté de l'évincer.

– Ces esprits sont-ils bien disposés à notre endroit ? Demandent-ils qu'on sacrifie en leur honneur ?

Hua le Têtard hocha la tête :

– Ce ne sont pas des génies chinois, Vénérable Aïeule, mais des divinités qui résident d'ordinaire en France et qui s'intéressent à cette porcelaine et aux légendes qui y sont attachées. Par-delà les guerres qui ont ravagé Pékin et les pillages dont ont souffert les palais impériaux, ce plat est demeuré intact, comme la plupart des trésors impériaux, fort heureusement.

Il répéta :

– Sous peine de mécontenter ces puissances célestes, il ne faut pas casser cet objet.

Cixi avait de la religion et se montrait fort respectueuse des volontés manifestées par les créatures invisibles. Certaine de pouvoir les amadouer si elles lui étaient hostiles, la douairière haussa la voix :

– Mais ce n'est pas mon intention ! Je veux simplement emporter ce plat dans mon propre séjour, dans les Palais de mer.

Hua sursauta, se reprocha cette réaction et, aussitôt, par précaution, déposa la porcelaine dans son écrin avant de s'agenouiller devant Cixi.

– Vénérable Aïeule, je vous en prie. Ne prenez pas cette porcelaine, ordonnez aux eunuques de la remettre en place. Si vous voulez, je peux la remiser dès maintenant. Son déplacement est lourd de dangers, oubliez-la à jamais.

Cixi se força à sourire :

– Cette fois, tu te trompes, Hua le Têtard. Je veux reconnaître, honorer pleinement le dévouement de ceux qui ont autrefois commandé cet objet. J'aime cette marque de fidélité et de piété. Le plat sera placé dans la salle où je conserve mon trésor personnel, mes colliers, mes bibelots les plus précieux, dont le poivron de jade qui a jadis appartenu à la Concubine parfumée, si chère à l'empereur Qianlong.

Hua comprit que Cixi disait la vérité. L'impératrice aimait ce plat et ce qu'il évoquait, la fidélité des sujets demeurés attachés aux souverains guillotinés… Cixi y voyait une assurance réconfortante : même dans les plus grands malheurs, lorsque vacillait un trône, une petite flamme demeurait bien vivante, c'était là une promesse réconfortante, un soulagement bienvenu. Le monde était en proie à de tels cahots qu'aucun réconfort n'était à négliger…

Le pouvoir des Grands Qing n'était pas le seul à chanceler. Voici quelques siècles, le roi du Pays de la dent du raisin [1], le Putaoya, le Portugal, avait réussi à arracher la terre de la Porte profonde, Aomen [2], à l'empereur de Chine qui régnait alors. Bien que son État soit minuscule, surtout peuplé de marins, Cixi avait toujours pensé que ce souverain avait dû être bien puissant et bien malin pour ainsi commencer à dépecer l'Empire du Milieu. Or, le roi portugais d'aujourd'hui était en difficulté depuis plusieurs années, certains voulaient le conduire à abdiquer, Cixi l'avait lu dans les dépêches diplomatiques que lui présentaient ses ministres. Le puissant d'hier devenait vulnérable… Que ce soit en Chine ou par-delà les mers, l'ordre ancien vacillait, partout. Gouverner était devenu si difficile…

Indifférent aux inquiétudes de la douairière Hua revint à la charge :

– Vieux Bouddha, je vous en prie, laissez la porcelaine française ici. Elle est en sécurité dans le Palais du bonheur justifié puisque, voyez-vous, elle est arrivée indemne jusqu'à nous. Si elle est brisée par mégarde, des fléaux terrifiants s'abattront sur la

1. Le Portugal.
2. Macao.

dynastie. Je ne suis pas même sûr que le simple fait de la déménager n'est pas en soi la source de malheurs à venir…

Cette prédiction déplut fortement à Cixi, d'autant qu'elle savait que Hua lui ouvrait son cœur et ne cherchait ni à mentir ni à la circonvenir. Mais son honneur d'impératrice était en jeu. La fatigue, la peur aussi peut-être, raidissant sa volonté, la douairière se sentait assez forte pour défier des esprits étrangers. Elle se montra inflexible :

– Loin de moi l'idée de malmener cette pièce de porcelaine : je veux au contraire l'aimer, la respecter et l'honorer. Nul démon, nul esprit ne peut s'en trouver offensé et m'en vouloir. Le Premier Eunuque en personne sera chargé de veiller à son transport. Tous les matins, après avoir pris de mes nouvelles à mon réveil, il ira s'assurer que le plat est en bon état. Une dame de cour sera spécialement chargée de l'épousseter et en sera responsable sur sa vie.

– Majesté… N'en faites rien !

Désespéré, comprenant que rien ne ferait dévier la volonté impériale, l'eunuque accomplit le grand salut solennel, le *ketou*, la nonuple salutation, à genoux et le front contre le sol :

– Ce sera la fin de la glorieuse dynastie des Grands Qing, Vieux Bouddha !

– Il suffit ! s'écria Cixi qui s'étrangla à demi. Préviens les dames de cour et les eunuques qui attendent dans l'antichambre. Qu'ils reviennent sur-le-champ afin de m'entourer. Je veux regagner à l'instant les Palais de mer.

Elle se releva, se serait voulue impériale mais

ne put se redresser pleinement. Sa robe brodée parut d'un coup trop grande pour elle, ses bijoux trop lourds, sa coiffure incommode. Pour se donner une contenance, et aussi pour se moquer en le punissant de cet eunuque qui avait voulu lui tenir tête, Cixi ajouta :

– Mais ce soir, tu m'as divertie, tu m'as appris beaucoup de choses et le récit de la fidélité qui a présidé à la fabrication de ce plat m'a réchauffé le cœur et l'âme. Pour une vieille femme telle que moi, seule et sans appui véritable, proche de la mort, c'est un cadeau qui n'a pas de prix. Par toi, le souvenir des hauts personnages auxquels il est dédié demeure vivace, ce qui est inestimable. Aussi je vais te récompenser.

Cixi reprit son souffle. Tandis que les serviteurs de son proche entourage revenaient auprès d'elle, en silence, pour l'escorter, elle acheva :

– Voici ce que t'offre l'impératrice de Chine. À partir d'aujourd'hui, on ne t'appellera plus Hua le Têtard, mais Hua le Plat des Français. Ainsi, chacun se souviendra que par une nuit d'ennui et de solitude, tu es venu au secours de l'infortunée Cixi, et ce sera pour toi une inépuisable source de satisfaction. J'ordonne que ma décision soit consignée dans le journal de la cour, je signerai l'édit demain matin, et celui-ci sera authentifié avec les grands sceaux impériaux.

Aidée par ses suivantes, Cixi se dirigea à pas lents vers la porte du Palais du bonheur justifié. Elle était si maladroite, si faible, que les jeunes filles craignaient de la voir tomber à chaque instant.

Hua demeura seul, à genoux au pied du trône vide.

– Comme tu voudras, Vieux Bouddha. Je t'aurais prévenue, et d'un cœur pur, dépourvu d'arrière-pensées. Mais ton entêtement sera la source de ta perte : les esprits venus de France et qui veillent sur le plat de Jingdezhen sont formels : il ne fallait pas déranger cette pièce de porcelaine, qui ne demandait qu'à rester seule et oubliée de tous. Cette nuit, je t'ai parlé en sujet fidèle, au mieux de tes intérêts et de ceux de l'Empire du Milieu. Que tu n'aies pas répondu au vœu ardent que je t'ai présenté avec humilité me délie de cette fidélité. À présent, je vais agir comme m'y incite ma raison.

L'eunuque n'ajouta pas que l'ingratitude de Cixi, dont il avait espéré une récompense sonnante et trébuchante, accroissait son dépit. Avec tristesse, il referma le coffret doucement, avec regret, ainsi qu'il l'eût fait avec le couvercle du cercueil contenant son enfant mort.

– Joie et bonheur à la Vénérable Aïeule, dit la suivante en se prosternant devant le lit où, derrière les rideaux tirés, se réveillait Cixi.

Pendant un moment encore, celle-ci flotta dans un monde qui n'était plus celui des songes de la nuit mais n'était pas encore tout à fait réel. Les bruits familiers qui emplissaient chaque matin sa demeure la menèrent doucement à l'état de pleine conscience. Cixi aimait chacun de ces bruissements, ces chuintements qu'elle identifiait aisément. De l'autre côté des tentures et des cloisons de bois ajouré, les dames de cour s'activaient en silence, selon un rituel immuable, que n'avaient en rien modifié les événements de la nuit passée et l'escapade de la douairière. Elles préparaient les onguents des masseuses. Certaines installaient sur un tissu odorant la « maison des mandarins », le pot de chambre impérial muni de poignées en forme de lézards, d'autres portaient les seaux d'eau chaude nécessaires à la toilette, les peignes d'écaille et d'ivoire qu'utiliserait le coiffeur Liu, qui apprêterait la douairière et lui raconterait les dernières anecdotes de la Cité interdite. Les plus élevées dans la hiérarchie préparaient la première robe de la journée, les chaussettes, les manches et les cols brodés.

Après avoir accordé un court délai à la douairière, la suivante chargée de l'éveiller s'approcha de nouveau de la couche impériale, sa haute coiffe, laquée, tendue sur des arceaux de joncs, pendeloques de perles et fleurs de tissu frôlant les lustres de la chambre.

– Votre Majesté, ce matin, un couple d'oiseaux petit-bleu-tendre de Mandchourie s'est posé sur le toit du Temple de la bienfaisance ancestrale.

À l'annonce de ce présage de très bon augure, Cixi sentit s'éloigner d'elle le découragement contre lequel elle luttait chaque matin depuis plusieurs années. D'autant qu'elle venait de retrouver le fil exact de ses pensées jusque-là embrumées : après l'ennui du jour précédent, le profond désarroi qui l'avait conduite en pleine nuit à visiter à l'improviste le Palais du bonheur justifié, elle avait fait la découverte du plat façonné à la demande des Français, avant de décider de le rapporter chez elle, ce dont elle était pleinement satisfaite…

Cixi prit la serviette tiède parfumée à l'eau de rose que lui tendait la dame de cour et l'appliqua sur son visage, en retenant sa respiration.

– Vieux Bouddha, reprit la suivante, j'espère que vos rêves vous ont aidée à préparer la journée qui s'annonce et que celle-ci sera bénéfique et dénuée de tracas.

La mort ressemblerait peut-être à cela, songea Cixi, le visage enfoui dans le linge : un étouffement adouci par une odeur suave dépêchée par les dieux et, dans le lointain, une voix douce souhaitant tout à la fois un voyage agréable et la bienvenue dans un monde nouveau. L'odeur de rose se dissipa cependant très vite, et Cixi repoussa la serviette devenue trop froide et dont l'odeur fade la gênait.

– Le Premier Eunuque est dans le salon de la clepsydre, il demande à présenter ses hommages au Vieux Bouddha.

D'un soupir qui, elle l'espérait, serait entendu par Li Lianying, Cixi donna son consentement. Elle s'installa à sa table de toilette, de manière à tourner le dos à la porte. Et Li fit son entrée, comme à son habitude vêtu avec un soin extrême et une grande élégance, coiffé et épilé de frais, ses plus beaux colliers en sautoir. Cixi ne s'y trompa cependant pas : la fureur n'avait en rien abandonné son favori depuis la nuit passée.

– Salut au père de la Famille impériale[1] ! Puisse Sa Majesté aujourd'hui connaître le bonheur et la félicité.

Li avait prononcé son compliment avec toute la dignité requise, sans que rien dans sa voix ne révélât sa rage. Il s'était montré presque trop cérémonieux.

Muette, la douairière prit le temps de placer elle-même dans sa coiffure une longue épingle ornée de phénix de rubis et de papillons de turquoise, l'ôta puis en prit une autre, or et oiseaux de tourmaline, plus grosse, la changea de place et, enfin, accrocha une libellule de cristal au-dessus de sa tempe.

– Les filles sont si sottes qu'elles s'y reprennent à deux fois avant de trouver le bon emplacement pour ces babioles. Aussi, vois-tu, mon cher Li, quand j'en ai le loisir, je préfère accomplir moi-même ce petit travail. Le coiffeur Liu n'aura qu'à le parfaire.

Elle prit le temps de vérifier l'ordonnancement de sa mise dans un miroir, puis se retourna enfin, désormais parfaitement réveillée.

– Sans rien en dire, tu te demandes pourquoi je me plais à t'humilier, à te maltraiter devant les domestiques, comme cette nuit, quand je t'ai demandé d'ôter les bandelettes de papier comme si tu étais un eunuque de dernière catégorie ?

Ce fut au tour de Li Lianying de se montrer silencieux. Aussi, Cixi reprit :

---

1. C'est ainsi que Tseu Hi voulait être appelée par sa famille et notamment son neveu Guangxu.

– Je vais être franche, plus franche que je ne l'ai jamais été. De toute manière, nous ne pouvons rien nous cacher l'un à l'autre, nous nous connaissons trop bien. Je m'ennuie, je suis malade et je vais mourir, alors que j'aurais tant aimé rester belle et désirable pendant des milliers d'années... Je ne peux me raisonner sur ce point. Alors, je m'en prends à toi, car tu es celui que je peux faire le plus aisément souffrir. Je n'ignore rien de ton caractère, de ses faiblesses et de ses failles, du plus petit des secrets qui y est enfoui, qui redoute d'être découvert et que, bien entendu, je peux mettre au jour pour te faire du mal. Je ne te hais pas, j'ai seulement besoin d'un souffre-douleur digne de ma haine. Bref, je te juge digne d'être l'objet de mes tourments.

Cixi se tut, caressa un bijou et reprit, encore plus vive :

– Ou plutôt, si, je te hais, un peu. Car de ton côté, tu connais toute l'étendue de mes ignominies, de mes bassesses, de mes traîtrises. Quand je te vois, je me contemple et si je m'en prends à toi, c'est que je ne me supporte pas.

Cixi se tourna vers les dames de cour qui attendaient ses ordres, la tête baissée, feignant de ne rien entendre, alignées près d'un guéridon de bois sombre surchargé de statuettes :

– Je ne recevrai pas les salutations de ma chère nièce, l'impératrice Xiaoding, ce matin, ni celles de la concubine Jin. Je suis trop fatiguée et leur conversation m'exaspère, même quand elles se contentent de me dire bonjour et de débiter les compliments d'usage.

Les suivantes saluèrent avant d'aller transmettre les ordres de la douairière et Cixi reprit :

– Tu vois, la haine dont tu es la cible n'est qu'une mécanique dont d'autres sont aussi les victimes. Je tiens à ta personne, à ta présence, tu le sais. Car sans toi, je suis perdue. Nous nous soutenons l'un l'autre, voilà tout.

Changeant de ton, elle reprit :

– Tu sais que le plat découvert hier soir au Palais du bonheur justifié se trouve désormais ici. Va t'assurer, je te prie, que les eunuques l'ont installé comme il faut et que la servante chargée de le garder a bien fait son travail.

Cixi marqua un temps d'arrêt et ajouta :

– Li, vois dans cet ordre, cette demande, une preuve de ma confiance.

Sans se départir de sa raideur et de ses manières parfaites, Li Lianying salua l'impératrice. Celle-ci passa devant lui, caressa une corbeille de fruits renouvelée chaque matin, puis sortit. Demeuré seul, Li Lianying regarda autour de lui. Avant d'obéir à Cixi, il affecta de vérifier que tout était en ordre. Du doigt, il vérifia que nulle trace de poussière ne se trouvait sur la coiffeuse. Jetant un bref regard par-dessus son épaule pour s'assurer qu'il était bien seul, il se saisit d'un long cheveu demeuré sur une brosse et le fit disparaître dans sa manche avant de quitter les lieux, toujours muet et un léger sourire aux lèvres.

– Tu es complètement folle ! Placer tes habits de dessous dans une boîte destinée au service de l'impératrice sans me le dire !

Petit Brillant était hors de lui, d'autant plus irrité que ses reproches ne faisaient qu'accroître l'hilarité de Sourcil de paon. L'eunuque reprit sa longue protestation :

– Te rends-tu compte de ce qui aurait pu se passer si le Premier Eunuque ou un serviteur malintentionné avait aperçu le contenu du coffret que tu m'as remis ? Tu aurais pu provoquer ma perte, et la tienne, par la même occasion ! Tu ne t'imagines pas la tension qui régnait cette nuit au Palais du bonheur justifié. Lors de la présentation des objets à Cixi, une méprise aurait parfaitement pu survenir, nous étions si nombreux à nous presser, il a fallu improviser en quelques instants la présentation des œuvres. Le temps que la douairière s'installe, ce sont des centaines de coffres et d'étuis dont les eunuques ont dû se saisir. Que serait-il arrivé si je m'étais dessaisi de cette boîte et qu'un autre l'avait prise, la confondant avec l'une des caisses contenant des objets d'art ?

La jeune fille demeurait muette, d'autant plus vexée que son amant avait raison, elle en était bien consciente.

– Il s'en est fallu de peu pour que ton imprudence, ta sottise ne cause une catastrophe. Si le Premier Eunuque avait appris que je me promenais avec tes habits intimes à bout de bras, j'aurais bien entendu été puni, voire chassé des palais impériaux.

Par pudeur et surtout par orgueil, le garçon n'osait pas révéler que, de surprise, ses muscles avaient d'un coup lâché et qu'il se serait souillé si, autour de ses organes mutilés, il n'avait pris la précaution de nouer un linge, en prévision des fatigues occasionnées par cette escapade nocturne. Sourcil de paon était fautive, elle avait agi sur un coup de tête, à l'image d'une sotte fille de la campagne, oubliant d'un coup les plus élémentaires règles de prudence apprises depuis qu'elle avait pénétré dans la Cité pourpre interdite. La jeune fille était d'autant plus affectée par ces reproches que Petit Brillant n'avait en rien mesuré la nature profonde de son geste. Certes avec maladresse, une inconscience frisant la folie, la dame d'honneur avait voulu entamer un jeu érotique, fondé sur la complicité qu'elle croyait partager avec son amant. Loin de susciter l'amusement de Petit Brillant, de stimuler son désir, cette initiative intempestive révoltait le garçon. Pire, la colère de l'eunuque ravalait l'amour de Sourcil de paon à sa seule dimension charnelle. D'un coup, le projet de jeu amoureux apparaissait comme une plaisanterie de mauvais goût, une absurdité obscène, une incongruité dangereuse.

Sourcil de paon était atterrée, elle se sentait avilie. Par sa propre faute, elle était nue, seule, salie. Pour un peu, elle ne se serait estimée guère différente des filles de petite vertu qui monnayaient leurs charmes dans les maisons de fleurs du quartier du Pont du ciel.

Petit Brillant, lui, ne mesurait pas le désarroi de la jeune femme, il poursuivait son long catalogue de reproches :

– Nous aurions pu être renvoyés tous les deux. Pour toi, cela n'aurait pas été trop grave. De toute façon, d'ici quelques mois au plus tard, tu auras quitté les palais impériaux. Il ne manque pas, dehors, de riches Mandchous ou de Chinois à marier. On dit même que, hors de la Ville interdite, des officines guettent la sortie des dames de cour réformées pour les proposer à ces amateurs, moyennant un bon prix. Quel que soit l'homme que tu épouseras, ton rang d'ancienne suivante du palais fera de toi une première épouse. Tu auras une belle maison, des domestiques, une vie agréable.

Trouvant dans l'insulte et le reproche matière à soulager sa colère, Petit Brillant triomphait. Pour parachever son propos, et après avoir évoqué la destinée probablement confortable qui attendait son amante, il choisit de revenir sur la punition à laquelle, selon lui, il avait échappé de justesse :

– Moi, j'aurais été chassé de la Cité interdite, je n'aurais pas trouvé de travail. Je serais donc mort de misère, en proie aux moqueries et aux vexations.

– Je suis désolée, balbutia Sourcil de paon. Comment puis-je me faire pardonner ?

Les épreuves endurées dans la Cité interdite avaient depuis longtemps endurci le cœur du jeune eunuque aux yeux sombres. De plus, son état de castrat le conduisait volontiers à s'apitoyer sur son propre sort, à oublier ainsi de faire preuve de générosité.

– Tâche seulement, à l'avenir, de réfléchir avant de commettre de tels actes.

Petit Brillant était le dernier homme dont la jeune femme aurait souhaité recevoir ces reproches. De plus, ceux-ci étaient infondés ou, du moins, reposaient sur un malentendu affreux. Brisée, Sourcil de paon répondit d'un simple mouvement de tête. Par pudeur ou orgueil, et pour ne pas correspondre à l'image de créature écervelée, soumise à ses envies, que son compagnon lui offrait d'elle-même, elle se retint de se jeter dans ses bras, ce qui ne fit qu'accroître sa frustration.

Sans rien dire, mortifiée au-delà du raisonnable, Sourcil de paon prit les vêtements qui étaient la cause de cette discorde pénible, les fit disparaître sous son aisselle avant de quitter le kiosque qui abritait leurs rencontres. En d'autres circonstances, celui-ci avait connu des échanges autrement plus heureux. En s'éloignant, Sourcil de paon se demanda si ces moments étaient à jamais révolus. Vite, elle devait brûler ces habits maudits, les faire disparaître à jamais.

Pour le moment, le fait était avéré, mais on ne savait pas grand-chose d'autre : la jeune fille préposée à la garde de la porcelaine s'était pendue avec sa propre ceinture brodée. En temps ordinaire, la douairière s'en serait moquée éperdument, quoique le suicide soit sévèrement considéré et toute tentative manquée sévèrement châtiée. Mais, affront inadmissible, la désespérée s'était donné la mort dans la salle où Cixi conservait ses jades préférés et, depuis la nuit précédente, le plat dédié à l'ancien roi de France. Cela la vieille impératrice ne pouvait le tolérer.

– Comment a-t-elle osé ? tonna Cixi.

Rageuse, elle renversa le haut vase qui se trouvait à sa portée, si pansu et si haut qu'un jeune serviteur aurait pu y prendre place, recouvert de centaines de caractères shou, shuangxi et ji [1], symboles de bonne fortune. Dans sa chute, l'objet entraîna un ensemble de guéridons et de babioles somptueuses avant de se briser en d'innombrables fragments colorés.

Massés les uns contre les autres, les eunuques de Cixi offraient un panorama assez complet des caractères tels que les façonnait la vie dans les palais impériaux. Certains avaient peur et ne pouvaient le cacher, mais n'avaient pas assez d'imagination pour succomber à la terreur. D'autres ne savaient pas encore quelle servante s'était tuée mais craignaient que, depuis le funeste domaine des Sources jaunes où elle demeurait depuis son trépas, la défunte ne leur envoie cette envie de mort et qu'ils n'y succombent à leur tour. Plus nombreux car aguerris, ils formaient même le gros du troupeau, étaient indifférents. Une autre troupe d'eunuques, enfin, se moquaient bien de ce mouvement d'humeur dont ils savaient qu'il allait retomber. Rares, au total étaient ceux qui plaignaient sincèrement la malheureuse suicidée. Mais ce petit groupe au cœur généreux ne rassemblait que les proches de la morte, un ou deux amis, peut-être un ou deux amants aussi. Ces quelques domestiques se désolaient d'autant que la cause de ce suicide leur était pour le moment inconnue. Était-ce le geste d'une folle, celui d'une amoureuse éconduite, d'une conspiratrice qui se savait trahie ?

D'un geste, le Premier Eunuque ordonna aux

1. Respectivement les caractères signifiant longévité, double joie et chance.

castrats présents de dépendre et d'emporter le corps. D'une voix forte et policée, Li Lianying convia Cixi à quitter la salle. La douairière le remercia d'un regard, mais déclina son offre. Elle souhaitait ordonner en personne la remise en état de la pièce :

– Faites brûler les meubles, tous, même les lambris des murs. Je veux que ce soir, il ne reste rien du décor que cette criminelle a souillé. Gardez bien sûr les objets précieux, les jades, les parures et surtout le plat de Jingdezhen. Pour le reste, détruisez tout. Jetez les tables, les chaises, même le paravent incrusté d'argent, avec les grues. Mais faites venir des réserves des meubles en tous points semblables à ceux que vous allez briser. Je ne veux, ce soir, constater aucun changement dans l'ordonnancement de mes appartements. Tout doit être mis en œuvre pour que la faute de cette imbécile n'ait jamais existé. Ensuite, vous ferez venir les maîtres du *fengshui*, pour qu'ils s'assurent que tout est en ordre. Que mes paroles soient respectées !

Après quelques heures difficiles, trouvant enfin un rôle à sa mesure, le Premier Eunuque leva les bras pour tenir les eunuques à distance du plat de Jingdezhen, avec assez d'ostentation pour attirer les regards, surtout celui de Cixi, et les garder attachés à sa personne. Puis il s'approcha avec précaution du meuble vitré contenant la porcelaine, comme si ce seul fait était de nature à mettre l'objet en péril. Il s'arrêta net :

– Majesté… Je ne comprends pas, ce matin, tout était en ordre, je suis prêt à en faire le serment.

Le Premier Eunuque avait parlé d'une voix

blanche. Cixi s'avança, inquiète. Li Lianying poursuivit :

– À l'aube, le plat était intact, tel que nous l'avons découvert la nuit passée, je m'en étais personnellement assuré, avant même que Votre Majesté me demande de le faire.

D'un coup, Cixi perdit son assurance. Qu'était-il arrivé à la porcelaine ?

– Cette sotte l'a donc abîmé en voulant le manipuler sans permission ?

Le visage et les propos de l'eunuque Hua s'imposèrent à la douairière et, surtout, la mise en garde que l'eunuque avait proférée la nuit dernière. Immédiatement, Cixi se révolta. Cette malédiction était une ineptie. Et même si des esprits malintentionnés voulaient la mettre en œuvre, Cixi s'efforcerait de les amadouer, elle les honorerait pour désarmer leur méchanceté, elle les charmerait aussi, comme elle avait ravi l'empereur Xianfeng, son époux, pour le circonvenir. Et s'il le fallait, la douairière s'opposerait à eux, les combattrait et, une fois de plus, remporterait la partie.

– Li, reprit Cixi d'une voix sourde. Vas-tu enfin me dire ce que tu vois ?

Le Premier Eunuque poussa le vantail vitré, retenant de l'autre main ses lourds colliers. Il tendit le doigt, effleura la porcelaine, resta un instant immobile avant de s'écarter doucement de l'armoire et de se jeter franchement en arrière. Il éclata d'un grand rire inattendu. Cixi demeurait interdite.

– La sotte ! s'écria Li. Que son fantôme erre à jamais entre les ruines dévastées de l'ancien Palais d'été, les déserts froids de la frontière du Nord-Est et les montagnes abruptes du Yunnan !

Le Premier Eunuque se tourna vers l'impératrice douairière. La main tendue, il paraissait désigner quelque chose d'invisible.

– Voyez ! J'ai failli, sans doute comme cette fille, être le jouet d'une illusion, avant de comprendre ce qui l'a abusée.

Cixi était pressée de comprendre ce qui lui échappait encore. Elle eut un mouvement d'humeur que Li mesura. Aussi se hâta-t-il d'expliquer, cette fois avec force détails :

– Un cheveu ! Un cheveu s'est collé sur le plat. Au premier regard, il imitait parfaitement une fêlure. La dame de cour n'a pas supporté cette découverte et a cru qu'elle l'avait endommagé en l'époussetant, alors que, bien entendu, elle n'avait commis aucune faute. Sans chercher à faire valoir son innocence, sans même prendre le temps de quitter la pièce, elle a mis fin à ses jours.

L'impératrice s'approcha, tourna un peu la tête pour éviter le rayon de soleil qui la gênait, regarda le cheveu un court instant avant de hausser les épaules.

– J'en suis quitte pour changer de meubles. La belle affaire ! La morale de cette histoire est que nous n'aurions pas dû confier à n'importe qui la tâche de veiller sur le plat de Jingdezhen.

Li Lianying s'inclina. Cette fois, il savait que la critique de Cixi n'était que de pure forme. Au fond d'elle-même, l'impératrice se réjouissait de cette mésaventure, elle s'amusait du sort de la servante qui s'était tuée pour rien.

– En effet, Votre Majesté, contrairement aux usages qui veulent que le ménage de votre palais soit assuré par des femmes, je crois qu'un eunuque est plus indiqué pour veiller sur le plat et les autres objets conservés ici. Un homme ne peut avoir les nerfs aussi fragiles qu'une suivante.

Cixi protesta :

– Non, l'idiotie de cette fille ne va pas m'obliger à changer d'avis. Mais si une femme risque de perdre la tête en accomplissant cette tâche, alors celle-ci sera menée à bien par trois dames de cour. En se relayant et en s'entraidant, elles veilleront désormais sur la porcelaine des Français.

Cixi ne réfléchit pas longtemps avant d'énumérer le nom des trois femmes ainsi distinguées :

– Désir d'été, qui jusqu'à présent m'a donné toute satisfaction, et aussi Arôme d'angélique ainsi que Fleur entrouverte de soie.

De nouveau, Cixi marqua un temps d'arrêt puis reprit d'une voix qu'elle aurait voulue plus forte :

– Chacune d'entre elles répondra sur sa tête des agissements des deux autres. Si l'une est prise de folie et que ses compagnes ne réussissent pas à l'empêcher de se donner la mort, celles-ci seront châtiées aussi. Et je ferai en sorte qu'elles subissent la mort que se sera donnée la troisième.

Un grand silence accueillit ce programme en forme de menace. L'impératrice douairière n'était pas mécontente du petit arrangement qu'elle venait de mettre au point :

– Tu vois Li, nous avons cru qu'une tragédie

était survenue dans cette pièce. Il n'en est rien, au contraire, ce nouvel arrangement est plus satisfaisant que le précédent. Ce suicide absurde, c'est un stratagème mis en œuvre par les esprits qui voulaient m'aider à mieux gouverner les Palais de mer et ma propre maison. Nous brûlerons des encens pour les remercier.

Très satisfaite, la Vénérable Aïeule saisit un éventail, en caressa la soie avant de passer devant le Premier Eunuque. Distraitement, elle demanda :

– Au fait, comment s'appelait cette imbécile qu'un cheveu a suffi à effrayer ?

Cixi n'écouta pas le nom que Li lui souffla, elle s'en moquait. Elle poursuivit :

– Quand elles éduqueront les jeunes et leur apprendront le métier, les dames d'honneur instructrices devront désormais mentionner son action, sa mort misérable, en exemple de ce qu'il ne faut pas faire. Je veux aussi que dans les listes tenues par le Neiwufu, le récit de sa faute soit porté en regard de son nom, pour perpétuer le souvenir de son infamie. Et déportez sa famille dans l'île de Hainan, avec interdiction de revenir sur le continent avant que deux générations se succèdent.

D'un ton badin, se forçant à sourire, Cixi ajouta :

– Allons nous promener du côté du Pavillon de la Lune sauvegardée. La vue que son belvédère offre sur le lac de la Grande Salive rappelle un peu celle dont je disposais jadis de ma chambre, dans l'ancien Palais d'été, avant que le monde ne connaisse la guerre et le désordre.

D'une voix plus basse, elle ajouta :

– Allons faire semblant de retrouver notre passé et notre jeunesse, cela nous aidera peut-être à mieux vivre jusqu'à ce que le vent du soir balaye ces illusions.

D'un geste, Li Lianying ordonna aux castrats qui se tenaient près de la porte d'avancer le palanquin impérial. À la suite de la douairière, il gagna la véranda ornée de grandes lanternes de bois et de papier huilé. Là, le Premier Eunuque ouvrit sa main, qu'il tenait toujours fermée, et souffla pour en chasser le cheveu qu'il avait subtilisé sur la brosse de Cixi et dont l'usage bien réfléchi lui avait permis de reconquérir son pouvoir. Le fil sombre s'envola au loin, du côté du lac de la Grande Salive, aussi léger que les scrupules de Li Lianying.

Depuis que l'impératrice ne fumait plus, la pièce où étaient autrefois conservées les provisions de tabac, les silex, les pipes et les pochettes de laine de massette était le plus souvent déserte. C'était là que les dames de cour qui souhaitaient se parler se tenaient, afin de ne pas déranger la douairière. Pour peu que les conversations soient courtes et ne puissent être entendues depuis les autres pièces de sa demeure, Cixi tolérait cette entorse faite au règlement intérieur de la Ville impériale qui voulait que nul n'y parle sans y être contraint ou invité à le faire par un supérieur ou un membre de la famille impériale.

La main dans celle d'Arôme d'angélique, Désir d'été s'adressa à Fleur entrouverte de soie avec toute la gentillesse, la bienveillance dont elle était capable.

– La disparition de notre compagne qui s'est pendue ne doit ni t'effrayer ni te troubler. Celle-ci était toujours triste, un rien l'alarmait. Je ne suis pas étonnée que, trompée par ce cheveu, elle ait abandonné la partie quelques heures à peine après avoir été mandatée par Cixi pour veiller sur cette porcelaine. D'ailleurs, il y a une différence de taille entre la situation qui lui avait été faite et la nôtre.

Fleur entrouverte de soie considérait la dame de cour de troisième grade sans méfiance mais avec une circonspection témoignant des multiples interrogations qui habitaient son esprit et, surtout, de son appréhension.

Désir d'été reprit :

– Nous sommes trois, ce qui change tout puisque notre compagne disparue était seule, elle n'avait personne à qui se confier, demander une aide. Et par chance, la mésaventure qui lui est survenue est de nature à nous instruire. Il est peu probable qu'un autre cheveu volera jusqu'au plat de porcelaine et y demeurera collé. Mais nous savons qu'il faudra nous garder des apparences, ne pas céder à la première panique s'il se passe quelque chose d'inattendu. Fleur entrouverte de soie, tu n'as donc vraiment pas à t'inquiéter.

Arôme d'angélique restait le plus souvent en retrait de Désir d'été. Cette fois, elle se mit en avant en détaillant à Fleur entrouverte de soie les avantages que les trois jeunes filles pourraient tirer de leur situation nouvelle :

– Il ne s'agit que de veiller sur le plat de Cixi que durant quelques jours, quelques mois tout au plus. Sa Majesté s'en désintéressera bientôt : sa passion pour cette porcelaine n'est qu'une tocade. Avant l'Équinoxe d'automne, au pire l'époque de la Rosée froide, le plat sera renvoyé au Palais du bonheur justifié. Nous, nous serons récompensées pour notre dévouement et notre efficacité.

Désir d'été exerça une légère pression sur la main d'Arôme d'angélique, pour lui signifier qu'elle approuvait pleinement ses paroles et souhaitait appuyer son propos :

– Voici quelques années, une dame de cour a reçu une charge comparable à la nôtre : il s'agissait de s'occuper d'un chiot dont la Vénérable Aïeule s'était entichée. De l'époque où Les épis ont des barbes à celle de la Fin de la canicule, elle a lavé, brossé, nourri l'animal, l'a enrubanné et parfumé, elle le tenait toujours à la disposition de Cixi et était prête à l'escamoter lorsque ses jappements fatiguaient la douairière.

Désir d'été voulait se réserver le dernier mot de cet échange, asséner l'ultime argument qui, selon elle, achèverait de convaincre Fleur entrouverte de soie. D'un regard, elle redonna la parole à Arôme d'angélique.

– Quand cette suivante a quitté les palais impériaux, reprit celle-ci, Cixi lui a fait verser mille taels prélevés sur sa cassette personnelle et lui a offert une résidence située près du Temple des oies harmonieuses.

Triomphante, Désir d'été acheva comme elle le souhaitait cette démonstration à double voix :

– Grâce au chien, cette dame de cour n'a jamais plus eu à s'assurer de sa subsistance.

La dame de cour de troisième grade marqua un temps d'arrêt puis poursuivit, plus grave :

– Elle n'a pas même eu besoin, la chanceuse, de rechercher un époux pour assurer sa subsistance. Elle n'en a été que plus libre, j'en suis sûre… Elle a été assez heureuse pour ne connaître ni les soucis causés par la présence à ses côtés d'une seconde et d'une troisième épouse, ni les sollicitations de son mari, incessantes et souvent inopportunes.

Ces paroles ne réconfortaient guère Fleur entrouverte de soie qui, pourtant, souhaitait sincèrement accomplir sa tâche au mieux.

– J'ai pleinement confiance en vous, mes amies, mais aucune de nous trois n'est en mesure de tenir tête aux esprits malfaisants si ceux-ci s'installent à nos côtés et décident de nous jouer un mauvais tour.

Très superstitieuse elle aussi, Arôme d'Angélique n'était guère en mesure de répondre à Fleur entrouverte de soie. Une fois de plus, ce fut à Désir d'été qu'il revint de le faire. Celle-ci porta la main à sa ceinture d'étoffe et tira de ses plis une petite forme qui paraissait être faite de laine grise. Elle la fourra dans la main de Fleur entrouverte de soie en lui assurant :

– Tu vois, je t'offre de bon cœur mon fétiche. C'est la dépouille d'un bébé belette. Ma mère descend d'une tribu mandchoue placée sous la protection de cet animal. Elle a tué cette bête de ses propres mains, avec tous les égards possible, puis l'a vidée, préparée et tannée. Jusqu'à ce jour, je ne m'en suis jamais séparée. Je te la confie de bon cœur, elle te portera chance. Tu me la rendras lorsque notre mission sera achevée.

– Je te remercie, murmura Fleur entrouverte de soie. Je mesure ce que ce geste représente pour toi.

Sa voix était à peine audible tant elle était à la fois émue par l'ampleur de la tâche à mener à bien et par ce don temporaire dont elle mesurait le prix.

Désir d'été lui laissa le temps de reprendre ses esprits puis, forte de l'ascendant et de la détermination qui faisaient d'elle la vraie responsable du trio, elle proposa :

– Dans la journée, une seule d'entre nous veillera. Mais dès que la nuit tombera, et jusqu'à ce que le soleil se lève, nous travaillerons deux à deux devant le plat de Jingdezhen, en nous entourant de toutes les précautions possibles. À la moindre alerte, la troisième sera réveillée et, ensemble, nous déciderons ce qu'il conviendra de faire. Fleur entrouverte de soie, tu prendras le premier tour. Ainsi, cette nuit, tu pourras te reposer. Pour le moment, Arôme d'Angélique et moi, nous allons nous préparer et tâcher de voir, s'ils existent, ce qui pourrait tenir les mauvais esprits à distance.

Désir d'été effleura l'épaule de son amie, une caresse qui suffit à donner le signal du départ et, dans le même temps, à indiquer le chemin à prendre, par la porte donnant accès au salon des oiseaux mécaniques. Demeurée seule, Fleur entrouverte de soie voulut pleurer. Pleurer de découragement quand elle songeait à la tâche qui l'attendait, de chagrin lorsqu'elle pensait au sort de la dame de cour suicidée. Seule la retint de donner libre cours à ces pleurs la peur que la trace de ses larmes et ses yeux rougis ne la trahissent auprès des eunuques chargés de veiller à ce que nul ne s'épanche ainsi dans les palais impériaux. Secouée de sanglots rentrés, elle resta immobile, jusqu'à ce qu'elle remarque une odeur désagréable, une senteur un peu sucrée, épicée, qui aurait été franchement insupportable si le musc en avait été plus prononcé. Fleur entrouverte de soie crut d'abord qu'il s'agissait de vieilles feuilles de tabac oubliées dans un coin, dont l'humidité aurait décuplé les effluves. Elle chercha autour d'elle, ne trouva rien, remarqua que l'odeur était la même, toujours aussi forte, dans quelque coin de la salle où elle se rende. Enfin, la jeune fille comprit : cette senteur émanait de la belette desséchée que Désir d'été lui avait confiée. Cette pensée lui leva le cœur, d'autant que, par une étrange association d'idées, ce désagrément se mêla au souvenir de la jeune femme suicidée, et il sembla à Fleur entrouverte de soie que cette odeur était précisément celle de la morte, bien qu'elle sache parfaitement qu'il n'en était rien.

Aussitôt, un désir l'habita tout entière. Il lui fallait se défaire au plus vite de cette dépouille répugnante. Retenant son souffle, Fleur entrouverte de soie surmonta son dégoût et fit quelques pas. Sous le péristyle qui flanquait la salle, étaient disposées d'énormes vasques de bronze contenant des réserves d'eau à n'utiliser qu'en cas d'incendie. La suivante n'aurait qu'à se hausser sur la pointe des pieds pour y jeter l'animal mort et s'en débarrasser ainsi à peu de frais, avant de regagner sa place auprès de la porcelaine dont elle ne serait, somme toute, éloignée qu'un instant. Le cœur battant, la suivante sortit de la pièce, s'effraya de sa propre assurance. Or, une fois devant les cuves où elle pensait trouver son salut, la jeune fille s'aperçut que celles-ci étaient closes et qu'elle n'aurait jamais le temps, si elle en avait la force, d'en ôter les couvercles maintenus par des fixations de bronze. Alors, elle s'affola, d'autant que l'odeur lui devenait insupportable : il lui semblait que c'était l'esprit de la morte qui cherchait, par ses narines, à pénétrer dans ses pensées.

En dépit du danger encouru, sur un véritable coup de tête, Fleur entrouverte de soie choisit de quitter la résidence de Cixi. Après être passée devant le portail dont Poulie grinçante s'était éloigné, sans être vue, elle fit les quelques pas qui, à cet endroit, séparaient les bâtiments du lac de la Grande Salive. En un instant, elle fut à l'appontement où Cixi s'embarquait pour des promenades de vieille dame, qui la menaient tout au plus à quelques brasses de la rive, tassée au fond d'une barque dont les toits jaunes aux pointes relevées étaient en tous points semblables à ceux des édifices impériaux.

Si on l'apercevait à cet endroit, songea Fleur entrouverte de soie, elle n'aurait qu'à expliquer qu'elle souhaitait s'assurer qu'aucune grenouille ne s'était établie parmi les herbes, afin que nul coassement ne risque de gâcher la nuit prochaine le sommeil de la douairière. Seul ce désir de bien faire, ajouterait-elle, l'avait conduite à abandonner son poste un court instant. Pour donner le change, tromper l'eunuque ou la dame de cour qui aurait pu l'apercevoir, Fleur entrouverte de soie fit semblant d'inspecter les berges, porta négligemment la main à sa robe, en défit un pli afin de laisser tomber le bébé belette. Ne pesant que le poids de sa peau tannée, celui-ci ne fit aucun bruit en touchant l'eau. Et la dame de cour regagna sans encombre le séjour de Cixi. Elle ne s'aperçut pas que la dépouille jetée à l'eau flottait, légère comme une écorce, le gris de sa fourrure rendu quasi argenté par l'eau du lac, aussi brillant qu'un ornement de temple.

À son retour du belvédère du Pavillon de la Lune sauvegardée, Cixi demanda que l'on tire l'empereur Guangxu de sa prison, le modeste bâtiment où son neveu était le plus clair de son temps reclus, la résidence du *Yingtai*, la Terrasse de l'océan, édifiée sur une presqu'île du lac de la Grande Salive. Le Seigneur des Dix Mille Ans fut donc sur-le-champ extirpé des chambres sombres où il dormait, mangeait et se morfondait, plus ou moins de force mené sous bonne escorte jusqu'à la demeure de sa tante et geôlière.

Cixi siégeait sur un trône d'acajou, coussins de soie jaune d'or, encadré d'éléphants de bronze, de chasse-mouches en plumes de paon et de brûle-parfums en cloisonné. Derrière la douairière, les eunuques chargés de décorer la salle avaient placé un haut triptyque dont le sujet lui-même constituait un affront, silencieux mais efficace, fait à Guangxu : symboles féminins par excellence, oiseau emblème des impératrices de Chine, des phénix innombrables y étaient représentés, cou tendu et altier, œil vif, toutes ailes déployées, en lieu et place des dragons, animaux dévolus aux souverains, qui auraient dû se trouver là si le jeune empereur n'avait pas été *de facto* détrôné. Chancelant au point que l'on pouvait croire qu'il ne serait pas en mesure de marcher jusqu'au trône, encore moins de se prosterner devant sa tante, le Fils du Ciel fit son entrée :

– Bonheur et longévité au père de la famille impériale.

À la place de la tenue de coton qu'il était contraint de porter dans son intérieur, Guangxu était revêtu d'une somptueuse tenue d'apparat : robe de soie jaune, dragons bruns, vagues multicolores et nuages bleus. Cixi sourit, avec un tel art consommé de la duplicité qu'un étranger ignorant tout des rapports existant entre la douairière et son neveu aurait pu penser que ce sourire était tendre et bienveillant.

Pour les plus âgés des eunuques, ceux qui avaient connu la cour avant l'année 1898, année fatidique entre toutes, la scène était irréelle : c'est la douairière qui aurait dû présenter ses hommages à l'empereur. Pour ceux qui, de surcroît, étaient demeurés fidèles à Guangxu et haïssaient Cixi dans le secret de leur âme, cette situation était insupportable.

– Mon neveu, tu as bonne mine, déclara la Vénérable Aïeule à l'empereur, aussi pâle qu'un mort.

– Je le dois sans doute aux bons soins dont je vous suis redevable.

– Une nourriture saine et une vie bien réglée, voici le secret de la longévité et la seule façon de conserver sa santé. J'aime que ceux que j'aime et protège prennent soin d'eux.

L'empereur demeura muet. À chaque repas, des dizaines de plats délicats étaient présentés à Cixi. Guangxu, lui, sur l'ordre exprès de sa tante, ne mangeait depuis dix ans que du riz blanc et des légumes cuits à l'eau, sans aucun assaisonnement.

Cixi poursuivit :

– Je te sais amateur de belles choses et esthète, à l'image des glorieux empereurs qui se sont succédé depuis l'avènement du grand Shunzi. Aussi, je veux te montrer une pièce de choix, qui t'intéressera autant que moi.

Sur un geste de Cixi, Fleur entrouverte de soie s'approcha du trône, escortée de deux eunuques, et elle déposa sur une table placée sur le côté, entre la douairière et Guangxu, une boîte de cuir qui contenait la porcelaine désormais surnommée le plat des Français. Puis elle reprit sa place, parmi les dames de cour qui se tenaient à droite de Cixi. Le cœur battant, un peu honteuse mais soulagée, la suivante se félicita d'avoir rempli la tâche qui lui était assignée, sans se tromper ni même frissonner. Il ne lui restait plus, au terme de cette audience, qu'à reprendre la porcelaine et à la ranger, et la suite de la journée se déroulerait sans encombre. Puis ce serait au tour de ses deux amies. Et ainsi se succéderaient les jours, jusqu'à ce que Cixi oublie sa marotte, ainsi que l'avait prédit Désir d'été. Fleur entrouverte de soie devait convenir qu'elle avait eu bien tort de s'alarmer…

– Vois-tu, poursuivit Cixi en s'adressant à Guangxu, cet objet a été fabriqué par d'anciens habitants du Pays des lois, en hommage à leur monarque qui avait été privé de ses pouvoirs, tu connais l'histoire de cette révolution, n'est-ce pas ? C'est bien réconfortant de savoir que même des souverains déchus sont aimés par leurs sujets ne trouves-tu pas ? La vie est ainsi faite, nous sommes si seuls, en définitive, que nous aimons tous les marques d'affection et de dévouement…

Cixi marqua un temps d'arrêt et ajouta, prenant bien soin de parler plus lentement, fixant son neveu dans les yeux :

– Même condamné par le sort, un souverain sait qu'il peut compter sur la fidélité posthume de ses partisans.

Non contente de le tenir en cage, Cixi humiliait Guangxu depuis de longues années. Tantôt, elle le traitait avec de grands égards, lors de courtes cérémonies qui se déroulaient en public, tantôt plus bas que s'il était un eunuque laveur de latrines. Le Fils du Ciel enchaîné ne s'était jamais révolté, recevant sans même pleurer les insultes, reproches et vexations. Ce jour-là, il s'était rendu à l'invitation de Cixi, tremblant comme chaque fois qu'il était ainsi convoqué.

Pourtant, Guangxu ne se montra pas aussi soumis que Cixi et lui-même l'escomptaient. Ce n'était pas tant une envie de se rebeller qui l'animait qu'une profonde lassitude, le désir de mettre un terme à ce face-à-face mortifère, quel que soit le prix à payer. Dût-il y perdre la vie, Guangxu était enfin prêt, dix ans ou presque après sa mise en cage, à affronter Cixi : l'été qui s'annonçait lui avait redonné quelques forces, du moins la volonté d'affronter enfin sa tante.

Du reste, il n'était pas certain, songeait l'empereur, qu'il sorte vaincu de ce combat. La douairière croyait se moquer de lui ? En fait, elle lui offrait sans le savoir le spectacle de sa propre décrépitude. Cixi était mortelle. Elle mourrait un jour, qui n'était peut-être guère éloigné. Et lui, Guangxu, de droit le seul souverain du Royaume des Grands Qing, l'empereur du Céleste Empire, le Seigneur des Dix Mille Ans, il allait recouvrer son pouvoir. L'heure de la vengeance allait bientôt sonner.

– Cette porcelaine ne constitue-t-elle pas un espoir, un joli sujet de consolation ? continuait la douairière.

Cixi parlait d'espérance ? Cette fois, c'en était trop pour Guangxu.

– Je profanerai ton tombeau, laissa tomber l'empereur.

L'impératrice pâlit. Elle adressa un bref regard à Fleur entrouverte de soie. Celle-ci comprit d'emblée le message qui lui était adressé – Cixi voulait mettre la porcelaine à l'abri de sa propre fureur – mais ses jambes se dérobèrent sous elle. D'un mouvement de sourcil, la douairière insista, ce qui ôta à la jeune dame de cour ses derniers moyens. La suivante vit l'œil de Cixi s'agrandir, se teindre de noir et grossir encore, emplir toute la pièce avant de la faire tournoyer comme un brin d'herbe sèche. Elle perdit connaissance.

– Sortez cette idiote, hurla Cixi. Je ne suis donc entourée que d'imbéciles qui se tuent ou s'évanouissent dès que j'ai besoin d'elles !

La vieille impératrice ne souhaitait cependant pas trouver un autre objet à la colère qui s'emparait d'elle et qu'elle souhaitait tourner tout entière vers Guangxu. Aussi s'empressa-t-elle d'oublier la malheureuse pour se tourner vers son neveu :

– Je t'ai privé du pouvoir voici dix ans parce que tu étais un incapable et que tu menais la Chine à la ruine. Bridant la tendresse bien naturelle que j'avais pour toi, je me suis fait violence et t'ai écarté du pouvoir, bien qu'il m'en coutât.

Changeant de registre, elle se fit mielleuse, feignant d'avoir été contrainte de prendre les devants afin de protéger sa vie :

– C'est toi, mon neveu, qui avais demandé au général Yuan shikai, le chef de la puissante armée du Nord, de m'arrêter et de m'emprisonner alors que je ne me doutais de rien et que je séjournais au Jardin où l'on cultive la concorde, mon cher Palais d'été, songeant seulement, comme toutes les pauvres veuves, dépourvue d'enfant à chérir, à embellir ma résidence champêtre, résignée à ce que le monde m'oublie peu à peu.

Cixi se rendit compte qu'elle était sur le point de s'égarer. Pour retrouver son inspiration, employer les mots les plus justes, elle regarda autour d'elle et vit la porcelaine, demeurée à sa place contre sa volonté. Elle voulut demander à Li Lianying de la ranger enfin, mais une douleur lui scia l'épaule et lui zébra le dos. La douairière ne put retenir une grimace, fut contrainte de laisser passer un instant afin de reprendre son souffle. Furieuse, maudissant son corps qui la trahissait au plus mauvais moment, elle réfléchit un instant et, pour finir, se réjouit de cette douleur qui retrempait sa haine. D'un voix qu'elle s'efforçait de garder calme et aurait aimé plus suave, elle déclara :

– Tu ne seras jamais plus empereur, je veillerai à ce que, si je disparais avant toi, tu ne puisses reprendre le trône.

Il y eut un long silence, glacial. C'était même la première fois que Cixi se laissait ainsi aller à menacer Guangxu en public, alors qu'elle avait jusque-là systématiquement respecté les formes et les usages. Satisfaite de cette tirade, l'impératrice surmonta sa douleur et, cette fois, parvint sans mal à adresser un signe à Li Lianying. Celui-ci comprit et réagit immédiatement. Avec une affectation d'autant plus grande qu'il savait le moment historique et souhaitait que cette journée conserve la meilleure image du rôle qu'il entendait jouer dans la tragédie en marche, le Premier Eunuque s'avança. Il prit la porcelaine de Jingdezhen et, avec ostentation, la déposa dans la boîte réservée à cet usage. Puis il remit celle-ci entre les mains de Petit Brillant, pour bien marquer qu'il aurait déchu en déplaçant lui-même ce coffret. Li prit ensuite le temps de s'incliner devant la douairière et se retira en ignorant délibérément Guangxu. En se comportant de la sorte, le favori impérial prenait peu de risques : il savait que Cixi sortirait vainqueur et de cet affrontement et, d'une manière générale, du combat qui l'opposait à son neveu. Le Premier Eunuque n'avait au demeurant pas le choix : en cas de restauration de l'empereur, il serait le premier à payer de sa vie les affronts qu'il avait fait subir au Fils du Ciel.

Guangxu, lui, n'accorda aucune attention aux simagrées de Li. L'heure de l'ultime combat venue, il ne s'intéressait qu'à Cixi et avait choisi de répondre à la haine non seulement par la haine et aussi par le mépris :

– Ma chère tante, tu n'auras pas même droit aux funérailles réservées au plus pauvre des paysans des confins de l'Empire, ajouta-t-il. Tu rêves d'être ensevelie avec tes trésors, tes colliers de perles, tes jades les plus anciens, des brassées de pierres précieuses jetées dans ton cercueil ?

Guangxu éclata de rire :

– Je te ferai culbuter dans une fosse commune, complètement nue, avec pour seules compagnes les dépouilles des chiens errants que l'on trouvera ce jour-là à Pékin. Tu t'es fait construire un tombeau dans la vallée de l'Est, osant ainsi penser que tu avais le droit de reposer parmi les Grands Qing, toi, une intrigante parvenue grâce au mensonge ? J'ordonnerai qu'on rase cette sépulture et je louerai son emplacement à des tenanciers de lupanars, je veillerai à ce que la renommée de ce nouveau village dépasse celle des maisons du quartier du Pont du ciel pour que son souvenir soit à jamais associé à ce lieu de débauches ! Ici, au Palais d'été ou dans la Cité pourpre interdite, tous les appartements que tu auras souillés de ta présence seront détruits eux aussi, et à leur place, je bâtirai des temples où des moines viendront prier jour et nuit pour que les divinités oublient la liste de tes méfaits. J'apposerai moi-même les grands sceaux impériaux sur l'édit qui proclamera la liste de tes crimes dans tout l'Empire.

Profondément soulagé d'avoir osé et su prononcer ces paroles, Guangxu se tut, fatigué par cette longue tirade. Dans un premier temps, surprise par la violence de cette rébellion, Cixi avait laissé dire. D'autant qu'une nouvelle douleur lui irradiait la poitrine, partant de la pointe d'un sein pour aller se perdre dans son bas-ventre. Alignés contre les murs de la salle d'audience, eunuques et dames de cour demeuraient cois, Fleur entrouverte de soie la première. Mais la douairière prit la mesure de leur effarement. Elle ne devait sous aucun prétexte laisser s'installer en eux la moindre pitié à l'égard de Guangxu, un sentiment qui pouvait céder en peu de temps la place à la compassion, puis au désir d'aider l'empereur… Aussi, en dépit de ses maux, Cixi reprit l'initiative en éructant :

– L'audience est finie.

Se tournant vers Guangxu, elle ajouta :

– Puisque tu n'as même pas pitié d'une vieille femme malade, que tu m'insultes et me menaces alors que je me sens si mal, regagne tes appartements, ingrat ! Que tu y vives dans l'obscurité ! Que l'on ne lave plus tes vêtements et que te soit servie la nourriture des eunuques !

Guangxu se releva et salua sa tante avant d'ajouter :

– La prochaine fois que nous nous trouverons face à face, je serai sur ce trône et vous, vous serez à genoux, devant moi, dépouillée de vos bijoux, occupée à frapper le sol de votre front.

L'empereur observa une courte pause avant de livrer une dernière menace, une condamnation sans appel :

– Je ne vous ferai pas grâce !

Cixi attendait un recul, un début d'excuse, un remords. Elle fut si surprise par ces derniers propos qu'elle ne sut que répondre. Pour sortir de cet embarras qui la plaçait dans une posture dangereuse, elle choisit de simuler un malaise, s'affala sur son trône en gémissant, porta la main à son ventre. C'était la première fois que la douairière en était réduite à utiliser ce subterfuge maladroit et peu digne d'elle. Voici quelques années, elle aurait préféré mourir plutôt que de laisser voir ou croire qu'elle était souffrante.

Or, le temps avait passé, et Cixi devait changer ses armes, tirer au mieux parti de cette vieillesse qui la minait. Dames de cour et eunuques se précipitèrent autour d'elle. Le seul qui n'était pas dupe était Li Lianying. Pour donner cependant le change, il fit néanmoins mine d'organiser les soins dont Cixi n'avait pas besoin. Il appela les dames de cour préposées à la chambre, donna l'ordre de préparer un lit dans la pièce attenante, envoya chercher les thérapeutes. Cixi émit un nouveau petit gémissement, le considéra du coin de l'œil. Ce regard en disait long sur la connivence existant entre les deux vieillards, il témoignait de la gratitude que la douairière éprouvait pour son favori, par-delà les fâcheries, les reproches, les humiliations, les disputes qui n'étaient en fait que la manifestation de la profonde entente existant entre deux vieux comparses qui se jalousaient, s'agaçaient mais avaient besoin l'un de l'autre. Cixi mit sa main dans celle de Li Lianying, la pressa un peu. Tout à coup, son visage se figea, ses doigts rentrèrent dans la paume du Premier Eunuque.

Cette fois, l'impératrice ne contrefaisait pas la douleur. Ses yeux se révulsèrent, un filet de bave apparut au coin de ses lèvres fendillées. Li Lianying paniqua, s'en prit aux eunuques qui ne se montraient pas assez rapides, regarda tour à tour les dames de cour, puis la douairière et, de nouveau, les suivantes. Voici un instant, selon un implicite accord avec la douairière, le Premier Eunuque souhaitait que ces filles s'approchent de Cixi pour se laisser berner par ses grimaces feintes et ses fausses plaintes. À présent, Li devait les tenir à l'écart, pour qu'elles ne puissent pas détailler le malaise de l'impératrice, les empêcher ensuite de s'égailler dans les palais pour en décrire le moindre détail, sans doute proclamer l'imminence de sa fin prochaine… Il regrettait de s'être momentanément séparé de Petit Brillant : celui-ci, à cette heure, l'aurait secondé avec efficacité.

La panique s'empara des serviteurs, qui s'effrayaient les uns les autres. Pour la première fois depuis le début de sa longue carrière, le Premier Eunuque était dépassé par les événements, incapable de retrouver son calme, il prit cependant le temps de s'apitoyer sur son propre sort : qu'adviendrait-il de lui si Cixi mourait ? Celle-ci se tordait, geignait. Li abaissa une manche qui laissait un bras à découvert, s'horrifia de voir que, dans un tremblement, la douairière avait perdu l'une de ses chaussures. Il adressa un signe à un serviteur, pour que celui-ci apporte un coussin afin de cacher le pied impérial. Enfin, il trouva la force et la présence d'esprit de crier :

– Sortez, tous, sauf les serviteurs de la chambre.

Cixi eut un hoquet, qui se transforma en un râle. Elle perdit connaissance.

Portée par des mains expertes qui lui avaient épargné la moindre gêne, le moindre soubresaut, Cixi fut menée dans sa chambre, déposée sur une pile de matelas moelleux, tandis que les dames de cour tiraient, poussaient rideaux, paravents et stores, afin de l'isoler du monde extérieur. Le Premier Eunuque envoya chercher les médecins impériaux.

Après avoir pris les pouls [1] de Cixi, maître Den Tiantao, le plus vieux des thérapeutes, reposa doucement le bras de la douairière sur le drap de soie. Pâle et desquamé, mince comme la patte d'une biche, il était parcouru de fines veines grises. Par comparaison, ce membre avait l'air bien moins vivant que les couvertures et courtepointes colorées, tissées de bleu vif, de rose tyrien et de jaune éclatant, qui roulaient et glissaient les unes sur les autres dans un léger crissement, tant elles étaient soyeuses.

– Sa Majesté est à bout de souffle, chuchota le médecin à l'oreille du favori. Son corps est épuisé et j'ai craint le pire quand je suis arrivé à son chevet. La Vénérable Aïeule doit se reposer, il faut

---

1. La médecine chinoise traditionnelle distingue le pouls du cœur, celui du foie, des reins, etc.

qu'elle renonce à ses activités officielles plusieurs jours durant, voire à ses promenades en barque sur le lac de la Grande Salive. L'idéal serait qu'elle reste dans sa chambre, qu'elle y dorme et y prenne ses repas. Il faut aussi lui éviter toute contrariété : j'ai entendu parler de son affrontement avec l'empereur, je suis certain que Sa Majesté en a été très affectée. Tout doit être mis en œuvre pour lui épargner de nouveaux tracas. Une contrariété supplémentaire pourrait lui être fatale.

Une suivante préposée au chevet impérial tira le rideau du lit. Derrière cette courtine, la respiration de Cixi paraissait plus lourde, plus sonore, embarrassée.

– Voici ce dont il faut se munir, précisa Den Tiantao. De l'encre d'huile de pin vieillie, de la résine de myrrhe et des feuilles de bambou.

À ses pieds, accroupi devant une table basse, Petit Brillant prenait en note la liste des ingrédients indiqués.

– Et aussi des coquilles d'huîtres réduites en poudre, poursuivait le thérapeute. Du poivre blanc et de la poudre d'aluminium… Il faudra aussi de la bile de porc, du jus de gingembre et des feuilles d'acacia.

À présent qu'il était parvenu à examiner seul l'impératrice et qu'il avait dicté l'ordonnance, le médecin s'éloigna de Li Lianying pour s'approcher de ses collègues demeurés à l'écart. Certes, son âge, son expérience, le savoir dont il passait pour être le détenteur faisaient sans conteste de lui le médecin le plus respecté et, de facto, le premier des thérapeutes impériaux, sans doute en savoir, à tout le moins en honneurs et en avantages. Aucun édit, aucun texte du Neiwufu n'avait cependant jamais sanctionné sa position, et celle-ci demeurait fragile. Elle serait même réduite à néant si Cixi mourait car le personnel de la Ville interdite serait en grande partie renouvelé. Aussi maître Den Tiantao adressa-t-il un signe à ses confrères que leur inexpérience relative avait contraints à demeurer à l'écart, trois hommes encore jeunes, qui avaient chacun le secret espoir de devenir aussi influents que le Premier Eunuque. Mieux valait associer ces médecins à son travail, leur faire croire que leur avis importait afin de les priver d'arguments pour le jour où, la douairière expirée, ils tenteraient de ravir la place et les prérogatives de maître Den Tiantao. Celui-ci prit la liste que lui tendait Petit Brillant, y jeta un bref coup d'œil puis s'adressa aux trois autres médecins.

– Chers compagnons, j'ai dressé la première des prescriptions que j'entends établir pour assurer un prompt rétablissement à Sa Majesté. Je vous laisse le soin d'aller la porter à l'Apothicairerie impériale pour choisir les meilleurs ingrédients possibles avec l'aide des eunuques pharmaciens.

Cette proposition n'en était pas vraiment une, elle ne laissait que peu de marges de manœuvre aux trois autres praticiens, qui se voyaient simplement invités à choisir entre deux bocaux, deux boîtes de pilules ou deux fagots de racines séchées. Le regard haineux que ces hommes adressèrent à maître Den Tiantao ne laissait aucun doute sur les sentiments que celui-ci leur inspirait. Puis les thérapeutes se regardèrent les uns les autres, se comprirent parfaitement. Pris de court, ils ne savaient comment décliner l'offre que leur faisait Den. L'accepter purement et simplement revenait pour eux à prêter allégeance. Refuser cette proposition contrevenait à la politesse, faisait d'eux des querelleurs.

Un événement fortuit vint les tirer de ce mauvais pas : le passage de la maison des mandarins que les castrats préposés à cette tâche venaient d'envelopper dans une étoffe brodée avant de l'évacuer pour en renouveler la sciure et les parfums. D'un geste autoritaire, le plus jeune des médecins tenus à l'écart arrêta le convoi, et d'autorité, enjoignit les eunuques de le suivre dans un jardin intérieur. Le tissu protecteur déplié, le pot de chambre ouvert, le praticien en inspecta le contenu avec attention avant de s'en détourner, profondément satisfait de faire ainsi preuve d'autorité sur la domesticité et surtout auprès de maître Den Tiantao.

Le jeune médecin revint vers ce dernier :

– Honoré confrère, le bref examen auquel je viens de procéder me permet de confirmer point par point la pertinence de votre prescription. Permettez-moi cependant d'en décupler les effets. Je vais me rendre aux cuisines pour indiquer aux serviteurs ce qu'ils doivent préparer afin que leurs mets renforcent l'action de vos médicaments. Vous le savez, pour soigner Sa Majesté, ceux-ci n'auront que peu d'effet si nous ne leur adjoignons pas, à chaque repas de la journée, des mets à base de chou et de navet, qui seront les indispensables auxiliaires de la médication mise en œuvre.

Maître Den Tiantao savait que son jeune confrère et rival avait raison. Tout à l'heure, absorbé par l'impérieux besoin de marquer son territoire, il avait oublié de mentionner ses instructions pour les repas impériaux. C'était une erreur, une faute qu'il ne se pardonnait pas, qui menaçait de réduire son autorité à néant. Acculé, maître Den Tiantao eut alors un éclair de génie.

– Comment osez-vous ?

Il avait soigneusement calculé la nature et l'intensité de sa voix, la portant au maximum possible sans pouvoir être accusé de troubler le repos de Cixi. Il s'octroya même le luxe de laisser passer un silence, afin de déstabiliser davantage le jeune médecin. Celui-ci comprit qu'il avait commis une méprise dans laquelle maître Den Tiantao s'engouffrait, mais il ne pouvait deviner laquelle.

Avec beaucoup de conviction, ce dernier reprit :

– Vous avez l'audace de prononcer à voix haute le nom des aliments prescrits à Sa Majesté ? Vous êtes donc un imbécile !

Il marqua un nouveau temps d'arrêt et désigna les eunuques et les servantes qui allaient et venaient en silence autour d'eux :

– Vous voulez donc qu'un complice se rende aux cuisines indiquer quel plat la Vénérable Aïeule goûtera certainement, parmi les dizaines de mets préparés à son intention ? Vous n'ignorez pas comment il est aisé, pour un groupe de conspirateurs décidés, d'empoisonner un plat destiné à Sa Majesté. Savez-vous ce qu'il en coûte de divulguer ce genre d'indications propres à compromettre gravement la sécurité de la Vénérable Aïeule et des siens ?

Le jeune médecin jeta un bref regard au Premier Eunuque. Li Lianying n'avait rien perdu de l'affrontement qui opposait les deux thérapeutes et, en connaisseur, il en appréciait chaque joute, chaque demi-victoire. D'emblée, il avait choisi de soutenir maître Den Tiantao et ne regrettait pas son choix. Il s'amusa même à lancer un regard sombre au jeune médecin, teinté d'une nuance de compassion et de fausse pitié.

Avec tout le talent d'acteur consommé au faîte de son art, maître Den Tiantao acheva :

– Par amitié pour votre père que j'ai connu lorsque j'ai eu l'honneur d'être recruté par le Neiwufu et qui, lui, était un homme avisé, je suis prêt à oublier ce que je viens d'entendre.

La partie était gagnée. Cixi mourrait mais, du moins, maître Den Tiantao serait-il le principal organisateur de ce trépas, il en contrôlerait le déroulement, en tirerait le meilleur profit. Il se tourna vers Li Lianying, certain de sa réaction.

Le Premier Eunuque s'avança vers le jeune médecin, qui était plus mort que vif, et prononça les paroles que maître Den Tiantao attendait :

– Je veux croire que vous êtes plus inexpérimenté que félon. Je suis surtout certain que le malaise de la Vénérable Aïeule vous a troublé au point que vous en avez oublié les règles de la prudence la plus élémentaire. Je me range donc à l'avis de maître Den Tiantao et moi non plus, je ne vous dénoncerai pas.

Den adressa un large sourire, presque généreux, à son jeune confrère. Dès le début de cet échange, il n'avait jamais douté qu'il en sortirait vainqueur. Quel que soit l'aplomb du jeune thérapeute et son assurance, il ne pouvait vraiment rivaliser avec maître Den, héritier d'une longue lignée de médecins, dont les archives familiales expliquaient qu'elle était née sous la dynastie des Song. Longtemps au service de puissants princes mandchous, la famille Den était parvenue au faîte du pouvoir, pour ne plus le quitter, dans les premiers jours du règne de l'empereur Kangxi : le père de ce dernier, l'empereur Shunzi venait de mourir de la variole, comme plusieurs autres membres de sa famille et les serviteurs qui les avaient soignés en vain. Seuls les soins du médecin Den, celui qui vivait à l'époque, avaient réussi à préserver la vie du troisième fils du défunt, devenu empereur alors qu'il n'était qu'un enfant, sous le nom de Kangxi. Depuis, et jusqu'à ce jour, les Den se succédaient auprès des souverains. En dépit des craintes de Den Tiantao, nul n'aurait osé réellement tenter de concurrencer l'assurance que cette position et les honneurs afférents lui conféraient. Du moins jusqu'à ce jour.

Aussi intelligent qu'ambitieux, le thérapeute inexpérimenté était peut-être, s'il faisait preuve de persévérance et si la chance se mettait de son côté, le premier maillon d'une dynastie comparable. Pour le moment, il n'était rien. Sa réussite demeurait à réaliser et n'existait pour le moment que dans son esprit. Le jeune homme était condamné au silence et à l'obéissance, quoi qu'il lui en coûte. Incapable de parler, il eut à peine la force de saluer ses deux interlocuteurs. Il se retira, la tête basse, s'emportant contre lui-même, se haïssant davantage qu'il ne détestait maître Den Tiantao. Moqué, le thérapeute rejoignit ses camarades demeurés à l'écart, ils étaient dans l'ignorance de ce qui venait de se passer et de se dire, à quelques pas. Peut-être le médecin humilié leur dirait-il, plus tard, que maître Den Tiantao avait en tous points suivi ses conseils. Non, ses confrères ne le croiraient pas. Il avait perdu sur toute la ligne.

Demeuré aux côtés de maître Den Tiantao, Li Lianying sourit.

– Ce garçon a compris la leçon.

Affectant de jouer avec les perles du long collier qui pendait sur sa poitrine, il considéra Den et, d'un mouvement du bras, l'invita à s'écarter de l'alcôve impériale :

– Je vous ai bien aidé. Aussi, je vous prie, aidez-moi à votre tour et dites-moi donc la vérité au sujet de Sa Majesté.

– Je vous ai déjà tout dit. C'est une question de jours, peut-être de mois, dans le meilleur des cas, si la Vénérable Aïeule se ménage. Sa figure, ses gestes se sont modifiés. L'on dirait que son corps se prépare peu à peu à mourir.

Li Lianying hocha la tête :

– Je l'avais deviné. Dois-je faire venir des médecins étrangers ? Les ambassades des États-Unis ou de France sont prêtes à nous dépêcher les leurs…

Maître Den Tiantao ferma les yeux :

– Ne vous attendez pas à ce que je tente de vous en dissuader pour protéger mes pouvoirs. Certes, si déroutante, la science des Barbares est souvent plus efficace que la nôtre. Mais dans le cas de Sa Majesté, elle aussi serait impuissante et ne servirait qu'à prolonger sa vie que de peu, comme je m'efforce de le faire avec mes propres prescriptions. Nous avons vous et moi intérêt à ce que Sa Majesté vive autant que possible. Mais même les dieux n'ont pas le pouvoir de la garder en vie jusqu'à la Grande Neige. Nous avons à peine le temps de prendre nos dispositions, en prévision de cette fin inéluctable…

Li Lianying poussa un profond soupir tant il était soulagé qu'arrive enfin ce qu'il craignait le plus depuis tant d'années. Le favori n'avait plus la force, l'énergie de redouter la catastrophe annoncée, encore moins de souhaiter qu'elle ne se produise pas. Qu'on en finisse, vite. D'ailleurs, le Premier Eunuque s'était depuis longtemps préparé à cette éventualité. Il disposait d'une demeure confortable à Pékin, pourvue de la domesticité qui l'aiderait à y passer une vieillesse agréable. Il avait également pris la précaution de transférer une large partie de l'argent arraché au trésor impérial dans une banque de la concession japonaise de Tianjin, donc à l'abri du gouvernement chinois, pour le cas où le prochain empereur s'en prendrait à ses biens.

Le prochain Fils du Ciel, justement, dont Li Lianying risquait d'être conduit à le redouter, très vite après la mort de Cixi.

– Et Guangxu ?

– Que voulez-vous savoir ? répondit Den.

– Comment il se porte, en réalité. C'est bien vous qui soignez le Fils du Ciel, sur l'ordre de la Vénérable Aïeule…

Maître Den Tiantao jeta un long regard autour de lui. Les serviteurs se trouvaient à bonne distance. Pour lui répondre, le médecin préféra cependant attirer le Premier Eunuque vers une minuscule cour intérieure encombrée de fusains. Les deux hommes, ensemble, allaient décider du sort de la Chine, à quelques pas du lit où gisait la douairière.

Petit Brillant, lui, hésita un instant. Sa position auprès de Li Lianying l'autorisait certes à rejoindre son maître, le plus naturellement du monde, pour entendre ce qu'allaient se dire le Premier Eunuque et le médecin. Il y renonça cependant, de peur d'éveiller les soupçons du favori impérial ou, plus simplement, de l'indisposer. L'eunuque aux yeux sombres ne se sentait pas la force, et surtout pas l'envie de se quereller tout à la fois avec Li et avec Sourcil de paon.

Resté seul, désormais inutile, il choisit de retourner dans la pièce où il dormait et rangeait ses affaires, sans chercher à se mêler à ses camarades, sans chercher non plus, et il s'en étonna, à rejoindre son amante pour lui donner des nouvelles de Cixi ou lui demander ce qui se racontait dans les résidences des princesses.

D'un joli geste de la main, Désir d'été invita ses deux compagnes à observer un court silence, juste le temps que, les sens aux aguets, elle s'assure que nul n'approchait ou ne soit en mesure de les entendre parler. Rassurée sur ce point, la mine néanmoins rembrunie, la dame de cour de troisième grade revint vers Fleur entrouverte de soie :

– Cixi a ordonné que tu ne sois pas dessaisie de ta mission en dépit de la sottise qui t'a empêchée d'obtempérer à son ordre. Cependant, ce n'est pas la bienveillance de Sa Majesté qui explique cette décision. Celle-ci n'a pas voulu se déjuger en te retirant la tâche confiée : agir autrement lui semblait de mauvais augure, à l'heure où elle est souffrante. Mais tu n'auras pas de seconde chance. Tu comprends ?

Fleur entrouverte de soie hocha la tête. La jeune fille ne s'était pas remise de ses émotions et craignait plus que tout de faillir de nouveau. Poursuivie par le visage, la voix de Cixi, elle avait l'impression que l'impératrice se tenait en permanence à ses côtés. Aussi, pour tâcher d'oublier sa peur, la suivante se promettait de faire preuve de la soumission la plus bornée, la plus complète. Au demeurant, depuis toujours, elle avait tant l'habitude d'obéir, jadis à ses parents, ensuite aux dames qui l'avaient formée, ses « tantes », puis à Cixi et aujourd'hui à Désir d'été qu'elle n'éprouvait aucune difficulté à acquiescer, sincèrement désireuse de donner satisfaction.

– Sa Majesté n'aura plus à regretter de m'avoir chargée de veiller sur le plat des Français. Sur ma vie, je le jure.

Arôme d'angélique mesurait davantage que Désir d'été le désarroi profond de leur compagne. Elle tenta d'aider la jeune fille :

– Tu as toujours le fétiche que je t'ai remis ? Garde-le précieusement, je te l'ai dit, il t'aidera.

Fleur entrouverte de soie eut peine à contenir son émotion. Pourquoi avait-elle jeté l'amulette dans un moment de folie ? La suivante regarda Arôme d'angélique droit dans les yeux, certaine que celle-ci lisait dans son esprit et attendait qu'elle confesse sa faute. Un instant, elle fut sur le point de se jeter aux pieds de sa compagne et de lui demander pardon. Une nouvelle fois, néanmoins, la crainte d'être prise en flagrant défaut d'avoir menti et d'avoir trahi la parole donnée, la honte, la peur d'être mal jugée prirent le dessus. De manière irréfléchie, elle contre-attaqua avec maladresse, s'exposant à ce que son émotivité la trahisse :

– Ton porte-bonheur ! Pour ce qu'il m'a été utile devant Cixi… Es-tu certaine de ne pas m'avoir plutôt confié un porte-malheur ?

Arôme d'angélique fut piquée au vif par cette remarque où elle crut déceler de la méchanceté alors qu'elle ne constituait qu'une fuite en avant dérisoire et inutile.

– L'esprit de la belette t'a protégée quoi que tu en dises, s'emporta-t-elle avant de se radoucir aussitôt :

– Si tu ne l'avais pas eu avec toi, le pire se serait produit, le plat des Français aurait pu se briser, ou Cixi s'en prendre à toi. Je sais trop ce que ce fétiche m'a apporté pour ne pas savoir qu'il t'a déjà garantie de bien des dangers.

La dame de cour avait mis tant de sincérité dans la fin de son propos, parlé avec tant d'amitié que Fleur entrouverte de soie sentit les larmes lui monter aux yeux. Un peu rassérénée par ce discours, elle tint à s'excuser :

– Je te remercie de ton prêt et te prie de m'excuser.

Elle regarda Désir d'été et reprit :

– Je sais que je peux compter sur l'une et sur l'autre. De nouveau, je vous promets qu'à compter de ce moment, je ne vous causerai plus aucun souci.

Fleur entrouverte de soie se redressa et ajouta, se forçant à sourire et, même, à plaisanter :

– Vous verrez, c'est même moi qui vais bientôt vous venir en aide : qui sait ce qui va se passer, la nuit prochaine, lorsque vous veillerez sur le plat des Français ? Je serai aux aguets et viendrai à votre secours, si des esprits malintentionnés s'en prennent à vous ou au plat, je dirai les prières propres à les repousser.

– Le porte-bonheur, insista Arôme d'angélique, qui n'était pas rancunière. Il est assez puissant pour nous protéger toutes les trois.

Les jeunes filles s'enlacèrent, mêlant leurs respirations. Et il sembla à Fleur entrouverte de soie que ses compagnes étaient plus tendres qu'à l'ordinaire.

Fidèle, à son poste, pénétré de son importance, Poulie grinçante ouvrait et fermait le portail à mesure qu'entraient et sortaient médecins, apothicaires et ministres, avec tant d'application et même de joie qu'il en oubliait les douleurs qui engourdissaient ses membres. L'eunuque était ravi de montrer aux puissants personnages qui défilaient chez Cixi, et de se prouver à lui-même, qu'il était indispensable à la bonne marche des Palais de mer et, plus encore, qu'il tenait dans sa main la vie de Cixi. Lui seul savait, en lui parlant comme à un bœuf embourbé, débloquer le lourd vantail lorsque celui-ci se coinçait, ou manœuvrer la lourde clef de bronze dans la serrure dont les entrailles de fer se grippaient souvent. Sans lui, Poulie grinçante en était certain, le service de la demeure de Cixi aurait été irrémédiablement perturbé. Certes, serviteurs et thérapeutes pourraient passer par-derrière, par les communs. Mais leurs allées et venues en auraient été ralenties, la douairière se serait trouvée en danger de mort ou, à tout le moins, aurait dû patienter avant de recevoir ses visiteurs, les marques de réconfort des princesses Qing venues lui présenter leurs compliments…

Poulie grinçante se servit une nouvelle tasse de thé aux petits voraces, afin de confirmer les effets des premières gorgées. À peine Poulie avait-il appris le malaise de Cixi que son imagination maladive s'était envolée. Voici un long moment que Cixi se tenait devant lui, belle et jeune, désirable, offerte. L'eunuque ne doutait pas qu'il allait être en mesure de l'honorer puisque, il le sentait, il était en train de retrouver, grâce aux mérites de sa boisson revigorante, la virilité dont il avait été privé depuis de longues décennies. Encore une gorgée, et Poulie grinçante achèverait de séduire l'impératrice de Chine. Une fois qu'elle se serait laissé aimer, nul doute que Cixi enfanterait d'ici quelques mois l'héritier du trône qui faisait défaut à l'Empire puisque Guangxu n'avait pas d'enfant. Et ce serait lui, l'eunuque portier Poulie grinçante qui serait le père du futur Fils du Ciel, il serait comblé d'honneurs.

Au travers de ses songes, l'esprit troublé par la substance capiteuse, c'est à peine si l'eunuque voyait les fonctionnaires impériaux qui franchissaient le seuil du palais de la douairière, il les entendait encore moins.

– Poulie grinçante, que fais-tu ? Qu'attends-tu pour ouvrir ensemble les deux battants : tu ne vois pas que tu retardes la charrette qui vient de la route de l'Ouest ?

L'eunuque portier regarda autour de lui, trébucha, l'esprit obscurci par la tisane. Qui lui parlait ? Ce gros insecte cheminant sur la panse de ce vase ?

– Tu veux donc que Cixi ait soif ?

Le portier voulut rassembler ses idées, n'y parvint qu'avec peine, distingua néanmoins un insecte à la cuirasse verte, qui d'évidence s'adressait à lui.

– Hâte-toi ! Tu sais que Sa Majesté est souffrante.

L'insecte se redressa, donnant à voir son large ventre vert émeraude, piqueté d'or, si lisse et si brillant que Poulie grinçante crut y apercevoir le reflet de sa propre image.

– Une charrette tirée par un âne, poursuivit le cafard. Surmontée d'une banderole jaune et menée par des eunuques chaussés de bottes à semelle en cuir de jument, pour aller plus vite, cela ne te dit rien ?

Un âne, des semelles en jument, Poulie grinçante tentait de rassembler ses idées… Il connaissait tous ces éléments, devait les ordonner pour leur rendre leur cohérence mais n'y parvenait pas. Face au silence obstiné, à l'inaction de l'eunuque, l'insecte s'emporta :

– Hâte-toi, imbécile ! Ouvre grand le portail !

L'eunuque tressaillit. Avait-il pu ne pas entendre le roulement de la charrette dont parlait le cafard ? C'était impossible, l'eunuque se savait trop consciencieux pour avoir failli, c'était un piège que lui tendait l'animal. Celui-ci voulait venger ses congénères, tous les « petits voraces » que Poulie grinçante avait attrapés, écrasés, fait bouillir et digérés… L'insecte souhaitait pousser le serviteur égaré à la faute professionnelle en l'incitant à ouvrir la grande porte d'apparat pour une simple charrette chargée de légumes ou de charbon.

– Tu veux me faire commettre un crime de lèse-majesté ?

Poulie grinçante s'emporta. Cet insecte, il allait le réduire en miettes, le briser entre ses dents, comme tant d'autres, ou plutôt le jeter vivant dans la bouilloire, pour lui apprendre à se moquer d'un serviteur de la cour, du futur époux de Cixi.

– Pour la dernière fois, qu'attends-tu pour ouvrir cette porte ?

Cette voix, l'eunuque la reconnaissait. C'était celle du Premier Eunuque. Poulie grinçante eut à peine le temps de rassembler ses pensées qui s'étaient éparpillées un peu partout dans les airs et sortit de sa loge. Li Lianying se tenait devant lui. Tétanisé, le portier considéra le Premier Eunuque. Comment avait-il pu se glisser dans la carapace du cafard et l'agrandir à ses propres mesures ? À moins que ce ne soit l'insecte qui s'était déguisé en favori, jusqu'à imiter, avec son ventre et son abdomen bombés les habits soyeux, verts et dorés que revêtait habituellement Li ?

Quoi qu'il en soit, Poulie grinçante n'était ni

de taille à lutter contre un cafard capable d'un tel prodige, ni de désobéir plus longtemps à Li Lianying. Il se jeta à terre et se prosterna, ne sachant, donc, s'il s'aplatissait devant un homme ou un esprit-insecte, bien qu'il eût une préférence pour la seconde possibilité.

– Relève-toi ! Ouvre le portail. Par ta sottise, tu retardes l'arrivée du chariot qui apporte à Sa Majesté la seule eau que celle-ci accepte de boire, l'eau de la Source de jade, la plus pure qui soit, la « première source sous le ciel » ainsi que l'avait jadis déclaré le grand empereur Qianlong.

L'eau de la Source de jade ! Ses rhumatismes apaisés par le thé, Poulie grinçante se releva d'un bond. Comment avait-il pu oublier ce convoi ? Il courut à la porte, tira la traverse qui en empêchait le pivotement sans ménager sa force, rejeta un autre madrier placé en travers, sans craindre de se blesser en repoussant trop fort et trop vite les lourds battants de bois cloutés.

Enfin, le chariot pénétra dans l'enceinte du palais, gagna la cour des communs où il fut aussitôt entouré par les domestiques de Cixi. Le cœur battant, Poulie grinçante vit s'éloigner son interlocuteur, Premier Eunuque ou Esprit-Insecte. Pendant un temps, il demeura dans un grand trouble, incapable de savoir qui lui avait ordonné d'ouvrir le portail. Puis il réalisa que, de toute façon, la charrette était bien réelle, son chargement aussi. Ce qui signifiait, notamment que, par sa faute ou de son fait, Cixi avait été privée pendant de précieuses minutes de sa boisson favorite, pour peu que les eunuques des cuisines aient omis de faire des provisions d'eau afin de pallier aux pénuries les plus courtes.

À cette idée, Poulie grinçante se réjouit, profondément. Cette pensée lui causait une joie, si forte qu'il ne pensa pas un instant à la punition encourue, pour le prix de son inefficacité. Donc, pendant quelques instants, dont le portier espérait qu'ils avaient duré pour la douairière une éternité, il avait disposé du sort de Cixi, de son corps. Il l'avait assoiffée, il avait tenu sa vie entre ses mains. S'il ne s'était finalement pas rangé aux objurgations de Li Lianying – ou de l'insecte –, l'eunuque aurait même pu mettre en danger la vie de la Vénérable Aïeule. Cette pensée le rendait fou. Jusqu'à présent, il rêvait de faire l'amour à Cixi et voici qu'il songeait à lui faire du mal… C'était la première fois qu'il ressentait une telle excitation. Il se demanda si celle-ci ressemblait au plaisir qu'éprouvaient les hommes non castrés. Poulie grinçante balaya vite cette interrogation : non, sa mutilation ne faisait en rien de lui un être incomplet, elle ne l'empêchait en rien de connaître les mêmes sentiments, les mêmes plaisirs que les autres hommes.

De loin, le portier regardait les serviteurs décharger la charrette et s'occuper de l'âne, retendre et brosser les banderoles et les fanions jaunes que le vent et les cahots de la route avaient désordonnés. Poulie grinçante considéra ces eunuques avec mépris. Ils ne pouvaient que répéter et accomplir les gestes appris, servilement, comme des sots de village. Lui, il savait maintenant comment agir pour explorer encore plus complètement sa passion pour la Vénérable Aïeule : chaque fois qu'il en aurait envie, il assoifferait Cixi, non pour la faire souffrir – il l'aimait, la vénérait, la désirait trop – mais pour s'assurer pleinement le contrôle de son corps et manifester sa toute-puissance.

L'eunuque se sentait si heureux qu'il décida de renforcer ce bonheur en buvant une nouvelle tasse de thé. Il ne doutait pas que, cette fois, les sucs des cafards le transporteraient en un monde de félicité semblable à nul autre.

Jusqu'à ces jours maudits, il ignorait que le plat des Français existait. Aujourd'hui, il errait, lamentable, aux abords de la porte qui permettait de passer de la Cité interdite aux Palais de mer. Hésitant une fois de plus entre l'inaction et le passage à l'acte, il allait et venait, avec toutefois assez de présence d'esprit pour tâcher d'avoir l'air affairé, pour le cas où on l'aurait espionné. De même, son désarroi ne l'empêcha pas de s'interroger sur lui-même : pourquoi s'intéressait-il tant à cet objet et souffrait-il de son déplacement, alors que tant d'autres… Parce que les autres, justement, il n'avait pas la faculté de s'occuper d'eux, c'était trop tard, ils étaient perdus à jamais. D'ailleurs, cette impuissance contrainte le minait, l'affligeait tant que l'eunuque Hua entreprit, au prix d'un douloureux effort, de rejeter loin de lui le souvenir de ces innombrables rouleaux, vases et ouvrages émaillés pour lesquels il ne pouvait plus rien…

La porcelaine de Jingdezhen, certes, lui avait été elle aussi ravie. Mais du moins savait-il fort bien où elle se trouvait. Et il pouvait espérer être assez malin pour la récupérer avant qu'une servante ne la brise : comment pouvait-on faire confiance à ces filles que Cixi avait chargées de veiller sur l'objet, ajoutant une sottise à une autre ? S'il le fallait, il en bousculerait une ou deux pour parvenir à ses fins. Certes, cela aurait moins d'allure que de s'en prendre aux eunuques honnis qu'il aurait tant aimé corriger. Mais il savait ce qu'il pouvait ou non accomplir, et n'avait jamais cherché à mesurer sa force, ni osé manier la dénonciation, une arme dangereuse, qui ne blessait jamais une seule fois.

Bien entendu, il aurait pu faire preuve de patience, et simplement attendre que Cixi se lasse du plat des Français et le renvoie dans les réserves. Mais s'emparer de cette porcelaine sans tarder le réconcilierait avec lui-même. D'autant qu'en bravant ainsi la douairière, il risquait fort d'être châtié, c'était plus que probable. Dès lors que son action serait mise à jour, et elle le serait assurément, Cixi lui réserverait une mort plus cruelle encore que d'ordinaire… Peu lui importait. Au moins, il serait mort en faisant son devoir, rachetant ainsi des années de couardise. D'ailleurs, l'impératrice l'avait humilié en public et il n'avait plus grand-chose à perdre…

Mais comment s'y prendre ? Il ne pouvait songer à pénétrer dans la résidence de Cixi, en temps ordinaire peuplée d'une nuée d'eunuques et de dames de cour qui se surveillaient les uns les autres, espionnaient et examinaient tout nouveau venu ; nul n'aurait pu franchir le seuil de la première salle de réception sans être aussitôt repéré. À l'heure où, de surcroît, la situation s'était probablement compliquée : le Vieux Bouddha malade, la surveillance domestique avait été renforcée.

Maître Den Tiantao attira Li Lianying derrière le plus épais des fusains. Puis il se mit à parler d'une voix très basse, bien que le vent qui soufflait dans les arbustes suffisait à couvrir ses paroles.

– L'esprit du Fils du Ciel est mal en point, il connaît des mouvements d'exaltation et de repli sur soi. Il semble souvent disparaître mais s'est toujours ragaillardi. La scène de ce matin en témoigne. Voici quelques jours, nul ne donnait cher de la sagacité de Guangxu. Or, conduit devant Cixi, l'empereur a recouvré toute son intelligence, la faculté de parler avec pertinence. Quant à son corps, il est certes malade lui aussi. Nul ne serait indemne au terme de dix ans de mauvais traitements.

Le médecin savait que Li Lianying allait mal accueillir la suite de son propos. Or, il lui devait la vérité, au risque d'être l'objet de la vengeance du favori impérial. Il hésita à rappeler les multiples vexations dont Guangxu était victime depuis l'année 1898, se ravisa en songeant que Li les connaissait mieux que lui et se résolut à délivrer l'essentiel de son diagnostic :

– Et pourtant, le Fils du Ciel ne se porte pas si mal que ça. Autant que j'ai pu en juger, aucun des organes vitaux ne semble en mauvais état. Bien soignés, le corps et l'esprit de l'empereur retrouveraient leur santé et leur vigueur, je suis prêt à en prendre l'engagement.

Cette dernière phrase était à double tranchant. Elle laissait à Li Lianying toute latitude pour changer de camp : si, d'aventure, Cixi venait à trépasser, les partisans de Guangxu réussiraient peut-être à remettre ce dernier sur le trône. Dans ce cas, songeait le Premier Eunuque, mieux valait se trouver du côté des futurs vainqueurs… Après tout, maître Den Tiantao ignorait la véritable nature des sentiments de Li à l'égard de l'empereur, ainsi que le rôle que ce dernier avait joué – ou non – dans le renversement de Guangxu : en un mot, le Premier Eunuque ne faisait-il, depuis toujours, qu'obéir à Cixi ou détestait-il lui aussi viscéralement l'empereur ?

Il fallait donc jouer habilement, sans se découvrir, car Cixi pouvait recouvrer la santé. Et dans ce cas, elle n'aurait de cesse de se venger de ceux qui l'auraient trahie durant sa maladie. Mais si la Vénérable Aïeule était condamnée, pourquoi ne pas tenter de jouer la carte Guangxu ? C'était certes là un pari risqué, tant le Premier Eunuque était lié à la vieille impératrice, tant il paraissait à très juste titre comme son âme damnée voire son inspirateur. Le coup valait néanmoins d'être tenté. Le Premier Eunuque s'exprima lentement, avec tant de prudence qu'il en pâlit.

– Et si la Vénérable Aïeule souhaitait, par bonté pure, laisser son neveu reprendre le pouvoir dont elle a été obligée de se saisir, l'année wuxu, pour éviter que la Chine ne s'effondre, l'empereur serait-il en mesure de gouverner ? De quelle manière pourrions-nous aider Guangxu ?

Maître Den Tiantao, lui, n'hésita pas pour répondre dans l'instant :

– Certes, si je devais aider l'empereur à recouvrer la santé, je prescrirais certains médicaments. Mais surtout, pour commencer, je conseillerais au Fils du Ciel de se promener le plus souvent et le plus longtemps possible dans les allées du Jardin impérial, à l'abri du vent ou, mieux encore, de goûter à la tiédeur qui s'attarde dans les kiosques du Palais d'été, dès le milieu de la journée, lorsque les eaux du grand lac commencent à restituer la chaleur du soleil.

Li Lianying considéra le médecin impérial. Celui-ci pouvait-il être circonvenu, corrompu comme tant d'autres, de manière à agir comme le Premier Eunuque le lui indiquerait, qu'il s'agisse de tout mettre en œuvre pour sauver Cixi ou, si celle-ci mourait, de redonner sa vigueur à l'empereur Guangxu ? Ce n'était pas certain.

– Je suis heureux de savoir que l'empereur ne se porte pas trop mal en dépit de la situation qui est la sienne. L'essentiel, pour le moment, est cependant d'aider la Vénérable Aïeule à passer ce mauvais cap afin qu'elle puisse de nouveau gouverner la Chine « derrière le rideau » [1], comme au cours des années passées, pour notre plus grand bien à tous. Il lui faut, dès demain, avant même le

1. Parce qu'elle n'était que régente, d'abord au nom de son fils puis au nom de son neveu, Cixi se tenait derrière un rideau de soie sombre lors des réunions gouvernementales auxquelles, en théorie, elle n'avait pas le droit de participer mais qu'elle dirigeait néanmoins, ainsi plus ou moins cachée.

lever du soleil, prendre une nouvelle préparation, comportant du sel, de la menthe, du bombyx du mûrier, des baies de forsythia, des racines de pivoine et sans doute aussi du gypse broyé.

Maître Den Tiantao s'inclina. D'une voix dépourvue d'expression, il répondit :

– Nul autre que moi ne le désire plus ardemment…

– Fort bien, il vous reste alors à préparer la prescription dont vous avez parlé à l'instant, ajouta Li, se forçant à sourire.

Fleur entrouverte de soie ne pouvait trouver le sommeil. Trop de pensées se pressaient dans son esprit pour la laisser dormir. Il s'y trouvait bien entendu le souvenir de l'épisode honteux qui l'avait vue défaillir devant Cixi, celui du geste fou, et regretté depuis, qui l'avait conduite à jeter la peau de belette dans l'étang de la Grande Salive, un acte que la dame de cour ne comprenait pas elle-même. Surtout, avec un temps de retard, Fleur entrouverte de soie découvrait, surprise et émerveillée, que des sentiments profonds l'unissaient à Désir d'été et à Arôme d'angélique. Elle prenait pleinement conscience de l'affection dont les deux jeunes filles l'entouraient, des multiples délicatesses qu'elles lui prodiguaient.

La suivante se souvenait plus particulièrement, avec un émoi qu'elle peinait à maîtriser, de la longue étreinte durant laquelle leurs trois corps n'avaient fait qu'un. Le souvenir de cette accolade lui procurait même plus de plaisir, à présent, qu'elle n'en avait ressenti sur le moment. Ce n'était que maintenant, au plus profond de la nuit, qu'elle se sentait en mesure d'apprécier chaque frôlement, chaque caresse, les câlineries échangées dans la journée. L'esprit enfiévré, la dame de cour ne se lassait pas de redessiner, dans l'air moite, les gestes par lesquels elle s'était plu à caresser la nuque de Désir d'été, le dos, juste au-dessus de la hanche, d'Arôme d'angélique.

En particulier, les senteurs d'une petite cassolette où Fleur entrouverte de soie avait disposé des pétales ramassés dans les parterres des jardins impériaux lui rappelaient avec bonheur l'odeur de Désir d'été. Elle se demanda si celle-ci usait d'une crème aux aromates, en dépit de l'interdiction faite aux dames du palais de se parfumer pour ne pas risquer d'indisposer Cixi. Un souvenir en appelait un autre, qui révélait un détail oublié, un sourire, un encouragement prodigué l'après-midi par ses deux compagnes, une nouvelle caresse.

Fleur entrouverte de soie était seule dans sa chambre mais se savait néanmoins entourée, secondée par les deux autres Mandchoues [1]. Toute transportée, heureuse, ne songeant presque plus au plat des Français mais à cette nouvelle amitié, la suivante voulut être plus libre de ses mouvements. Elle défit le ruban par lequel elle avait lié ses mollets, par pudeur, afin de ne pas risquer d'offenser les divinités qui la regardaient depuis les nuages au cas où elle aurait pris une pose indécente

1. Les eunuques des palais impériaux étaient chinois, les suivantes exclusivement mandchoues.

dans son sommeil. Elle se leva, légère, but un verre d'eau, se remit au lit.

Sa chambre, plutôt une cellule, était ménagée entre un passage qui reliait deux salons et une resserre à matelas et coussins. La pièce ne convenait qu'à une seule personne : la suivante pouvait à peine y caser une manière de couchette et un coffre contenant ses habits et sur lequel elle posait les cuvettes servant à sa toilette.

La cellule était dépourvue de fenêtres mais, par une mince fente qui séparait deux des éléments de la cloison de bois, la jeune fille pouvait, en se mettant de profil, distinguer, à la lumière de la lune, la masse du Dagoba blanc, bloc de maçonnerie en forme de bouteille, bâti sur le plus vaste des îlots du lac de la Grande Salive. Ce gigantesque reliquaire était régulièrement repeint : il constituait nuit et jour une source de lumière qui réconfortait souvent Fleur entrouverte de soie. Elle s'approcha de l'étroite ouverture, considéra l'énorme bouteille. Songeant aux reliques qui étaient scellées dans sa masse, elle leur adressa une requête : qu'elle retrouve au plus vite le fétiche offert par Désir d'été, non pour se prémunir de sa colère au cas où celle-ci apprendrait le geste insensé de Fleur entrouverte de soie, mais simplement pour lui épargner tout chagrin. Cette prière prononcée, la suivante revint vers sa couchette. Mais elle ne trouva pas davantage le sommeil. Elle se tourna, rejeta ses couvertures, se retourna, mais ne put dès lors se satisfaire de la seule évocation des épanchements de l'après-midi. Il lui fallait retrouver sur-le-champ ses deux nouvelles amies, leur dire qu'elle les aimait toutes deux à parts égales. Fleur entrouverte de soie pourrait même les aider, aller leur chercher à manger si elles avaient faim, tout objet dont les deux veilleuses pourraient avoir besoin mais qu'elles étaient dans l'incapacité de se procurer faute d'être en mesure de s'éloigner du plat des Français.

Toute à ses pensées émues, Fleur entrouverte de soie avait perdu la notion du temps. Elle s'approcha une nouvelle fois de la rainure, interrogea le ciel et les étoiles, tâcha d'apprécier la température de l'air qui lui caressait le visage. Ce devait être l'heure du bœuf. Fleur entrouverte de soie jeta sur ses épaules un long manteau qui cachait sa toilette de nuit et lui enserrait même le haut du cou, mais demeura pieds nus : elle courrait si vite dans les couloirs de la résidence impériale qu'elle ne sentirait pas le froid des dalles de pierre.

À la demande de Li Lianying, Maître Den Tiantao veillait. La règle immémoriale en vigueur dans les résidences impériales aurait dû le contraindre à quitter les Palais de mer dès le coucher du soleil, afin qu'il n'y reste aucun homme non castré. Grâce à un sauf-conduit établi par le Premier Eunuque et que celui-ci n'avait pas hésité à authentifier du sceau impérial et de son propre timbre, grâce, surtout, à la situation exceptionnelle créée par la détérioration de l'état de santé de Cixi, le médecin avait pu mener à bien ses travaux dans l'apothicairerie impériale. Den y avait trouvé tous les ingrédients nécessaires, et les plus purs, parmi les centaines de bocaux, de boîtes et de couffins soigneusement étiquetés et alignés, où étaient rangés des os ou des peaux de bête tannées ou confites, des plantes desséchées, des aromates pilés, des tiges et des racines, des serres de rapace et des becs momifiés. Mais il avait dû se passer des petits eunuques d'ordinaire chargés de piler les minéraux et les herbes. Soucieux de la sécurité de l'impératrice, le Premier Eunuque n'avait pas voulu que ceux-ci puissent participer à la préparation des ordonnances, ni même assister à leur exécution. Lui, en revanche, était demeuré en compagnie du médecin et le secondait autant qu'il le pouvait.

Au milieu de la nuit, ivre de fatigue, Maître Den Tiantao reposa la roue de faïence recuite qui avait servi à hacher une tige de faux ellébore. Il se saisit ensuite du mortier pour verser la préparation qui y était contenue dans un pot en faïence vert et rose orné d'anses en forme de phénix avant de recouvrir celui-ci d'une gaze :

– Un bouchon ne conviendrait pas, l'air doit passer en permanence. Mais l'étoffe est parfaite pour se garantir contre les insectes. N'oubliez pas de la replacer aussitôt après que vous aurez prélevé la quantité de préparation exactement requise.

Exécutant fidèle, Li Lianying rangea le pot de faïence vert et rose dans une boîte de cuir rouge exactement adaptée à sa forme puis enveloppa le tout dans une étoffe jaune.

– Seule la dose exacte de préparation est de nature à soigner la Vénérable Aïeule, ajouta le médecin. Pourvu qu'elle lui soit administrée comme je l'ai indiqué, à raison de l'équivalent d'un dixième d'once par heure. Dépasser cette dose, ne serait-ce que d'un *qian*, pourrait causer de grands troubles. Ceux-ci sont fatals s'ils ne sont pas traités à temps. La mort est alors d'autant plus certaine que rien ne l'annonce, ni désordre ni douleur... Elle survient en douceur.

Le Premier Eunuque cligna des yeux, choisit de ne pas réagir immédiatement à ces dernières paroles, pour donner le change pendant un temps avant d'y revenir, comme par inadvertance, sans trop d'illusions quant à sa capacité à tromper maître Den Tiantao :

– Sa Majesté peut compter sur la vigilance et le dévouement de ses serviteurs, qui lui sont tous très attachés. Néanmoins, je surveillerai personnellement l'administration de ces médecines.

Songeant à Petit Brillant, le favori impérial ajouta :

– J'ai auprès de moi un serviteur qui m'est dévoué. Il donnera lui-même ses médicaments à Cixi.

Le thérapeute s'inclina devant le Premier Eunuque, tout à la fois pour lui exprimer sa considération, approuver son plan d'action et, surtout, signifier que lui, maître Den Tiantao, n'était plus concerné par ce qui arriverait désormais dans les Palais de mer. Héritier d'une longue lignée de médecins, il avait bien entendu étudié la médecine mais aussi les grands textes classiques de la littérature chinoise, comme ses pères. Il avait même parfait ses études en séjournant un été durant au Temple du four et du héron, au pied des monts Huangshan, dans l'Anhui, pour y étudier les propriétés de plantes qui ne poussaient que là et dont on disait qu'elles avaient été plantées par les Immortels. Bardé de ces connaissances, maître Den se sentait très loin, finalement, des intrigues de palais dont il devinait l'existence, quand bien même celles-ci concernaient Cixi et sa succession. Le médecin devait avant tout assurer la survie et le pouvoir de son lignage, grâce à son sang-froid. Il lui fallait perpétuer la lignée, demeurer coûte que coûte à son rang et à sa place.

Mais, pour ce faire, Den devait-il, comme il l'avait cru jusque-là, s'arc-bouter sur une stricte application de son savoir, faire preuve de sa compétence et de probité ? Ou bien composer avec la loyauté, au mieux de ses intérêts ? Par peur de ne pas savoir comment s'y prendre pour intriguer, il préférait s'en tenir à la première attitude, et espérait ne jamais avoir à le regretter.

Pour le reste, le médecin formula un vœu, qui ressemblait à un renoncement : que le sort des membres de la famille impériale et des serviteurs soit entre les mains des dieux et que ceux-ci agissent comme ils l'entendent.

Den Tiantao regarda par la fenêtre, vit que l'aube allait se lever, demeura un moment à interroger les grands arbres dont le vent agitait doucement les feuilles, pour tenter de lire l'avenir dans ces frémissements. À l'ouest, du côté de la Cité interdite, la nuit était un peu moins sombre qu'ailleurs. Den apprécia cette promesse. La fatigue aidant, son esprit s'abîma tout entier dans la contemplation de ce paysage dont il espérait que le spectacle apaisant lui porterait conseil. Le médecin tenta de convoquer l'esprit de son aïeul, le thérapeute qui avait vraiment fondé la dynastie des Den en sauvant le jeune Kangxi, pour qu'il le conseille. En vain. Den Tiantao n'avait probablement pas suffisamment honoré l'autel des ancêtres et, faute d'avoir pu apprécier la piété de leur descendant, ceux-ci ne venaient pas à son secours. Un craquement l'arracha à sa rêverie. Du coin de l'œil, le médecin aperçut une ombre, se retourna. Li Lianying était tout près de lui, qui tenait un gros pot de faïence, les bras étrangement tendus devant lui. D'un coup d'œil, Den Tiantao reconnut le pot, lourd, doté d'épaisses poignées de métal en forme de nuages. Il contenait des semences d'arbuste tronc-en-cuisse-de-cerf. Il en apprécia l'importance, jaugea l'épaisseur de son socle, massif et se sentit soudain très seul. La peur chassa d'un coup l'épuisement qui le menaçait et stimula son intelligence. Il estima la distance qui le séparait du Premier Eunuque avant de revenir aussitôt vers le favori, pour détailler sa corpulence, apprécier sa stature. Li était grand, sa minceur pouvait faire croire qu'il était plus musclé qu'il ne l'était en réalité. Li Lianying regarda fixement le médecin puis, comme pris de court, reposa le vase sur une console de bois sombre. D'une voix grave, il expliqua :

– Cixi aime grignoter ces graines lorsqu'elle se réveille, afin de purifier son haleine. J'ai pensé qu'il était plus pratique et plus simple que j'en prenne une provision. Voyez-vous une contre-indication à ce que Sa Majesté en mâche dès son réveil, peut-elle en consommer autant qu'elle le voudra ?

– Les graines du tronc-en-cuisse-de-cerf n'ont d'autres vertus, comme vous l'avez dit, que de rafraîchir la bouche, elles sont dépourvues de tout autre principe actif, Sa Majesté peut en abuser, autant qu'elle le souhaite.

Den regretta aussitôt de s'être montré si bavard, emporté par le sérieux avec lequel il accomplissait sa tâche : son attention avait été sans doute à dessein détournée par le favori impérial, de manière à éroder les réflexes du médecin. Il se promit de ne répondre à une prochaine question que de manière lapidaire. Il y eut de nouveau un silence lourd. Sensiblement du même âge, le médecin était probablement moins fort que Li, habitué à prendre de l'exercice. L'affrontement était possible, son issue incertaine. Maître Den regretta de ne pas être plus près du pilon dont le disque, muni d'un axe aisé à saisir, aurait pu constituer une arme redoutable. Se trompait-il sur les intentions, les velléités du favori impérial ? Épuisé, le thérapeute ne savait si ses soupçons étaient fondés ou simplement ridicules. Un instant, il en vint à souhaiter que son supposé adversaire passe à l'attaque, ce qui lui aurait au moins permis de savoir à quoi s'en tenir…

Li Lianying parut, de son côté, lui aussi soupeser les chances qu'il avait de sortir vainqueur d'un éventuel affrontement. Le temps fut comme un instant suspendu, les deux hommes n'osaient plus se quitter du regard. Ce fut le favori impérial qui choisit de mettre un terme à cette situation. Dans un mouvement souple, laissant peut-être à dessein ses bras pendre le long de son corps, il recula jusque vers la double porte de l'apothicairerie et en ouvrit grand les deux battants avant de s'effacer devant le thérapeute.

Celui-ci se retrouva à l'air libre. Il prit sa respiration. Une fois de plus, l'aube avait tenu sa promesse. La rive orientale du lac de la Grande Salive se nimbait de rose, le ciel s'animait du vol d'étourneaux qui passaient d'un bosquet à un autre pardessus les toits des Palais de mer. Le médecin se demanda s'il avait rêvé ce face-à-face.

Aussi silencieux que des pierres, s'affairaient déjà les plus modestes des eunuques, chargés d'évacuer les seaux emplis d'eaux usées et de balayer les allées afin que n'y reste plus une seule poussière. Ils travaillaient avec rigueur, attention. Deux d'entre eux, presque des enfants, passèrent près du médecin et le saluèrent poliment, le regard confiant. L'un et l'autre portaient des bouquets de fleurs probablement destinés à orner les appartements de Cixi. Leur allure, leurs manières dénotaient une telle innocence que Den Tiantao sentit les larmes lui monter aux yeux. Il suivit les deux petits castrats du regard, les vit croiser Li Lianying. À son tour sorti de l'apothicairerie, le Premier Eunuque tenait le récipient contenant les semences de l'arbuste tronc-en-cuisse-de-cerf avec une telle ostentation que Den fut convaincu qu'il s'agissait là d'une mise en scène destinée à endormir définitivement sa méfiance. D'un coup, ses larmes se tarirent.

Les allées et venues des servantes demeurant dans les palais impériaux étaient encadrées avec rigueur. Hormis les déplacements nécessaires à leur service, il leur était formellement interdit de se mouvoir. Or, Fleur entrouverte de soie savait comment s'y prendre pour éviter le poste de veille où les eunuques qui dormaient dans les appartements privés de Cixi demeuraient la nuit : il suffisait de passer par la galerie où, chaque soir, les serviteurs rangeaient les cages à oiseaux de la douairière pour que les chants dont celle-ci raffolait le jour ne la troublent pas durant la nuit. Non seulement, se réjouit la servante, cette galerie offrait une voie de contournement mais, de plus, les pépiements des oiseaux couvriraient le bruit de ses pas. Retenant sa respiration, la jeune fille n'eut aucun mal à accomplir la première partie de son trajet.

Ensuite, il lui fallut traverser un passage à découvert, de surcroît encombré par les suivantes, les plus humbles, qui sommeillaient à même le sol, à peine protégées de la fraîcheur des dalles et de l'air par des nattes et des draps trop minces. Deux dormeuses étaient enlacées, visage contre visage, cuisse contre cuisse. Ignorant si cette intimité était voulue ou n'était que le seul fruit d'un hasard né de mouvements accomplis durant leur sommeil, la dame de cour détourna le regard, par pudeur. Elle enjamba une autre servante qui, elle, était seule dans un coin. Par mégarde, le bas de sa robe s'attarda sur le visage de la dormeuse, la réveilla. Celle-ci ouvrit les yeux, aperçut l'intruse, réalisa aussitôt que celle-ci n'avait rien à faire là à cette heure, et prit peur. D'un geste, Fleur entrouverte de soie engagea la jeune fille à se taire et reprit son chemin, redoublant de précaution. Elle passa par le salon presque tout entier occupé par une monumentale pendule ornée d'éléphants et de palmiers, ensuite choisit de traverser une petite salle de travail que Cixi utilisait pour compulser les rapports remis en dehors des audiences régulières. Avant de rejoindre Désir d'été et Arôme d'angélique, il ne lui restait plus qu'à franchir une pièce, sorte de resserre où était entreposé, prêt à servir, tout ce dont Cixi pouvait avoir besoin durant la nuit : couvertures d'appoint, tables basses ou lits de camp supplémentaires pour les servantes qui la veillaient. On y trouvait aussi de petits chiens de compagnie destinés à l'amusement de la douairière mais qui, pour ne pas gêner celle-ci par des jappements intempestifs, avaient été dressés par les eunuques du palais à ne jamais aboyer, à coups de réprimandes et de tapes.

Déjà, Fleur entrouverte de soie imaginait la surprise et la joie qui allaient être de ses deux compagnes. Elle était ravie de les rejoindre et espérait que ce plaisir serait partagé. Souple et silencieuse comme un jeune chat, la dame de cour était tout près du but. Là, derrière cette cloison de bois odoriférant, se tenaient Désir d'été et Arôme d'angélique. Fleur entrouverte de soie ne pouvait ni les voir ni les entendre, n'entendait pas le moindre frôlement, mais elle sentait leur présence. Dans un instant, elles seraient toutes trois réunies. La jeune fille regretta de ne pas être passée d'abord à l'office pour y prendre des friandises : dans l'incapacité de quitter la salle du plat des Français, Désir d'été et Arôme d'angélique avaient peut-être faim. Leur amie n'avait plus que quelques pas à faire…

La resserre était si encombrée de paravents, de chaises et de coffres qu'il y faisait très sombre. Fleur entrouverte de soie crut percevoir un bruissement, du côté d'un groupe de braseros empilés les uns contre les autres, elle pensa distinguer aussi une ombre, au ras du sol. Elle songea qu'un des chiots s'était échappé de sa cage. La suivante se baissa à demi pour tâcher de l'apercevoir, de l'attraper et de le remettre en cage.

Il y eut le premier choc, le premier coup, soudain, asséné avec une violence formidable. Un court instant, la surprise précéda la douleur, avant que celle-ci ne prenne possession de son corps, de son esprit, lui coupe le souffle. Tombée sur les genoux, Fleur entrouverte de soie crut que sa tête s'était séparée de son corps. Un nouveau coup s'abattit sur son épaule droite. La dame de cour réalisa que le premier lui avait été porté à la nuque. D'instinct, elle tenta de se protéger la tête avec les mains, mais une pluie de chocs lui brisa le dos. Elle eut peur de ne plus pouvoir respirer tant elle avait mal. L'assaillant – seul un homme pouvait déployer une telle force, une telle assurance et, surtout, posséder une telle stature – s'arrêta un instant, si court, juste le temps de reprendre son assise. Fleur entrouverte de soie reprit elle aussi son souffle, eut à peine le temps d'apercevoir une silhouette. Elle savait qu'il lui était impossible de fuir au milieu de cet entassement de meubles et d'objets, mais devait coûte que coûte s'accorder un répit. Mue par un instinct de survie, la suivante recula, tituba, aperçut un brûle-parfum décoré d'un bestiaire aux contours acérés : crinières, griffes et mufles ornés de piques, d'aiguillons, de piquants. Son agresseur se jeta de nouveau sur elle, la serra à la gorge, de toutes ses forces.

Fleur entrouverte de soie paniqua. Une pensée absurde lui traversa l'esprit : bien qu'elle risquât fort de périr étranglée, elle devait tout faire pour ne pas être projetée contre l'objet de bronze sous peine de s'y écorcher jusqu'à l'os, de s'y éventrer. Habituée à ne pas avoir le droit de parler, et encore moins de crier, la suivante ne songeait pas même à appeler au secours, entre deux hoquets, quand l'étreinte se desserrait, le temps que son agresseur reprenne des forces, assure mieux sa prise. Qu'avait-elle fait pour souffrir, finir ainsi ? Fleur entrouverte de soie songea qu'elle allait mourir ici, dans cette réserve, et qu'elle ne reverrait jamais ni son village natal, ni ses parents, ni ses sœurs, ni Désir d'été et son amie. Elle ne se marierait jamais, ne saurait jamais ce qu'était l'amour. Elle éructa, elle étouffait, elle avait mal. Dans un mouvement incontrôlé, l'une de ses jambes se détendit brusquement et alla frapper un meuble. Un hurlement suraigu retentit.

Depuis l'année 1898, Cixi s'efforçait de concilier l'inconciliable. D'une part, elle entendait maintenir son neveu en détention. D'autre part, elle souhaitait que le protocole de la cour des Grands Qing soit respecté autant que possible, par souci des conventions. Comme autrefois, le prisonnier avait toujours conservé le droit de recevoir chaque jour la visite de son épouse, l'impératrice Xiaoding, et celle de Jin, la concubine de jade. Certes, ces courtes entrevues rituelles n'étaient que l'occasion de prononcer des paroles parfaitement dépourvues d'intérêt. Du moins donnaient-elles à peu de frais l'occasion à Guangxu de se distraire, l'empêchant ainsi de sombrer dans la folie, une manière d'échapper à sa condition, ce que la rancunière Cixi voulait éviter.

L'empereur préférait aux entretiens qui le mettaient en présence de Xiaoding, obéissant à Cixi par intérêt, ceux de Jin, qui était tout autant soumise à la Vénérable Aïeule, mais seulement par manque d'imagination et en raison d'une résignation tranquille. Née durant la quinzième année du règne de Tongzhi, au sein d'une famille très fortunée, le clan des Tatala, qui appartenait à la Bannière à bordure rouge [1] du peuple mandchou, Jin ressemblait beaucoup à sa sœur cadette, la défunte Zhen, la concubine de perle, mise à mort l'année 1900 parce qu'elle avait osé défier Cixi. Elle possédait en particulier la même corpulence, proche de l'embonpoint. Pourtant, tout différenciait la morte et la vivante. La première avait eu un air spirituel, ses rondeurs exprimaient l'amour sincère qu'elle portait à Guangxu, la générosité et la franchise qui l'avaient conduite à s'opposer à l'impératrice douairière, une nature épanouie, une confiance qu'elle était prête à donner à qui la demandait. La seconde arborait un air buté que jamais rien n'atténuait, ni la bonne ni la mauvaise humeur. Elle ne s'occupait guère des autres représentants du genre humain, Guangxu compris, et elle n'avait donc guère pleuré sa sœur. Les yeux de Jin étaient

1. Au sens large, le terme « Bannière » renvoie à chacune des huit divisions qui structuraient le peuple mandchou, qui s'était emparé de la Chine en 1644.

inexpressifs et sa conversation ennuyeuse, son esprit si borné que Cixi n'hésitait jamais, si la situation se présentait, à évoquer devant elle des secrets d'État que Jin était bien incapable de comprendre, encore moins de répéter. Cette sottise jouait d'ailleurs aujourd'hui un tour plutôt cruel à Jin : fait incroyable, la tenant pour quantité négligeable, ni les vieilles favorites, anciennes compagnes des empereurs défunts, ni les domestiques, nul n'avait jugé utile de l'avertir de la scène qui avait opposé Cixi à Guangxu, et Jin était ainsi probablement la seule, de tous les habitants de la Ville impériale, à ignorer l'échange haineux à l'issu duquel la Vénérable Aïeule était tombée malade.

Sans mot dire, les serviteurs déposèrent la chaise à porteur de Jin devant le pavillon où demeurait Guangxu. La concubine de jade s'extirpa tant bien que mal de la caisse capitonnée de jaune, posa un pied mal assuré sur le sol, vacilla un instant avant de reprendre son équilibre par miracle. Elle portait une jupe grise à ganse noire et broderies de fleurs rouges par-dessous une veste d'un bleu profond brodée de jaune et piquetée d'oiseaux. Cette tenue, aux couleurs raffinées, était le résultat de centaines d'heures de travail. Elle était en fait trop élégante pour Jin, qui ne savait pas la porter et semblait déguisée.

Une autre que la concubine de jade se serait étonnée que les eunuques venus à sa rencontre aient le regard aussi sombre. Jin, elle, ne remarqua rien, fit en se dandinant les quelques pas qui la menèrent au seuil du bâtiment, ce qui l'épuisa. Elle ne s'aperçut pas que, sur l'ordre de Cixi, les volets avaient été tirés afin que la pénombre règne dans les pièces où végétait le Fils du Ciel. Essoufflée, la concubine de jade fut conduite devant son époux, s'aperçut aussitôt que celui-ci était vêtu d'habits souillés, vit sur une table les reliefs d'un repas frugal, remarqua enfin la mine atterrée de l'empereur. Désemparée, la concubine regarda autour d'elle, cherchant une explication à ce qu'elle voyait, un spectacle plus désolant qu'à l'accoutumée. Las, l'empereur adressa un signe à l'eunuque qui se tenait à son côté, prêt à lui tendre le bol d'eau, la pipe ou l'écritoire qu'il pourrait désirer, seul vestige de son pouvoir passé. Le serviteur s'approcha de Jin, lui chuchota quelques mots à l'oreille, que la concubine ne comprit pas. Le castrat dut répéter, expliquer que, juste avant qu'elle ne tombe malade, Cixi avait condamné Guangxu à une disgrâce probablement définitive.

Le castrat ajouta :

– Sa Majesté a fait également savoir qu'elle ne désirait pas que, durant plusieurs jours, le Fils du Ciel reçoive des visites.

Jin resta un instant à réfléchir, les bras ballants, regardant alternativement son époux et l'eunuque qui venait de la renseigner. Trop molle d'esprit pour protester contre le mauvais tour qui lui avait été joué – Jin n'avait d'ailleurs qu'à s'en prendre à elle-même –, la concubine de jade prit peur : Cixi apprendrait très vite qu'elle s'était rendue chez l'empereur et y verrait, au mieux une maladresse, au pire une volonté manifeste d'apporter son soutien au captif, bref, un acte de rébellion. Jin ne songea pas un instant à prendre la mesure du malheur qui frappait Guangxu depuis tant d'années et dont tout, dans la pièce sombre, aurait dû lui rappeler l'acuité, l'expression de l'empereur en premier lieu ; elle s'apitoya sur son propre sort. Son imagination, que rien ne pouvait stimuler hormis la panique dans laquelle elle sombrait volontiers, s'emballa. Jin se vit déjà elle aussi victime de l'ire de Cixi, recluse dans une salle obscure de la Cité interdite, privée de ses servantes, du confort auquel elle était habituée, des bijoux et des mets raffinés qui étaient ses seuls véritables compagnons. Folle d'inquiétude, la favorite regarda autour d'elle, cherchant le vase, l'animal de compagnie sur lequel elle aurait pu passer sa colère, puis se ravisa pour s'en prendre à Guangxu. Après tout, c'était lui le principal responsable de ce désastre, comme Jin le lui reprocha, d'un coup, avec précipitation, sans logique, le propos désordonné :

– Tout est de ta faute. Si tu n'avais pas autrefois défié la Vénérable Aïeule, nous n'en serions pas là !

Debout devant Guangxu, Jin s'agitait dans tous les sens, ce qui pourtant ne modifiait guère la forme générale de son corps semblable à une boule, quoi qu'elle fasse.

– Sans toi, poursuivait Jin, il y aurait des fêtes grandioses, nous nous amuserions. Et au lieu de cela, il nous faut tous supporter ta captivité, l'ennui que ta situation sécrète dans les palais impériaux. Et de plus, tu ne daignes même pas me prévenir quand tu crois bon de défier une nouvelle fois le Vieux Bouddha ! Tu es donc si méchant, si égoïste que tu n'hésites pas à nous entraîner dans ta chute !

La panique de Jin était telle qu'elle dénouait une imagination d'ordinaire bridée, suscitait des paroles de reproche qui, à leur tour, nourrissaient sa peur :

– Tu es méchant, tu es un diable, je suis bien contente que Sa Majesté t'ait mis hors d'état de nuire lorsque tu as commencé à tout gâcher, l'année wuxu.

Après avoir ainsi insulté l'empereur de Chine, la concubine Jin cherchait la manière la plus digne et la plus mémorable de le quitter, en manifestant une dernière fois sa colère.

Si Guangxu avait vraiment régné, toute concubine qui aurait déclaré le millième de ce que Jin venait de dire aurait été immédiatement traînée hors des palais impériaux et mise à mort, à supposer qu'elle aurait eu l'occasion et le courage de s'exprimer ainsi. L'empereur prisonnier ne pouvait bien entendu pas punir l'effrontée. De plus, parce qu'il était allé de vexations en humiliations au cours des dix dernières années, la tirade de la favorite le laissa parfaitement indifférent. Guangxu choisit d'ignorer ces reproches et ces accusations, ce qui était le plus simple, le plus digne et surtout le plus sage des partis à adopter. Tout au plus, le peu de confiance qu'il avait encore dans le genre humain acheva de s'émousser. Tous, ils l'avaient tous trahi. Au premier rang, le général Yuan shikai, qui lui avait déclaré sa fidélité avant de se rallier finalement à Cixi et d'arrêter en personne le Fils du Ciel. La plupart de ses serviteurs, qui eux aussi l'avaient abandonné et espionné au profit de la douairière. Jusqu'aux princes de sa famille, qui n'avaient jamais tenté de faire fléchir Cixi afin, au moins, que soit assouplie sa détention. Et aujourd'hui, c'était Jin qui lui parlait comme une prostituée du quartier du Pont du ciel l'aurait fait à l'endroit d'un charretier incapable de rémunérer les services rendus.

Le Fils du Ciel réussit même le tour de force de répondre à la favorite, avec un ton posé, les mots choisis qu'il aurait maniés s'il l'avait reçue au milieu de toute sa cour :

– Je te remercie de ces paroles affectueuses et affables. Grâce à toi, ma journée sera plus belle. Tu peux te retirer, maintenant, en sachant que nul ne m'est plus cher que toi, concubine de jade.

Décontenancée, Jin ne comprit pas que l'empereur souhaitait se débarrasser d'elle au plus vite. Elle songea même que, par ces paroles aimables, Guangxu désirait la compromettre définitivement aux yeux de Cixi. Ne sachant trop si elle était moquée ou non, ignorant, en tout cas, qu'elle était ainsi ridiculisée, Jin salua Guangxu et tourna les talons. Une fois la concubine partie, la chambre obscure retrouva son apparence habituelle, celle d'un tombeau.

Demeuré seul, Guangxu goûta comme il ne l'avait jamais éprouvé la certitude d'être abandonné. D'un geste, l'empereur congédia les deux serviteurs restés à ses côtés. Enfin seul, il ferma les yeux. Les dernières paroles de la concubine Jin lui restaient en mémoire. Il n'en voulait pas à la jeune femme. Celle-ci était sotte et n'avait pas sciemment voulu l'insulter. Seule la peur que Cixi faisait régner dans les palais impériaux expliquait son attitude. En d'autres circonstances, Jin se serait montrée agréable, affectueuse, peut-être dévouée. Elle n'était qu'une victime parmi tant d'autres de la méchanceté de la Vénérable Aïeule. Certes, Jin n'était pas emprisonnée comme son impérial époux. Pour autant, elle vivait dans l'angoisse de déplaire un jour et, si elle commettait la moindre erreur, de connaître le sort réservé à Guangxu.

– Comment lui en vouloir ? s'interrogea Guangxu à voix haute.

Du fond de sa solitude, l'empereur choisit de se montrer magnanime :

– En souvenir de ta sœur, la concubine Zhen, je te pardonne, Jin.

Guangxu resta un temps silencieux. Ce pardon accordé en imagination le revigorait, d'autant plus qu'il était sincère, aussi loin qu'il aille dans l'exploration de ses sentiments et de sa sincérité, un exercice d'introspection que le prisonnier avait eu le loisir de perfectionner durant ses années de captivité et dans lequel, par force, il excellait.

À peine sortie de l'inconscience, Fleur entrouverte de soie fut assaillie par la douleur qui lui cisaillait la gorge, les meurtrissures qui rendaient sa position douloureuse. Encore incapable de regarder autour d'elle, la suivante eut à peine la force de se mettre sur le côté, pour soulager son cou. Une main secourable lui caressa le front. Elle imagina que c'était celle d'une femme, et espéra très fort qu'il s'agisse de Désir d'été ou Arôme d'angélique. Se sentant un peu mieux, Fleur entrouverte de soie ouvrit enfin les yeux.

Elle était sommairement installée dans la salle où était exposé le plat des Français. Comme elle l'avait supposé et escompté, ses deux compagnes se tenaient en effet à ses côtés. Elles avaient installé la dame de cour sur un lit de coussins disposés à même le sol. D'une main experte, Désir d'été jeta dans un brûle-parfum en cloisonné une poignée d'herbes dont la senteur âcre était supposée aider Fleur entrouverte de soie à retrouver ses esprits. Dès que son regard s'affermit, celle-ci prit Désir d'été par le bras pour l'attirer vers elle, se rassurer en serrant son corps contre le sien, prolongeant autant qu'elle le pouvait cette étreinte. Fleur entrouverte de soie avait de peu échappé à la mort, elle voulait se persuader qu'elle était bien vivante. Les feuilles brûlées commençaient à faire leur effet, la suivante reprenait des forces, même si son corps la martyrisait.

– Que s'est-il passé ?

– Tu as été victime d'un attentat, répondit Arôme d'angélique. Quelqu'un a voulu t'étrangler. Un des chiens de Sa Majesté a donné l'alerte. Dressé pour se taire, il a pourtant compris que tu étais en danger et a aboyé de toutes ses forces. C'est lui qui t'a sauvée, lui et nous, qui avons entendu ses cris.

– En fait, précisa Désir d'été, juste après les jappements du chien, nous avons perçu des coups sourds. Nous avons d'abord cru que l'animal s'était échappé de sa cage mais en pénétrant dans la resserre, nous avons distingué une masse sombre qui s'agitait et gémissait dans l'ombre, à même le sol :

c'était toi, tu étais aux prises avec l'individu qui tentait de t'étrangler.

– C'était donc bien un homme, murmura Fleur entrouverte de soie. C'est ce qu'il m'a semblé aussi. Avez-vous vu son visage ?

– Il faisait trop sombre, dit Désir d'été… Et le temps nous a manqué. Nous nous sommes jetées sur lui. En fait, il a vite lâché prise, nous l'avons laissé partir. Nous n'étions de toute manière pas de taille à le retenir…

– Tu avais l'air si mal en point, nous nous sommes occupées de toi, ajouta Arôme d'angélique. Grâce au Ciel, je suis certaine que Sa Majesté n'a rien entendu, ne s'est rendu compte de rien. Ses appartements privés sont dotés de murailles plus épaisses que les autres, pour amortir les bruits qui pourraient troubler son repos.

– Mais tu es vraiment certaine de ne pas savoir qui m'a attaquée ?

– Te connais-tu un ennemi dans les palais impériaux ? demanda Arôme d'angélique.

Fleur entrouverte de soie secoua la tête :

– Vous le savez toutes deux, je me suis toujours tenue à l'écart des intrigues.

– Alors, tu as peut-être été la victime d'une méprise, assura Désir d'été. Le chemin que tu as suivi est emprunté par les filles de salle qui vident les seaux d'aisance avant le lever de Cixi. (Elle se força à plaisanter :) Celui qui t'a attaquée a en fait voulu s'en prendre à sa bonne amie, dont il était lassé. Tu sais que de nombreux eunuques et suivantes aiment faire semblant de vivre comme un véritable couple, avec des étreintes feintes et de véritables disputes.

Arôme d'angélique accueillit ces propos avec un sourire approbateur et méprisant. Elle ajouta :

– Il est également possible que tu aies seulement dérangé cet homme, qui nous espionnait depuis la resserre sans que nous nous en soyons aperçues. Je ne sais ce qu'il nous voulait mais nous nous serions défendues !

– Crois-nous, assura Désir d'été. Nous ignorons tout de ton agresseur et n'avons pensé qu'à te sauver. Nous ne savons même pas si cet homme est demeuré dans le palais après avoir été mis en déroute ou s'il s'en est échappé. Poulie grinçante avait laissé ouvert le portail de la résidence pour laisser le passage à la charrette chargée de l'eau de la Source de jade. Je l'ai vu aller et venir près de sa loge, en dépit de l'heure, il avait déjà abusé de ses potions infernales, et n'était pas dans son état normal, nous pouvons l'interroger mais je doute fort qu'il soit en état de nous dire quoi que ce soit…

– Il faudra bien un jour que Li Lianying s'occupe de Poulie grinçante et lui retire ses fonctions, dit Arôme d'angélique. C'est un miracle que sa folie et ses manières dégoûtantes n'aient pas encore causé une catastrophe. Attraper des cafards et s'en faire des infusions en se persuadant que nul n'en sait rien : pourquoi Li Lianying laisse-t-il se commettre de telles saletés à quelques pas des appartements impériaux ?

– Le Premier Eunuque ne s'abaisse pas à régler de tels détails, remarqua Désir d'été. Ses pensées planent bien au-dessus des nôtres. À nous de nous occuper de la vie quotidienne de Sa Majesté, de faire en sorte que la machine du palais tourne sans à-coups. À lui les rêves de pouvoir, les grandes manœuvres politiques.

– A-t-il été prévenu de ce qui m'est arrivé ? demanda Fleur entrouverte de soie.

– Ne crains rien, nous n'avons rien dit de ta mésaventure, répondit la dame de cour de troisième grade.

La rescapée soupira, réconfortée : son escapade illégale lui aurait immanquablement attiré de graves ennuis si elle avait été portée à la connaissance du favori impérial ou du Neiwufu. D'instinct, Fleur entrouverte de soie se tourna vers le plat des Français. La porcelaine était toujours là, apparemment intacte, à sa place.

– Je savais que je pouvais compter sur vous. Je voulais seulement vous voir, vous dire que je vous aimais autant l'une que l'autre.

Arôme d'angélique et Désir d'été échangèrent un long regard avant de lui répondre :

– Cette nuit, nous aussi, nous avons eu l'occasion de songer à toi. En veillant sur le plat, nous nous sommes promis de bientôt te parler, nous te confierons un secret.

Ce fut au tour de Fleur entrouverte de soie de s'étonner. Remisant au second plan le souvenir de son agression, elle murmura :

– Nous étions donc en communion, cette nuit. Mais que vouliez-vous donc me révéler ?

Désir d'été s'approcha d'elle, lui caressa longuement la joue avant de laisser sa main effleurer son buste :

– Rien que de très agréable, et de très sincère. Ce que nous avons à te dire n'est que plaisir et bonheur partagé, mon petit nid. Mais cela peut attendre, le temps que tu oublies cette affreuse mésaventure…

– Et que nous nous remettions nous aussi de nos émotions, ajouta Arôme d'angélique.

Fleur entrouverte de soie crut discerner un reproche dans cette dernière phrase. Elle songea que, par son inconscience, elle avait contraint Désir d'été et Arôme d'angélique à déserter un instant leur poste pour se rendre dans la resserre, leur faisant à elles aussi encourir des punitions sévères, ce qui la peina tant qu'elle ne put se retenir d'aborder ce sujet :

– Pardonnez-moi. Vous êtes prêtes à m'accorder votre confiance en me révélant un secret et moi, comme une égoïste, j'ai manqué vous causer des ennuis. Je suis si fautive…

– Tu dis des sottises, ma chère, assura Désir d'été. Et tu n'en es que plus charmante, je t'assure que tes paroles ne nous incitent que davantage à te parler. Mais avant, reprends des forces, tu en as juste le temps avant que vienne l'eunuque horloger chargé de remonter les pendules…

Arôme d'angélique s'agenouilla auprès de Fleur entrouverte de soie et lui prit le bras :

– Je sais comment masser les membres endoloris afin d'éviter que les coups et les pincements y laissent des traces durables. Il n'est pas trop tard pour que je te prodigue les massages qui t'apaiseront et soigneront tes contusions. D'ici une heure, les vilaines traces bleues qui enlaidissent ton cou et tes avant-bras auront disparu, je te l'assure. Ton esprit lui aussi en sera apaisé, tu seras pleinement rassérénée quand viendra ton tour de veiller sur la porcelaine de Jingdezhen.

Fleur entrouverte de soie ferma les yeux, elle s'abandonna pour mieux apprécier les caresses qu'Arôme d'angélique entama aussitôt, dans la salle des trésors de Cixi, sous le regard attentif de Désir d'été.

Comme à son ordinaire, Lianying était vêtu avec soin et avec des étoffes de prix, Guangxu avec ses hardes habituelles. Pourtant, l'un et l'autre avaient de la prestance, ce qui rendait leur face-à-face intéressant. Après s'être prosterné neuf fois, le Premier Eunuque se releva et attendit, immobile devant l'empereur de Chine, que celui-ci lui donne la parole, exactement comme il l'aurait fait s'il n'avait pas été le prisonnier de Cixi.

Mais Guangxu ne voulut pas se prêter à ce jeu :

– Épargne-moi ces simagrées, Li. Voici des années que, grâce à ma chère tante, je suis à ta merci et que tu éprouves un malin plaisir à me surveiller et à me persécuter. De peur qu'un serviteur s'attache à moi, tu prends soin de renouveler tous les trois mois les rares domestiques mis à ma disposition. Aussi, je suppose que tu n'es pas venu ici pour protester de ta fidélité et de ton dévouement.

– La Vénérable Aïeule est très malade, Maître des Dix Mille Années.

Le favori impérial s'était exprimé d'un ton posé et grave, mais il manquait peut-être à ses paroles la nuance, l'intonation qui aurait montré que cette information l'attristait vraiment. Comme nul n'était jusque-là venu parler à Guangxu du malaise dont Cixi avait été la victime, d'emblée, l'empereur suspecta un mensonge. Li le comprit, qui répéta :

– Sa Majesté l'impératrice douairière est au plus mal. Les médecins se sont pressés à son chevet. Leur pronostic est très réservé.

Doté d'une forte intuition qu'avait développée sa solitude, Guangxu comprit que le Premier Eunuque disait la vérité, mais il ne put deviner pourquoi Li lui faisait une telle annonce :

– Tu veux m'entendre dire que je m'en réjouis et rapporter cette satisfaction à Sa Majesté ?

Li jeta un bref regard sur les serviteurs postés de part et d'autre de la pièce. Ceux-ci avaient l'habitude de lui obéir et il aurait pu les congédier d'un geste, mais il préféra demander à Guangxu de le faire. Lorsque les deux hommes furent seuls, le favori impérial se jeta de nouveau à terre et effectua pour la seconde fois le *ketou* en prenant bien soin de frapper le sol de son front :

– Fils du Ciel, j'ai été comme toi la victime de Cixi et ai été contraint de lui obéir en tout quand elle a décidé de se saisir du pouvoir. Je te supplie de me pardonner et de bien vouloir penser que tu n'as pas de sujet plus dévoué que moi. Je crois que pour toi et pour moi, l'heure de la délivrance approche. Adresse-moi une seule phrase, et je fais sur-le-champ préparer la grande robe impériale ornée des neuf dragons, et préparer les appartements du Palais de la nourriture de l'esprit, que tu n'aurais jamais dû quitter. Dans quelques jours, depuis le trône de la Salle de l'harmonie suprême, dans la Cité interdite, ta puissance sera proclamée devant les ministres et les princes rassemblés. Et tu pourras enfin recommencer à régner, pour ta grandeur et celle de la Chine !

Li Lianying n'était pas certain de l'effet que ses paroles suscitaient chez Guangxu. Il marqua un temps d'arrêt, assez maître de lui-même pour ne laisser absolument rien paraître de ses interrogations. Il s'accorda même le luxe de soutenir le regard de l'empereur qui le considérait fixement. Le favori reprit ensuite son discours, dont il n'avait pas encore révélé le cœur :

– Moi, je me tiendrai derrière le trône, prêt à exaucer le moindre de tes désirs, à donner forme au moindre de tes vœux, à veiller sur toi.

En termes à peine voilés, le bourreau d'aujourd'hui proposait à son prisonnier de le servir demain, de devenir son Premier ministre, lorsque le vent aurait tourné.

Guangxu demeura silencieux, comme s'il attendait la fin de ce discours pour être certain de ne rien en perdre. Enfin, il sortit de son mutisme :

– Ma tante est une chienne. Tu es son bâtard.

Il avait prononcé ces mots d'une voix assez basse. Mais, d'un coup, il explosa :

– Tu me harcèles et me persécutes depuis dix ans, moi, l'empereur de la dynastie des Grands Qing alors que tu n'es qu'un Chinois à demi castré ! J'ai été chaque jour le témoin et la victime de ton ignominie, ne mangeant que le riz moisi que tu choisissais toi-même dans les greniers les plus humides. Crois-tu que je méconnais ce que tu fais lorsque je ne te vois pas ? Tu te pares de titres ronflants calqués sur les miens, tu oses décorer tes appartements avec des tentures jaune impérial alors que même mes frères et mes oncles, eux, n'ont pas droit à ce privilège, misérable émasculé.

Li Lianying haïssait celui qui osait lui parler ainsi. Mais il se haïssait plus encore. Seule la folie l'avait conduit à venir ici se prosterner devant l'empereur pour tenter que celui-ci fasse de lui son futur homme de confiance. Comment le Premier Eunuque avait-il pu s'aveugler à ce point ? Sa soif de pouvoir était la cause de tout. Il se détestait de ne pas se satisfaire des avantages qu'il avait tirés de sa présence auprès de Cixi, durant tant d'années, des sommes pharamineuses détournées en piochant dans les budgets destinés aux palais impériaux.

– Quand ma tante mourra, je renouerai pour toi avec les usages anciens, hurla Guangxu. Je te ferai emmurer vivant dans sa tombe. Et tu l'y serviras pour l'éternité !

Li Lianying ferma les yeux, pour mieux graver ces paroles dans son esprit, ce qu'il n'hésita pas à expliquer à l'empereur :

– À l'instant fatal, quand j'aurai reçu l'ordre de t'exécuter, tu me supplieras de t'épargner, en pure perte. Je te tuerai de mes propres mains et, pour couvrir tes derniers gémissements, je réciterai à voix haute les paroles que tu viens de prononcer.

Pour prendre congé, le Premier Eunuque se contenta d'un simple salut. Fulminant, il songea que seule la mort de Guangxu laverait l'affront inouï qu'il avait subi aujourd'hui.

Le corps et l'esprit étrangement calmés, apaisés par les massages d'Arôme d'angélique, Fleur entrouverte de soie prit place à côté du meuble où se trouvait le plat des Français. Elle était parfaitement détendue, et s'en étonnait elle-même. Dehors, le soleil brillait, il faisait déjà chaud. La journée serait belle, semblable à n'importe quelle autre agréable journée de printemps. Il y manquait cependant l'agitation joyeuse qui aurait dû régner dans le palais si Cixi n'avait pas été alitée. La jeune fille avait peine à réaliser que, aux premières heures de la matinée, un inconnu avait tenté de la tuer. N'avait-elle pas rêvé cet assaut ?

Fleur entrouverte de soie croyait que sa jeunesse et son insouciance lui avaient permis, en quelques heures, de reléguer les pensées concernant cette agression au rang de vague souvenir à peine désagréable. Elle ne se rendait pas compte qu'en fait, c'était la peur qui la contraignait à cet oubli, la crainte d'apprendre l'identité de celui qui voulait la tuer et les raisons qui expliquaient ce geste. La suivante redoutait par-dessus tout de ne pouvoir faire face à cette révélation.

À quelques pas de la jeune fille, venant de chez Guangxu, Li Lianying arriva au chevet de Cixi. Petit Brillant, qui accompagnait son maître, n'avait pas été autorisé à le suivre jusque dans la chambre où reposait la malade. Il attendait ses ordres dans la véranda qui longeait la salle où se trouvait la porcelaine remarquée par Cixi et sa jeune gardienne. Le garçon aux yeux sombres connaissait bien Fleur entrouverte de soie car celle-ci avait pendant un temps servi Jin, sous les ordres de Sourcil de paon, avant que Cixi ne remarque sa jolie figure et ses manières douces, et ne demande à la concubine de lui « donner » la jeune fille. Il prit place à ses côtés, près de la porte par laquelle Li quitterait la chambre impériale.

Parce qu'elle était sincère et ne songeait guère à cacher ce qui lui arrivait, d'autant que la faute qui l'avait incitée à s'aventurer seule dans le palais de Cixi lui semblait vénielle, Fleur entrouverte de soie manqua raconter à Petit Brillant l'attentat dont elle avait été victime. Tout en sachant qu'elle pouvait avoir confiance en l'eunuque, elle y renonça pourtant, de peur de compromettre d'une manière ou d'une autre la dame de cour de troisième grade et Arôme d'angélique.

Dans les salons avoisinants, d'autres eunuques et d'autres suivantes allaient et venaient, à pas lents, encore plus silencieux que d'habitude. Par gestes et par de rares mots chuchotés, la jeune fille demanda à Petit Brillant des nouvelles de Cixi. Par gestes aussi, l'eunuque lui fit comprendre qu'il n'en avait pas de récentes. Fleur entrouverte de soie lui sourit et le remercia, toujours par gestes. Elle se rapprocha ensuite de l'armoire vitrée où était présentée la porcelaine de Jingdezhen, la regarda sans parvenir à en apprécier la forme et les ornements. Puis elle s'intéressa aux autres objets d'art que recelaient les compartiments du meuble : vases blancs, rouge sang ou multicolores, à col unique, double ou triple.

Petit Brillant, lui, s'assit à même le sol. Il sortit

de sa manche un petit nécessaire à calligraphier, une pierre à encre miniature qui semblait être un jouet, un minuscule vase à eau. L'observant du coin de l'œil la dame de cour songea que cette panoplie de scribe était peut-être utilisée par les mandarins en voyage. Ou plutôt les artistes, songea-t-elle, ainsi en mesure de rédiger *ex abrupto* un poème lorsque, au cours d'une promenade sur une colline couverte de pruniers, ils se trouvaient face à un paysage sublime.

Petit Brillant versa un peu d'eau dans la pierre creuse, y frotta le bâtonnet d'encre avant d'y tremper son pinceau en poils de cervidé. La journée lui semblait étrange, à lui aussi : elle venait au terme d'une suite de disputes et de réconciliations avec Sourcil de paon. Sans compter l'indisposition de Cixi dont on disait dans les palais qu'elle serait peut-être fatale à la Vénérable Aïeule.

Fleur entrouverte de soie regarda le serviteur avec attention. Les gestes précis avec lesquels celui-ci maniait ses ustensiles la surprenaient et la charmaient : ils dénotaient une délicatesse dont les hommes, même les eunuques des palais impériaux, étaient souvent dépourvus. Sur une feuille posée à même le plateau d'une table basse, l'eunuque au regard sombre commença à tracer des caractères. Il les désirait tout à la fois élégants, calligraphiés à la perfection et parfaitement agencés, il voulait avant tout que la phrase ainsi formée exprime son état d'esprit et l'atmosphère particulière de cette journée.

En quelques heures, une douce chaleur avait fait éclore des milliers de plantes qui, hier, n'étaient que des oignons, des bulbes tapis dans les profondeurs des berges de l'étang de la Grande Salive. Des suivantes avaient, pour cette première belle journée, revêtu plusieurs pièces de broderie auxquelles elles avaient travaillé durant les longues soirées d'hiver : « col de nuages », galons de manche décorés de grenades, narcisses de satin dont elles avaient orné leurs cheveux et qui ressemblaient à de véritables fleurs.

王没圃, Huang mei pu, « L'empereur n'a pas de jardin », écrivit Petit Brillant. Ces mots étaient parfaitement adaptés à la situation, songea l'eunuque. Il faisait beau. Confiné dans son pavillon, Guangxu, lui, ne savait rien de cette explosion de couleurs et de ce déploiement de grâces, du renouveau saisonnier qui était en marche et dont il était une fois de plus tenu à l'écart, emmuré dans le pavillon de la Terrasse de l'océan. Jadis le plus puissant homme de la Chine, il n'avait pas même aujourd'hui la ressource de faire quelques pas autour de sa demeure. L'empereur ne pouvait profiter des agréables jardins des Palais de mer.

Toujours silencieuse, Fleur entrouverte de soie revint vers Petit Brillant. Un instant, elle considéra la carrure du garçon, se dit que ce dernier avait à peu près la stature de son agresseur du petit matin. Aussitôt, pourtant, honteuse d'avoir conçu une telle idée, elle se dépêcha de s'en défaire, se promettant de faire part du fruit de son imagination trop fertile à Petit Brillant, lorsque toute cette histoire serait derrière eux, son assaillant identifié et puni d'une manière ou d'une autre, et que le jeune homme pourrait rire avec elle de cette méprise passagère.

Puis, curieuse, amusée, Fleur entrouverte de soie s'approcha davantage, et regarda par-dessus l'épaule du castrat. L'eunuque avait tracé ces quelques mots sans hésitation, il aurait fait un excellent secrétaire particulier, son type d'écriture étant très recherché par l'administration impériale ou les maisons des grands princes mandchous. Petit Brillant signa son œuvre puis reposa son pinceau. La calligraphie était élégante, le tracé des caractères simple mais vigoureux. Le sens de la phrase était empreint de tristesse, il saisissait parfaitement l'essence du temps présent, l'allégresse qu'apportait le printemps, teinté de la mélancolie créée par l'emprisonnement de Guangxu.

– « L'empereur n'a pas de jardin »…, dit la jeune fille à voix basse.

– Tu sais lire ? souffla Petit Brillant.

Avant même que Fleur entrouverte de soie lui réponde, le garçon regarda la jeune fille. Elle ressemblait assez à Sourcil de paon, mais Petit Brillant ne s'en aperçut pas, tant il était amoureux de son amante et ne remarquait aucune autre jeune femme.

– Oui, répondit la suivante. Et écrire. Mon père m'a donné des leçons en cachette, avant que je ne sois recrutée par le Neiwufu. Tu n'en diras rien, n'est-ce pas ? Cela m'est bien utile.

– Rassure-toi.

Le castrat sourit et, sans craindre de parler cette fois longuement, il ajouta :

– Ces interdictions sont absurdes. Sourcil de paon elle aussi sait tracer les caractères. Et vous êtes de plus en plus nombreuses à être dans ce cas, alors qu'officiellement, vous devez vous tenir à l'écart de ce savoir…

– Nous n'avons pas le droit de parler, pas le droit d'écrire. Qui sait ? Peut-être qu'après la mort de Cixi, ces préceptes absurdes disparaîtront…

Petit Brillant hocha la tête :

– Je le pense également. Mais cela ne se fera pas sans heurt. Ces coutumes existent depuis des centaines d'années, depuis qu'il y a des empereurs en Chine. Elles semblent éternelles.

– Cixi elle aussi paraissait éternelle. Et…

Le garçon compléta les paroles de la suivante :

– Et pourtant, on dit qu'elle se meure.

« Qu'elle se meure »… Fleur entrouverte de soie considéra Petit Brillant avec effarement : non seulement le garçon osait prononcer des termes dont l'emploi était strictement interdit dans l'enceinte de la Ville impériale mais, de plus, il les appliquait à Cixi.

L'eunuque regarda la jeune dame de cour, comprit les raisons de son effarement et lui sourit, afin d'apaiser ses craintes. Pour achever de la rassurer, il ajouta :

– Tu vis auprès de Cixi depuis ton arrivée dans les palais impériaux, n'est-ce pas ?

Le garçon n'attendit pas que Fleur entrouverte de soie acquiesce pour poursuivre :

– Je comprends que dans la maison de Cixi, le règlement soit observé de la manière la plus stricte. Mais je t'assure qu'il en va autrement dans les autres résidences de la Cité pourpre interdite. Que ce soit chez mon maître le Premier Eunuque où des propos fort lestes sont souvent tenus. Ou bien chez

Jin, même, selon ce que me raconte Sourcil de paon, dont tu sais qu'elle est digne de confiance, il est souvent question de trépas et de fantômes : la concubine est si peureuse qu'elle aime entendre raconter des histoires de revenants et de cadavres découverts dans les faubourgs de la Ville chinoise : cette sotte prétend qu'après, elle a moins peur des vrais spectres…

Fleur entrouverte de soie risqua une remarque mi-sérieuse, mi-grave :

– Alors, la vie doit être douce dans la résidence de Jin, si l'on peut dire de tels mots. Mais j'étais si inexpérimentée lorsque j'y ai servi que j'ai été incapable de jouir de la liberté que tu décris.

Elle considéra le plat des Français et ajouta :

– La demeure de Jin est décidément celle où j'aimerais vivre ou, en tout cas, séjourner un temps, pour me reposer et jouir de l'atmosphère que tu décris…

Il y eut un bruit, du côté des appartements privés de Cixi. Les deux serviteurs s'écartèrent l'un de l'autre, regrettant de s'être parlé si longtemps : Li Lianying était peut-être occupé à les espionner depuis le début de leur dialogue, il les avait laissés bavarder aussi longtemps qu'ils l'avaient voulu afin de mieux les punir… En un clin d'œil, Petit Brillant escamota son matériel à écrire dans sa manche, sans craindre de tacher son habit. Pourtant, nul ne vint, c'était une fausse alerte. Néanmoins, pour ne pas risquer, une autre fois, d'être pris en faute, le garçon, par signes, demanda à la jeune fille si elle souhaitait qu'il demeure à ses côtés ou qu'il s'éloigne, pour que les deux jeunes gens ne soient plus l'un et l'autre tentés de reprendre leur bavardage, sources de dangers.

Fleur entrouverte de soie hésita un instant, partagée entre la volonté de respecter la loi et le désir d'avoir à ses côtés une présence, de surcroît celle d'un ami. Sa peur d'être prise en faute fut la plus forte et, d'un geste, elle suggéra à l'eunuque de quitter la pièce. Puis, avant qu'il ne parte, prenant soin de bien articuler ces paroles silencieuses afin que le garçon puisse lire sur ses lèvres, elle lui demanda de dire à Sourcil de paon qu'elle aurait du plaisir à la voir. L'eunuque aux yeux sombres acquiesça avant de s'éloigner.

Restée seule, Fleur entrouverte de soie s'approcha du plat des Français. Craignant de s'ennuyer, elle en détailla pour la centième fois la forme, les dessins, ne trouva dans ces traits que des bizarreries incompréhensibles. Elle ne comprenait pas pourquoi les artistes avaient choisi d'évoquer et d'honorer de hauts personnages du Pays des lois en traçant leur profil en creux, de façon si imprécise, dans le contour d'un simple vase. Tout ceci était si éloigné des portraits aux lignes nettes qu'elle avait l'habitude de voir dans les résidences impériales. En tout cas, les dessins jadis élaborés à la demande des Français étaient bien moins jolis que la calligraphie de Petit Brillant dont les trois caractères continuaient à occuper son esprit sans qu'elle sache pourquoi. « L'empereur n'a pas de jardin »...

Avec pour seul compagnon ce plat de porcelaine qui l'intriguait tant, la jeune fille regretta d'avoir accepté aussi rapidement que Petit Brillant la quitte, d'autant qu'il lui sembla que les pièces voisines et les jardins clos attenants n'étaient plus guère animés, maintenant. Était-ce le signe d'une amélioration ou d'une détérioration de l'état de santé de Cixi ? Fleur entrouverte de soie brûlait de quitter son poste, à la fois pour aller aux nouvelles et aller à la rencontre d'une présence qui l'aurait rassurée. De nouveau, son attention fut attirée par des bruits de pas. Or, cette fois, ceux-ci paraissaient être bien réels. De plus, ils provenaient non pas des appartements de Cixi mais de la resserre où, quelques heures auparavant, se tenait tapi l'homme qui avait tenté de l'étouffer. Fleur entrouverte de soie replongea dans la terreur qui l'avait saisie au petit matin, et son cou se fit soudain douloureux.

La résidence de Jin était d'un raffinement extrême : contrairement à ses prédécesseurs qui disposaient de harems, même lorsqu'il régnait, Guangxu n'avait eu que deux favorites en titre : les concubines de perle et de jade. Rien n'était trop beau, donc pour orner la demeure de l'unique favorite survivante : écrans de bois et de nacre, tapis, lanternes multicolores, etc. Les habits de Jin, que confectionnaient pour elle et ses propres suivantes les ateliers impériaux, étaient tout aussi luxueux. Cependant, même somptueusement vêtue, Jin avait l'allure d'une marchande de canards. Cet état de chose donnait toujours un aspect quelque peu irréel aux séances lors desquelles la concubine distribuait ses ordres, avec d'autant plus de brutalité qu'elle manquait de toute autorité naturelle et était moins digne que n'importe laquelle de ses suivantes d'être l'épouse de l'empereur de Chine.

– Toutes, je veux que, toutes, vous vous mettiez à cet ouvrage et que celui-ci soit achevé dans la journée.

La tâche était quasi impossible à réaliser, les dames de cour n'avaient pas eu besoin de se consulter pour le comprendre. Mais elles savaient aussi que la concubine de jade était trop sotte pour accepter cette évidence. Surtout, elles comprenaient que leur maîtresse était trop terrifiée pour revenir sur sa décision.

Jin avait si peur que Cixi s'offusque de la visite rendue par imprudence à Guangxu qu'elle souhaitait désamorcer la colère de la douairière en lui faisant un présent somptueux et qui exprime une délicate attention. À peine revenue de chez Guangxu, Jin avait ainsi décidé de faire confectionner une parure qu'elle offrirait à Cixi, un ornement à nul autre pareil où figureraient tout à la fois les caractères symbolisant le mois de l'année – *qing* et *ming*, la pureté et la lumière – et des symboles porte-bonheur – des poissons appariés et des fleurs de lotus, des ombrelles et des conques.

– Je veux que ce manchon soit prêt ce soir. Vous vous y abîmerez les doigts et la vue s'il le faut.

Il n'y eut pas un murmure. Les dames de cour, Sourcil de paon au premier chef, n'avaient d'autre choix que de s'exécuter.

– Je souhaite de toute mon âme que Sa Majesté se rétablisse. Je vais prier pour que dès demain, elle puisse faire quelques pas dans le jardin de sa demeure, les mains protégées de la fraîcheur du matin par ce manchon.

Sourcil de paon espéra un court instant, non pas échapper à cette corvée, mais du moins que lui soit confié un rôle particulier. Qui lui permettrait par exemple de quitter la résidence de la concubine, pour renouveler la provision de fils de soie dans les magasins impériaux, ce qui lui aurait permis de retrouver Petit Brillant. Elle aurait souhaité reparler avec lui, et de l'affaire des vêtements intimes cachés, et des événements survenus au palais mais, surtout, avoir une conversation franche avec son amant.

Certes, la dame d'honneur se vit attribuer un rôle éminent dans la fabrication du manchon, mais pas celui qu'elle avait escompté :

– Quant à toi, Sourcil de paon, annonça la concubine, je te nomme responsable de ce projet. Tu me réponds sur ta vie de son achèvement dans les délais requis. Pour cela, tu ne devras pas quitter les autres filles des yeux.

La suivante s'inclina, maudissant la vie qui la conduisait à obéir à une sotte, sans pouvoir se rebeller. Elle songea qu'il était peut-être temps que tout cela prenne fin, d'une manière ou d'une autre, qu'elle quitte les palais impériaux. Puis la dame d'honneur se tourna vers ses compagnes pour répartir les tâches qui leur incombaient. Sourcil de paon se baissa pour attraper dans une corbeille une bobine dont le fil posséderait la nuance la plus exacte pour évoquer au mieux le plumage d'un faisan. En se relevant, elle croisa le regard affolé d'une de ses compagnes : celle-ci s'était piquée au doigt et avait laissé tomber un filet de sang, gâtant ainsi un rameau de petites feuilles vert pâle, éclaboussant même plusieurs autres éléments décoratifs au passage. Le temps pressait, il était impossible de découdre et reprendre la fleur souillée…

Jin, quant à elle, pour tromper son angoisse, s'enferma dans sa chambre et commença à y dévorer, par pleines assiettes, des pâtisseries à la farine de lotus et des gâteaux de semoule, avec de grands gestes qu'elle s'efforçait de rendre les plus rapides possibles, pour engouffrer davantage, en toujours moins de temps.

Affairées, les dames de cour savaient ce qui allait se passer. D'ici deux ou trois heures, les souffles vitaux détournés par l'estomac ballonné de Jin délaisseraient son esprit où, du coup, les peurs s'estomperaient. Ce qui, enfin, calmerait la concubine, mais ne la conduirait cependant pas à annuler l'ordre que celle-ci venait de leur donner. Jin avait toujours vécu dans l'opulence et au milieu d'une domesticité abondante. Elle n'avait jamais accompli la moindre tâche pénible de sa vie, ignorait ce qu'était un effort et n'avait pas la moindre idée de ce que représentait la confection, en quelques heures, du manchon commandé.

La porte de la resserre s'ouvrit, et Solive de montagne apparut. Interdite, Fleur entrouverte de soie arrêta d'un geste l'eunuque gardien des collections du Palais du bonheur justifié. Elle ne craignit pas, cette fois, d'élever la voix, tout à la fois pour impressionner l'intrus et se donner du courage.

– Que veux-tu ? Que fais-tu ici, dans la salle des trésors où nul n'a le droit de pénétrer sans une bonne raison ? Et d'ailleurs, comment as-tu fait pour quitter la Cité interdite et venir jusqu'ici ?

D'un coup d'œil, la suivante estima qu'elle se tenait assez loin du gardien pour ne rien en avoir à redouter. La jeune fille acheva de se rassurer en songeant que, de surcroît, Solive de montagne ne pourrait, en plein jour et dans cette salle, s'en prendre à elle comme il l'avait fait dans la réserve de meubles. Car c'était lui, elle en était certaine, qui l'avait attaquée une première fois. Après avoir échoué, il revenait, cette fois en plein jour…

– Je viens reprendre le plat des Français, dit simplement l'eunuque.

La suivante ne s'attendait pas à une telle annonce. Elle apprécia rapidement la carrure de Solive de montagne, tâcha de se remémorer celle de son assaillant, à peine aperçue dans l'ombre, ne put en tirer aucune certitude. Prudente à double titre, elle choisit de faire comme si de rien n'était. Si c'était bien la deuxième fois que la dame de cour rencontrait le gardien des trésors impériaux depuis l'aube, elle préférait ne rien faire, ne rien dire qui puisse hâter un second affrontement. Si, au contraire, Solive de montagne était aussi innocent qu'un nouveau-né, Fleur entrouverte de soie souhaitait le laisser dans l'ignorance de ce qui s'était passé, afin de cacher son escapade nocturne et la faute que celle-ci constituait. De toute façon, il n'oserait pas s'en prendre à elle à cette heure…

Solive de montagne s'avança d'un pas et tira de son habit un porte-document de carton sombre.

– J'ai là un ordre de Cixi. Sa Majesté ordonne

que la porcelaine retrouve dès maintenant sa place au Palais du bonheur justifié.

Il fit mine de tendre le texte à Fleur entrouverte de soie, espérant que celle-ci se contenterait de cette annonce. Mais la jeune fille s'approcha à son tour.

Le document que brandissait Solive de montagne ressemblait en effet à un texte émanant du secrétariat de l'impératrice douairière. L'étui, ses agrafes d'ivoire et ses liens de soie, le papier lui-même paraissaient authentiques. Quant au texte, il avait été exécuté selon le style d'écriture requis, et aucun cachet ne semblait manquer.

– C'est un faux, déclara néanmoins Fleur entrouverte de soie. Je sais la manière dont les secrétaires de Sa Majesté apposent d'habitude les sceaux. Quant au porte-document, il n'aurait pas dû être vert mais brun, avec une bordure sombre, puisque le prétendu ordre de Cixi concerne non pas une personne mais un objet. Et cette signature, là, n'est pas authentique.

– Tu sais lire ? demanda l'eunuque, effaré.

La jeune fille acquiesça. Elle ne pouvait du reste faire autrement et décida de tirer parti de son avantage. Quelles que soient ses intentions et ses motivations, le geste de Solive de montagne lui semblait si sot, son subterfuge si facilement décelable que le castrat ne pouvait être dangereux, encore moins être un assassin en puissance.

Avec une certaine fierté, dont la servante pensa qu'elle la rendait encore plus forte et ne vit pas qu'elle était naïve, Fleur entrouverte de soie répondit :

– Nous, les dames de cour des palais impériaux, nous sommes beaucoup moins sottes que vous ne le pensez souvent, vous, les eunuques. Nous sommes en effet nombreuses à savoir lire et écrire, en tout cas assez pour mettre à jour de pauvres ruses comme la tienne. Si tu avais été le porteur d'un véritable ordre de Cixi, tu n'aurais pas emprunté l'itinéraire étrange qui t'a conduit à passer par les pièces de service. Et tu te serais adressé non pas à moi, mais à un eunuque chargé de l'ordonnancement des salons de la résidence, voire à Li Lianying en personne.

Aussi fragile qu'il avait paru assuré, l'eunuque éclata en sanglots :

– Ne me trahis pas, je t'en supplie, je vais tout t'expliquer. Je sais que j'ai agi comme un sot, sans logique.

Solive de montagne regarda autour de lui pour s'assurer que nul ne venait et reprit :

– Mon geste doit te sembler insensé, et je ne suis pas certain que mes explications vont te paraître plus fondées. Sans être en mesure d'en dire davantage faute de me connaître assez moi-même, je ne puis supporter que le plat des Français ait été retiré du Palais du bonheur justifié. Depuis que le Neiwufu m'a confié ce poste, j'ai accompli ma mission du mieux que j'ai pu, j'ai tenu les registres à jour au fur et à mesure des emprunts et des dépôts faits par Sa Majesté et les autres princesses de la Maison impériale. J'ai fait de même l'autre jour, lorsque j'ai noté dans les archives la sortie de la porcelaine de Jingdezhen.

À cette pensée, et sans se rendre compte qu'il

offrait de lui une image ridicule, Solive de montagne se remit à pleurer :

– Chaque fois que je me séparais d'un rouleau calligraphié ou d'une horloge, mon cœur saignait, mais du moins je n'avais rien à craindre puisque tout était consigné et que, tôt ou tard, je l'ai toujours su, l'objet en question retournerait dans son entrepôt. Il en va autrement pour le plat des Français. Je pressens qu'il est en danger, ici, ajouta-t-il sans parler des tourments inouïs qu'il ressentait à cette idée.

Cette crainte fit écho à celle qu'éprouvait Fleur entrouverte de soie pour sa propre personne, depuis l'agression du petit matin. Elle pâlit, et Solive de montagne songea qu'il l'avait vexée en mettant son efficacité et son dévouement en doute. L'eunuque s'empressa de rectifier :

– Je suis certain que tu t'acquittes au mieux de ta tâche. Mais il y a des forces qui nous surpassent, des esprits malins qui se jouent de nous. Je suis sûr que malgré elle, Sa Majesté les a libérés quand elle a ordonné d'ouvrir la caisse qui contenait la porcelaine. D'une voix plus basse, il ajouta :

– Ne trouves-tu pas étrange que la Vénérable Aïeule soit tombée malade aussitôt après avoir mis au jour ce plat ?

Cette phrase glaça le sang de Fleur entrouverte de soie. Si l'eunuque disait vrai, ce matin, la suivante avait peut-être lutté sans le savoir contre l'esprit malfaisant qui accompagnait désormais le plat. Ce qui expliquait l'impression étrange que la porcelaine de Jingdezhen faisait sur la jeune fille. Sans parler du sort de la première servante chargée de surveiller l'objet, qui s'était pendue quelques heures à peine après avoir entamé sa mission.

Désormais certaine que Solive de montagne ne lui voulait aucun mal, tout au contraire, Fleur entrouverte de soie détourna la tête pour mieux réfléchir, elle tâcha de rassembler les quelques pensées sensées que sa peur n'avait pas dissipées. Cixi lui avait donc demandé de garder le plat des Français. Or, à ce plat étaient probablement attachées des forces obscures et mauvaises, Solive de montagne avait raison. La suivante se trouvait malgré elle au centre d'une malédiction, et elle ne se sentait pas la force de lutter contre elle. À qui devait-elle obéir, à l'impératrice de Chine, d'ailleurs peut-être mourante, ou aux démons qui paraissaient se déchaîner autour de la porcelaine maudite ?

Seules Arôme d'angélique et Désir d'été auraient pu la conseiller. Mais les deux jeunes filles se reposaient au terme des émotions de la journée précédente et de la nuit passée. Fleur entrouverte de soie répugnait à les déranger de nouveau. Désemparée, elle rendit à Solive de montagne le faux ordre de Cixi et le rassura une nouvelle fois :

– Va-t'en, laisse-moi. Nul ne saura jamais que tu es venu ici.

La suivante songea un instant à lui demander de l'aide, mais hésita aussitôt, n'imaginant pas ce que l'eunuque était en mesure de lui apporter ou de lui conseiller en le voyant un temps embarrassé par le papier, le tournant et le retournant dans ses mains avant de l'enfouir dans les plis de son habit. Non, décidément, ce Solive de montagne paraissait bien disposé à son égard mais n'était manifestement pas à même de l'épauler avec efficacité. La dame de cour se sentit bien seule et incapable d'entreprendre la moindre action sans que celle-ci la conduise dans une voie sans issue. Était-ce ce même sentiment d'abandon qu'avait éprouvé la fille qui s'était pendue de désespoir, à quelques pas de là ?

Afin d'être certaine que Solive de montagne ne révélerait à personne qu'elle savait lire, Fleur entrouverte de soie affecta de lui prodiguer un dernier réconfort qui, en fait, cachait une menace :

– Sois tranquille. Je ne dirai rien de ton subterfuge, car je sais que tu n'as jamais eu l'intention de nuire à Sa Majesté. Et bien que cette contrefaçon grossière te vaudrait le châtiment suprême si elle était mise au jour.

La perspective d'être étouffé sous une carapace faite de bandes de coton mouillé ou d'être bastonné à mort effraya l'eunuque qui comprit la menace et se dépêcha de tranquilliser à son tour la jeune fille, non sans, à son tour, glisser une menace dans son propos :

– Je te remercie. Et crois qu'en échange, nul ne saura rien de la connaissance que tu possèdes de l'écriture chinoise.

La joute n'avait fait ni vainqueur ni vaincu. Fleur entrouverte de soie avait hâte que l'entretien s'achève. Elle eut néanmoins la force de contrefaire l'indifférence :

– Je t'en remercie même si ma faute est incomparablement moins grave que la tienne et si je la partage avec la plupart des suivantes des palais impériaux.

Satisfaite d'avoir eu la présence d'esprit d'appeler ainsi les autres dames de cour en renfort, d'en avoir fait des alliées obligées au cas où le castrat aurait eu l'envie de la trahir, Fleur entrouverte de soie eut un joli geste de la main, pour inviter Solive de montagne à la laisser.

Troublé, ce dernier s'en alla. D'un regard, il s'assura que Fleur entrouverte de soie ne s'opposait pas à ce qu'il emprunte le même chemin qu'à l'aller, plus sûr car plus discret.

Née durant la septième année du règne du défunt empereur Tongzhi, l'impératrice Xiaoding, était par deux fois la nièce de Cixi. En premier lieu parce qu'elle était la fille du propre frère de la douairière, un membre de la Bannière à bordure jaune du peuple des Mandchous. En second lieu parce qu'elle avait épousé Guangxu, neveu de la douairière lui aussi par le sang. Peu aimable et peu liante, Xiaoding avait toujours choisi de se tenir aux côtés de Cixi lorsque celle-ci s'était opposée à Guangxu et n'avait pas eu à regretter ce choix puisque la vieille impératrice avait finalement décidé de déposséder le Fils du Ciel de son pouvoir sans jamais inquiéter Xiaoding.

La vie de l'épouse de Guangxu n'avait d'ailleurs guère été affectée par cet événement. Il n'y avait jamais eu aucun amour entre l'empereur et elle. Leur nuit de noce, qui s'était déroulée comme le voulait la coutume dans le Palais de la tranquillité terrestre – lit, tentures et coussins rouges – n'avait guère été concluante. Les plus médisants des eunuques colportaient même que l'impératrice était toujours fille, bien que l'empereur l'ait plus tard de temps à autre convoquée le soir dans la Chambre du léopard, la salle dévolue selon la tradition aux étreintes impériales. Le couple n'avait d'ailleurs jamais eu d'enfant, ce qui tendait donc à confirmer les médisances ancillaires. En tout cas, l'expérience – ou l'inexpérience – acquise cette nuit-là n'avait rien révélé à Xiaoding qu'elle ait pu désirer retrouver plus tard.

Intelligente et volontiers méchante, petite et fluette, le dos voûté avant l'âge, le visage triste comme celui d'un âne trop chargé, Xiaoding menait dans les palais impériaux une existence morose. Contrairement à la concubine Jin qui savait se réjouir d'un rien, d'une partie de dames ou de volant, d'un repas succulent et copieux, l'impératrice en titre s'ennuyait partout et sans cesse. Elle était uniquement occupée à affirmer ses prérogatives et à tenir son rang aux côtés de Cixi. Quant à celle-ci, elle n'avait jamais douté de la fidélité de Xiaoding, sachant dans le fond de son cœur que cette dernière l'admirait.

Xiaoding avait depuis longtemps réglé sa vie et envisagé son avenir. Si sa position à la cour venait à être remise en cause, elle renoncerait à se défendre, pour ne pas déchoir et, surtout, risquer d'être reléguée dans un palais secondaire et oublié. Une fois Cixi disparue, que Guangxu remonte sur le trône ou qu'un autre membre de la famille impériale le remplace, Xiaoding serait contrainte de céder la place à une nouvelle souveraine. Celle-ci serait probablement une intrigante qui travaillerait jour et nuit à accumuler les titres et les honneurs sur sa tête, et qui, surtout, donnerait à l'empereur le fils tant désiré, ce qui assoirait définitivement sa puissance.

Ainsi privée des honneurs et des égards qu'elle estimait naturel de recevoir, Xiaoding n'hésiterait pas à se retirer. Plutôt, elle savait qu'elle chercherait à mourir, ce qui ne l'effrayait d'ailleurs pas. Elle avait pris à la vie tout ce que celle-ci avait été en mesure de lui donner compte tenu de ses désirs et de ses envies, peu nombreux : Xiaoding ne s'intéressait ni aux objets d'art qui encombraient ses appartements ni aux concerts de pipa [1] qu'y donnaient ses suivantes. L'épouse de Guangxu ne possédait pas la religiosité qui lui aurait permis d'apprécier les longues cérémonies organisées dans les temples des palais impériaux. Elle était tenue par Cixi à l'écart des affaires de l'État et s'en trouvait bien ainsi, n'ayant aucunement envie de s'intéresser à ce qui se passait hors les murs de la Ville impériale. Xiaoding n'avait pas non plus la faculté quelque peu animale de la concubine Jin de se laisser vivre comme une bête contente d'être bien traitée et bien nourrie, et s'agaçait contre cette concubine de jade, si sotte et qui pourtant semblait plus heureuse qu'elle. Bref, Xiaoding n'aimait guère la vie, le savait, était prête à la quitter un jour, si, ce jour-là, elle estimait que mieux valait en finir, et acceptait cette idée sans sourciller.

---

1. Sorte de guitare à douze cordes.

L'impératrice était vêtue avec simplicité, d'une robe parfaitement coupée dans une étoffe de prix mais dépourvue d'ornements. Sa coiffure était loin d'être aussi élaborée que celles qu'arboraient habituellement Cixi ou Jin, même si elle comportait la quantité de fleurs artificielles et de pendeloques de corail requise par la mode en vigueur.

D'une main sèche, l'impératrice prit le flacon que lui tendait Li Lianying, une fiole de jade dans laquelle ce dernier avait versé une bonne part du contenu du pot de faïence vert et rose remis par le médecin Den Tiantao. L'impératrice examina longuement l'objet à la lumière, détailla les dessins colorés qui l'ornaient, le caressa.

– Li, es-tu certain que cette poudre procure une mort douce ?

– Le médecin Den Tiantao est un homme de confiance.

Afin de vérifier que le médicament possédait bien les qualités – plutôt les défauts – décrits par le thérapeute Den. Li Lianying avait donné, par trois fois, une dose à peine trop importante à un jeune chiot né quelques jours auparavant. Pleine d'entrain et d'énergie, la bête avait dépéri à vue d'œil dès la seconde prise avant de mourir juste après la troisième, comme emporté par une fatigue subite et fatale. Le Premier Eunuque ne pouvait pourtant révéler qu'il s'était livré à cette expérience, sous peine que Xiaoding l'accuse de se moquer d'elle en l'assimilant à une bête.

– C'est étrange, remarqua Xiaoding. Donc, d'après ce que t'a dit le médecin Den Tiantao et ce que tu m'as à ton tour expliqué, selon la manière dont il est administré, ce médicament a tout à la fois la faculté de sauver la vie de Cixi et de me tuer. Et, dans les deux cas, il aura apporté la joie et le soulagement, réalisé les espoirs placés en lui. Pourtant, si ce remède se révèle assez puissant pour guérir la douairière, je ne m'en servirai pas puisque je n'aurai plus à craindre de perdre son soutien, et bien que cette poudre ait donc fait la preuve de son efficacité… Li, nous devons vivre en tenant compte de tant de contradictions, de tant de paradoxes… Vraiment, quand le temps sera venu, je ne serai pas mécontente de quitter cette existence, elle est trop compliquée, si fatigante.

Xiaoding se leva et alla elle-même ranger la potion dans une armoire de bois sombre dont elle referma la serrure avec une clef ouvragée, mince tige de métal qu'elle glissa dans sa manche avant de revenir vers le Premier Eunuque.

– Je ne te remercierai jamais assez.

D'un geste las, elle désigna un sac d'étoffe posé sur un coffre.

– Voici la récompense convenue. J'ai fait comme tu me l'as demandé, le sac a été cousu et brodé selon tes indications.

Jusqu'alors, Li Lianying n'avait pas vu la poche d'étoffe. Toutes les années passées auprès de Cixi, à faire régner la terreur dans les palais impériaux et à traiter la foule d'eunuques qui y travaillait comme s'il s'était agi d'un troupeau de vaches, avaient donné au favori une assurance peu commune. À cet instant, cependant, cet aplomb vacilla et, pour la première fois depuis le début de son ascension fulgurante, Li se demanda s'il n'avait pas cette fois été trop loin : le sac était orné de dragons à cinq griffes, emblème que seul le Fils du Ciel et les siens avaient le droit d'arborer.

Mais l'impératrice ne paraissait pas s'émouvoir de cette demande à la fois puérile et insolente. Elle avait vu l'abaissement de l'empereur Guangxu, elle avait été contrainte de quitter Pékin en catastrophe, avec Cixi, durant les terribles événements de l'année 1900. Il lui était bien égal, au fond, que le favori impérial se montre aussi grossier puisque cela ne l'atteignait pas directement. D'ailleurs, qu'aurait-elle pu entreprendre contre lui ? Cixi le protégeait. Xiaoding soupira et eut un petit sourire, qui exprimait tout le mépris que Li lui inspirait.

Cette manifestation de dédain n'échappa pas au favori. Il s'inclina une nouvelle fois devant l'impératrice. Le Premier Eunuque se consola en songeant que, en dépit de la différence d'âge qui la séparait de Cixi, Xiaoding, avec sa mine lasse et ses yeux battus, semblait être la sœur à peine plus jeune de la douairière, tant le désir de vivre l'avait depuis longtemps abandonnée.

– Quoi que le destin nous réserve et réserve à Cixi, nous nous reverrons au cours des prochaines heures, reprit l'épouse de Guangxu. Qu'il me reste un jour, plusieurs mois ou quelques années à vivre, je souhaite que plus jamais nous ne parlions de cet entretien et de cet échange de bons procédés, ou que tu y fasses allusion de quelque manière que ce soit.

L'impératrice se détourna, façon de signifier que le rendez-vous était achevé. Li Lianying se retira. Quel que soit le tour que prendraient les événements, son avenir était assuré. Le Premier Eunuque jouissait de la confiance des plus hauts personnages de l'Empire et, si celle-ci s'évanouissait, il vivrait grâce au véritable trésor de guerre accumulé depuis de longues années et que la récompense gagnée ce soir avait encore accru.

Sa rencontre avec Solive de montagne et, surtout, leur entretien avaient achevé d'épuiser Fleur entrouverte de soie. Celle-ci attendait avec impatience qu'arrive le terme de son tour de veille. D'abord, bien sûr, et fût-ce momentanément, pour être déchargée de ce fardeau qui lui pesait tant et pouvoir s'éloigner du plat de porcelaine. Et surtout, pour revoir, ne serait-ce qu'un instant, Désir d'été et Arôme d'angélique, le temps de se confier à elles, de leur faire part des soupçons qu'elle nourrissait à l'encontre de la porcelaine. Ce n'était pas un homme mais bien un génie qui l'avait assaillie avant l'aube…

Plus elle réfléchissait, et plus Fleur entrouverte de soie avait peur. Les deux jeunes filles ignoraient-elles vraiment les pouvoirs maléfiques que Cixi avaient contribué à réveiller en déplaçant le plat ? Elle aurait souhaité en être certaine. Mais, sans pour autant faire de ses deux amies des monstres sans scrupules, la suivante se demandait cependant si les maintes caresses déployées par les deux femmes n'avaient pas pour but de la rassurer, de détourner son attention d'une menace bien réelle. Ce soupçon affreux faisait son chemin dans son esprit… D'une façon ou d'une autre, Désir d'été et Arôme d'angélique savaient qu'un démon allait s'en prendre à leur amie. Mais elles n'avaient pas osé en parler, probablement de peur de l'effrayer, pour ne pas l'inciter à désobéir, elles lui avaient menti par omission, afin de la protéger. Elles ne l'avaient certes pas abandonnée puisque Arôme d'angélique avait offert à Fleur entrouverte de soie la dépouille de la belette…

Comment la suivante pourrait-elle maintenant avouer que cette petite boule de fourrure pourrissait dans le lac de la Grande Salive ? La jeune fille balaya cette nouvelle appréhension. Peu lui importait, d'ailleurs, que les deux suivantes la croient, la traitent d'écervelée, voire se moquent d'elle si elle ne prenait pas ses angoisses au sérieux. Fleur entrouverte de soie ne désirait qu'une chose : retrouver ses compagnes, afin d'éprouver le bien-être qu'elle ressentait en leur présence, même si celui-ci se teintait comme les autres fois d'une émotion qui la troublait plus que de raison…

Fleur entrouverte de soie connaissait bien Sourcil de paon. Les deux jeunes filles n'étaient pas des amies intimes et, pourtant, la suivante de Cixi était certaine que l'amante de Petit Brillant pourrait non seulement lui être de bon conseil mais également l'aider, si elle le lui demandait. Plus la gardienne de la porcelaine y réfléchissait, et plus elle inclinait à voir dans Sourcil de paon la seule personne en mesure de la secourir, sans que se déclenche une tempête de sentiments difficiles à comprendre, sans qu'encombrent son esprit toutes ces pensées émues et troubles qui la conduisaient à chaque instant vers Désir d'été et Arôme d'angélique, la comblaient et l'affolaient dans le même temps. La compagne de Petit Brillant lui paraissait bien être la seule à qui elle pourrait tout raconter : les émotions partagées avec les deux autres dames de cour, les difficultés rencontrées dans l'exercice de sa mission.

En attendant qu'arrive l'heure de la relève et qu'elle trouve le moyen de prévenir Sourcil de paon, Fleur entrouverte de soie décida de prier les esprits tutélaires de son clan. Selon la tradition qui se transmettait de mère en fille, ceux-ci avaient toujours secouru sa famille dans les moments difficiles. Ces divinités sauraient bien tenir à distance le génie qui l'avait attaquée ce matin : ce dernier venait probablement du lointain Pays des lois alors que les divinités mandchoues invoquées par Fleur entrouverte de soie étaient ici bel et bien chez elles. Elles vaincraient.

Passant du découragement à l'espoir, la jeune fille commença à égrener un chapelet en récitant dans sa tête les anciennes prières chamaniques. Elle y trouva tant de réconfort qu'elle s'amusa même à espérer que l'esprit de la belette dont elle avait jeté la dépouille n'était pas un ami proche des divinités qu'elle invoquait. La suivante songea un peu tard que, pour le prix du silence qu'elle avait promis à Solive de montagne, elle aurait dû, outre la menace à peine voilée qu'elle avait évoquée, demander en outre à l'eunuque de retrouver le talisman de fourrure.

En dépit des objections des servantes qui craignaient que les souffles vitaux de Cixi, son énergie et la chance s'échappent par les fenêtres, le médecin Den avait obtenu que les croisées de la chambre soient laissées entrouvertes. Il avait cependant demandé que des braseros soient installés tout autour de la pièce afin que la température ne chute pas. De plus, pour plaire à Cixi, les suivantes renouvelèrent les corbeilles de fruits odoriférants. L'air neuf, tiédi par les charbons portés au rouge, les attentions des serviteurs, ajoutés à la médication de Den, revigorèrent ainsi Cixi, au-delà de ce qui pouvait être espéré quelques heures auparavant. Sans parler du formidable appétit de vivre qui animait la vieille femme et qui la fit peu à peu revenir du domaine des mourants où la plupart de ses proches avaient cru la voir s'en aller sans espoir de retour.

Aussi coquette que du temps de sa jeunesse, la douairière demanda à l'une de ses suivantes de la maquiller et de la recoiffer avant de laisser entrer Li Lianying. Le Premier Eunuque avait à peine pris le temps de mettre en lieu sûr le sac aux dragons à cinq griffes avant de gagner le chevet de la douairière. Repoudrée, les lèvres peintes, celle-ci l'accueillit avec une vitalité à peine feinte :

– Li, je sais que tu mets tout en œuvre pour que je recouvre la santé et je constate que mes forces reviennent, en effet. Les médicaments prescrits me font le plus grand bien. La science chinoise est vraiment bien puissante.

La vieille douairière eut même la force de sourire et ajouta :

– Je le sens à ma langue, qui ne me paraît plus être aussi grosse que celle d'un bœuf et ne se heurte plus à mes pauvres dents comme elle le faisait voici peu, tel un singe qui cherche à sortir de sa cage.

Quant à mes intestins, je m'aperçois que je n'ai plus songé à eux depuis que j'ai repris de ce breuvage revigorant.

Cixi se tourna sans trop de difficultés vers le réchaud de bronze que ses eunuques avaient placé près de son lit. La vasque posée sur ses grosses griffes, juste au-dessus du foyer, contenait un bouillon clair où nageaient des légumes émincés et de petits os d'oiseaux.

– Je vais immédiatement transmettre cette bonne nouvelle aux épouses des anciens empereurs, assura Li Lianying.

– Oui, je crois que cette annonce n'est pas prématurée, assura Cixi. Ce Den est décidément bien savant et bien compétent. Je suis néanmoins certaine que le plat des Français est pour beaucoup dans l'amélioration de mon état. Je ne puis l'expliquer, mais je sens que la piété qui avait jadis présidé à sa fabrication a été assez puissante pour se répandre dans tout le palais et me redonner des forces. Dès que je serai définitivement rétablie et apte à assister à une cérémonie, nous ferons une fête pour célébrer cet événement et honorer comme ils le méritent les défunts qui avaient passé commande à la manufacture de Jingdezhen et peut-être aussi les génies bienfaisants qu'il porte en lui.

Parler redonnait des forces à Cixi, d'autant que celle-ci avait assez recouvré ses esprits pour constater qu'elle n'avait rien perdu de sa vivacité.

– Comme tu l'as constaté, mon neveu m'a contrariée, ce qui m'a rendue bien malade. Tout le temps que ce mécontentement m'a tenue à demi somnolente, j'ai cependant beaucoup réfléchi.

Cixi marqua une pause pour prendre le temps de redonner de la force à sa voix, de manière à ce que chacun l'entende. Et elle ajouta :

– Je suis plus que jamais préoccupée du sort de ceux que j'aime et que je dois protéger. La méchanceté de mon neveu et son égoïsme me font craindre le pire pour l'Empire du Milieu. Je me dois à la Chine et à la dynastie et je ne peux quitter cette vie maintenant. J'ai encore tant à faire. Heureusement, vous êtes plusieurs à prendre soin de moi….

Machinalement, Cixi caressa le manchon que Jin lui avait offert. Elle en lissa un moment les broderies, sans les regarder, avant de s'apercevoir que les fils de soie étaient particulièrement doux. Pour la première fois, elle détailla ces motifs. C'étaient des coupes à libation, des assiettes de millet et des nuées de flammes, tous symboles d'autorité. Et aussi, qui disaient également sa puissance, des montagnes et des dragons appariés, des haches et des herbes aquatiques. Celles-ci, surtout, retinrent particulièrement l'attention de Cixi : elles étaient d'un rouge sourd, inhabituel, incongru. La douairière les considéra puis songea que la brodeuse avait eu raison de s'accorder cette licence. Cette teinte était si élégante… L'impératrice ne pouvait savoir qu'elle était celle du sang de la dame de cour qui, après s'être piqué le doigt par inadvertance, n'avait eu d'autre choix que de se faire saigner davantage, afin de recouvrir entièrement de son sang les herbes et les motifs voisins, eux aussi tachés…

Le Premier Eunuque s'inclina, ce qui lui accorda le court répit nécessaire pour lui permettre, à la lumière de cette guérison soudaine et qui paraissait véritable, de remettre ses pensées en ordre. Donc, songea Li Lianying, l'impératrice douairière risquait de vivre encore durant de longs mois, peut-être un an ou deux de plus, voire davantage. Li ne pensait ni du bien ni du mal de cette situation. Il continuerait à détourner l'argent destiné au fonctionnement des palais impériaux, du moins ce que Cixi elle-même ne distrairait pas pour ses menus plaisirs. Il monnayerait son influence, pour hâter l'avancement de tel ou tel mandarin privé de compétences mais que la famille riche était disposée à soutenir et à aider. Le Premier Eunuque devrait certes encore supporter les humeurs de la douairière, les humiliations dont celle-ci l'abreuvait en public, pour s'amuser, ou parce que la vieillesse la rendait parfois sénile ou, comme l'autre fois, pour s'en prendre à celui qui connaissait tout de ses propres vilenies. Mais après tout, pensa-t-il, ces vexations ne lui importaient guère, elles étaient le plus souvent gratuites, glissaient sur son indifférence. Surtout, pensa le Premier Eunuque, les médicaments de Den Tiantao lui offraient un atout décisif. Si, un jour, le favori décidait que le temps était venu pour Cixi de gagner le domaine des Sources jaunes, il n'aurait qu'à utiliser la préparation pour se défaire de la Vénérable Aïeule sans trop de mal. Le favori avait en effet eu la précaution de ne remettre à Xiaoding qu'une partie de la préparation de Den Tiantao.

– Oui, je me sens vraiment tout à fait guérie, poursuivait la Vénérable Aïeule en soliloquant. Elle regarda de nouveau le manchon : Jin avait eu raison d'y faire figurer des ornements symbolisant le pouvoir impérial. Celui-ci était le seul bien véritable de Cixi, que celle-ci devait conserver et maintenir haut jusqu'à son dernier souffle. D'un signe, la vieille impératrice demanda à une suivante de redresser ses oreillers et d'ôter les plis des draps et des couvertures.

Les Palais de mer, songea-t-elle, étaient trop élégants, trop féminins pour qu'elle affirme à la face du monde qu'elle n'était pas encore morte. De plus, ils avaient failli la voir mourir et Cixi souhaitait, en vertu d'un sentiment bien aisé à comprendre, s'en éloigner quelque temps en dépit du charme qu'ils offraient. Bien assise, le dos calé, Cixi laissa tomber la phrase qui stupéfia les serviteurs présents dans la chambre :

– Nous retournerons dès demain au Palais de la tranquillité et de la longévité [1]. Car j'entends reprendre tous mes pouvoirs et il me semble que le cadre de la Cité pourpre interdite est le mieux à même de servir de cadre à cette manifestation politique. Mes meubles resteront ici, à l'exception de ce lit qui m'a porté chance et du plat des Français, qui va ainsi retrouver la Cité interdite. Nous lui trouverons une place de choix, entre la collection de jades du grand Qianlong et les sculptures en corail de la précédente impératrice-mère. Dès que nous le pourrons, nous organiserons un service solennel en l'honneur de la boddhisattva Guanyin [2]. Je suis

1. Du nom de la résidence occupée à la fin de son règne par Cixi dans l'enclos de la Cité pourpre interdite.

2. « Celle qui prête attention à l'appel du Monde » est

certaine que c'est elle qui, avec d'autres puissances, sans doute échappées de la porcelaine de Jingdezhen, m'a aidée à recouvrer mes forces aussi vite.

Li Lianying s'inclina de nouveau, pour signifier qu'il allait sur-le-champ transmettre les ordres de la douairière. Cixi se croyait le maître de la Chine, de ses habitants et de ce qui s'y passait, songea le Premier Eunuque, elle pensait avoir encore assez de forces pour gouverner l'Empire du Milieu durant de longues années. Elle se trompait. Lui, Li Lianying, était le véritable maître de l'heure.

La nuit fut calme dans les Palais de mer. Comme le laissait prévoir la fin de la journée précédente, Cixi dormit paisiblement, d'une traite, et se réveilla au mieux de sa forme. Elle ne fut pas surprise que le Premier Eunuque se trouve à son chevet, à l'encontre de tous les usages :

– Tu as donc accouru ici ce matin afin que je puisse compter sur ton dévouement et tes conseils dès mon réveil. Li, ton dévouement m'émeut…

Le Premier Eunuque salua :

– Gloire et longévité à la Vénérable Aïeule.

D'un signe, il demanda aux suivantes restées à l'écart d'apporter le médicament préparé par Den Tiantao. Lui-même avait au préalable pris soin d'en ôter la quantité nécessaire du pot aux poignées en forme de phénix afin de mieux contrôler les quantités utilisées et ce qui en resterait.

---

une divinité bouddhiste de la miséricorde, qui s'emploie à secourir les humains, plus ou moins comparable à la Vierge.

– La chaise à porteurs de Votre Majesté est d'ores et déjà prête. Quant il vous plaira…

Une suivante s'avança et voulut aider la douairière à quitter son lit mais celle-ci se força à refuser cette offre et posa sans aide un pied, puis l'autre, sur le sol recouvert de tapis. Un instant, le Premier Eunuque crut la voir vaciller, mais ce n'était sans doute qu'une illusion, née d'une crainte ou d'un désir, il ne put le dire. Et Cixi s'avança, majestueuse, vers une table de toilette où une vasque d'eau tiède et parfumée attendait que Sa Majesté veuille bien s'y assouplir les mains.

Sur un geste de Li Lianying, le cérémonial, qui avait été allégé la veille pour tenir compte de l'indisposition passée de la douairière, retrouva son ordonnance normale. Dans l'antichambre, se tenait une escouade de suivantes prêtes à apporter de nouvelles bassines d'eau, des serviettes parfumées, les poudres et les pâtes destinées aux massages et au maquillage.

– Je désire que le plat des Français soit transporté dans une charrette qui suivra immédiatement mon palanquin, avant même les chaises à porteurs de Xiaoding et de la concubine Jin. Je veux que prennent place dans ce chariot les trois suivantes à qui j'ai demandé de veiller sur cette porcelaine. Pour le reste, Li, fais au mieux, tu as tant l'habitude d'organiser mes déplacements.

Li Lianying quitta la résidence impériale un léger sourire aux lèvres. Il n'était certes pour rien dans la maladie aussi soudaine que brève dont avait souffert Cixi. Il se réjouissait cependant qu'à son terme, la Vénérable Aïeule ait décidé, pour célébrer sa santé recouvrée, de regagner la Cité pourpre interdite. Le Premier Eunuque avait toujours estimé que seul le Palais impérial était digne de lui, avec ses murailles rouges, ses tours de guet et ses grandes salles de cérémonie, ses esplanades nombreuses qui chacune pouvaient accueillir une foule parfaitement ordonnée et multicolore. Dans la Cité pourpre interdite, Li donnait sa pleine mesure. Lorsque, porté par des serviteurs trottinant, son palanquin se lançait à l'assaut des hautes rampes permettant de passer de cour en cour, frôlant les rambardes aux nuages taillés dans le marbre, le Premier Eunuque pouvait se prendre pour l'empereur de Chine.

Surtout, dans la Cité pourpre interdite, Li Lianying aimait lever les yeux vers les hautes murailles pourtournantes, il aimait à penser qu'elles constituaient une muraille quasi infranchissable pour le peuple de Pékin. Non pas que le Premier Eunuque ait peur des Pékinois, il les méprisait trop pour songer qu'un jour, à l'image de ce qui s'était passé dans des temps reculés, le peuple révolté aurait pu vouloir s'en prendre aux habitants de la Cité interdite. En fait, Li était satisfait que ces murs le séparent de cette masse sale et bruyante qu'il haïssait parce qu'il en était issu, quoi qu'il fasse et dise, et quelles que soient sa réussite et sa richesse odieusement acquise.

Petit Brillant considérait Poulie grinçante avec un dégoût mêlé de pitié : il n'ignorait rien des habitudes de l'eunuque portier. Du moins, comme Li Lianying et d'autres serviteurs haut placés, il savait que le concierge du palais de Cixi attrapait les cafards et les ébouillantait avant de les avaler dans d'infâmes brouets bien qu'il ignorât la finalité de ces libations. Petit Brillant aurait-il oublié la répugnante manie de Poulie grinçante qu'il lui suffisait de jeter un œil par-dessus l'épaule du concierge : dans la loge, partout, sur les tables et à même le sol, des bocaux emplis d'insectes, des théières, des pièges enduits de miel.

– Sa Majesté quittera les Palais de mer probablement à l'heure du serpent. Tiens-toi prêt à manœuvrer les vantaux du portail autant de fois que nécessaire pour laisser les chaises à porteurs manœuvrer à vide avant que l'impératrice et le Premier Eunuque y prennent place.

Petit Brillant s'efforçait de ne pas trop détailler le spectacle à la fois répugnant et désolant qui s'offrait à lui. Une ombre portée l'empêcha de distinguer si, comme il en avait l'impression, Poulie grinçante gardait bien captifs dans une bassine de terre cuite des insectes probablement privés de leurs pattes. L'amant de Sourcil de paon ne comprenait pas pourquoi Li Lianying ne lui avait pas depuis longtemps demandé de mettre bon ordre à cette situation et, avec l'aide des eunuques de Cixi, enjoint au portier de nettoyer sa loge avant de l'expédier vider les déchets des cuisines jusqu'à la fin de ses jours.

Poulie grinçante, lui, écoutait à peine ce que lui disait Petit Brillant. Il avait bien envie de tuer ce porteur de mauvaises nouvelles, qui était occupé à lui dire que Cixi le quittait… Tâtant la clef du portail qu'il avait l'habitude de garder dans sa manche, l'eunuque gardien prit néanmoins le temps de jauger s'il avait une chance de prendre Petit Brillant par surprise, avant que celui-ci ait pu esquisser un geste de défense ou pris la fuite. Le coup pouvait être tenté, la clef possédait assez de pointes et d'ergots effilés pour tuer l'envoyé de Li Lianying en lui déchirant les veines ou à tout le moins lui infliger des blessures profondes, le défigurer, pour le punir de lui annoncer le départ prématuré de Cixi.

– Tu devras aussi ouvrir et fermer autant que nécessaire les portes des communs : les serviteurs partiront en deux convois, le premier à l'heure du dragon, afin de prêter au préalable main-forte aux domestiques demeurés à la Cité interdite pour que tout soit prêt dès l'arrivée de Sa Majesté.

Poulie grinçante se voyait tomber dans un puits sans fond. Il lui fallait tuer au plus vite cet homme qui se tenait, là, devant lui, ce messager de malheur tranquillement occupé à lui annoncer que Cixi le quittait… La main du concierge se crispa sur la clef, il n'entendait plus Petit Brillant, ne le voyait même plus. Du bout du doigt, il tâta les reliefs de la clef, appuya dessus pour en apprécier les dents.

– Le second convoi s'ébranlera à l'heure du cheval, poursuivit Petit Brillant. C'est le plus important des deux, la plupart des suivantes en seront. Li Lianying a décidé de le faire partir dans un deuxième temps afin que la poussière qu'il va soulever ne gêne pas Cixi.

Cixi, le nom de l'impératrice douairière résonna dans le cœur de Poulie grinçante. En un instant, un affrontement terrible se déroula dans l'esprit du concierge. Ce combat opposait, d'une part, une pulsion de mort, une envie de tuer Petit Brillant, pour le punir d'annoncer l'inéluctabilité de la séparation tant crainte et, d'autre part, le désir que suscitait en lui la vieille femme. Or, cette envie incitait Poulie grinçante à ne pas commettre l'acte irréparable qui l'aurait à jamais privé de l'impératrice douairière. Un instant, le temps fut comme suspendu, la mort et l'amour luttèrent, manquèrent chacun l'emporter. Puis, soudain, la pulsion de vie prit le dessus. Poulie grinçante se rendit à l'évidence : s'il tuait Petit Brillant, il serait immédiatement appréhendé par la domesticité et mis à mort à son tour, ce qui le priverait à jamais du bonheur de voir Cixi et de l'épouser… Cela, le concierge ne pouvait l'admettre, pas même l'envisager. Avec un grand soupir, il balaya donc cette éventualité. Il devait vivre, coûte que coûte. Sur la foi des révélations que lui avaient récemment apportées les infusions d'insectes, l'eunuque savait que lui et Cixi allaient enfin être réunis, sans qu'il puisse toutefois imaginer clairement quel tour prendraient les événements pour que son vœu se réalise. La douairière s'en allait en le laissant là, alors que rien ne lui avait laissé se préparer à ce départ précipité ? Pendant un temps, Poulie grinçante s'était cru abandonné, ignoré. Pourtant, il n'en était rien. Ce départ n'était qu'une ruse de coquette. C'était le tour joué par une femme amoureuse qui se livrait à un petit jeu afin de faire languir son amant. Mais ce court voyage constituait en fait une promesse. Attends-moi, Poulie grinçante, mon amour, lui faisait savoir Cixi par-delà les murailles, réelles ou imaginaires, qui les séparaient, les conspirations que depuis toujours leurs ennemis mettaient en œuvre pour les empêcher de s'aimer. Femme, Cixi faisait semblant de se refuser à lui pour accroître le désir de l'homme qu'elle aussi avait choisi de son plein gré. Ainsi retardée, leur jouissance commune serait décuplée, inoubliable.

Poulie grinçante relâcha la clef. Il regarda Petit Brillant, pensa un instant le traiter avec la morgue qui s'imposait à tout favori impérial, voire le rudoyer pour lui apprendre à la traiter avec davantage de respect qu'il n'en montrait… Mais il décida finalement de le considérer avec bienveillance, un sentiment qui, selon lui, était le véritable apanage de ceux que la vie a comblé et qui, possédant tout, savent qu'ils ne peuvent rien perdre parce que la providence veille sur eux. Amoureux et se pensant chéri en retour, Poulie grinçante avait choisi de se montrer magnanime…

– Sa Majesté peut compter sur mon dévouement, déclara-t-il en saluant le serviteur de Li Lianying.

Il ne put cacher un sourire, dû à cette manière d'euphorie qui saisit tout homme qui se sait aimé avant d'ajouter :

– Je ferai une fois de plus mon devoir et même davantage, si je peux t'être utile…

Il désigna l'appentis où il rangeait les outils qui l'aidaient à effectuer de menues réparations au portail et au mur :

– À la dernière minute, j'ai l'habitude, je sais ce que c'est, un essieu, un brancard peut lâcher.

Je peux aider à effectuer une réparation de fortune, pour parer au plus pressé…

Petit Brillant repoussa l'offre d'un geste qu'il voulait poli mais qui fut brusque et trahit son agacement. Tout à sa joie, Poulie grinçante ne prit pas la mesure de cette animosité. Son amabilité n'alla cependant pas jusqu'à proposer à l'amant de Sourcil de paon de partager avec lui une théière de jus de cafards. Non pas que le concierge estimât que Petit Brillant ne méritait pas une telle offre. Mais il comptait fêter comme il convenait la révélation de la passion que Cixi lui portait en vidant force pots, et craignait de manquer de thé aux insectes, car une pleine théière serait à peine suffisante.

DEUXIÈME PARTIE

LA CITÉ POURPRE INTERDITE

Dès que Cixi avait manifesté son désir de retourner dans le vieux Palais impérial, les serviteurs avaient balayé les allées qui y menaient depuis les Palais de mer afin d'en ôter le moindre gravier, la moindre aspérité qui aurait pu gêner la progression des porteurs de palanquins et occasionner un cahot, une hésitation qui aurait pu indisposer Cixi.

À l'heure du serpent, comme l'avait dit Petit Brillant, la caravane s'ébranla donc. Elle était cette fois, et bien davantage que le convoi de l'autre nuit, en tous points digne du faste de la cour des Grands Qing. Depuis plusieurs années, même, Cixi en avait renforcé la pompe. Elle ne pouvait se cacher à elle-même que la Chine s'abaissait et que l'amoindrissement du pouvoir impérial allait logiquement de pair. Aussi avait-elle décidé de rehausser la magnificence de la cour, pour masquer le déclin de son pays et aussi, peut-être la douairière le pensait au fond d'elle-même, pour que le pouvoir des Qing finisse en beauté avec elle. Aussi, à sa demande, les archivistes avaient cherché, fouillé dans les textes les plus anciens afin de remettre en vigueur des complications de protocole, des règles d'étiquette abandonnées. Cixi avait doublé le budget dévolu à l'entretien et à la fabrication des palanquins, des parasols, des ombrelles et des oriflammes bleus, rouges ou jaunes utilisés lors des voyages, du plus court au plus long.

Comme à l'accoutumée, une garde d'honneur avait pris place, en deux longues files, et se déployait d'un palais à l'autre. Aux rares endroits où le cortège aurait pu être aperçu par des serviteurs qui n'avaient rien à voir avec la famille impériale, de larges écrans de toile pâle avaient été tendus de part et d'autre de la voie empruntée par le cortège, afin de protéger l'intimité de Cixi et des siens.

À la dernière minute, l'impératrice avait hésité. Li Lianying et plusieurs de ses dames auraient voulu que la Vénérable Aïeule prît place, pour ménager ses forces, dans une automobile moderne, à essence, dont le Neiwufu avait récemment fait l'acquisition et qui avait elle aussi été tendue d'étoffes jaunes. Cixi s'était pendant un temps amusée de cette proposition, son esprit jeune et aventureux la disposant à se jeter dans l'aventure. Cependant, son souci de respecter la tradition l'avait finalement conduite à renoncer à ce projet et elle prit place dans sa chaise à porteurs habituelle.

D'abord, donc, venait ce palanquin. Il était suivi de plusieurs dizaines d'eunuques qui trottinaient en cadence. Escorté par une petite troupe de soldats mandchous martiaux, toutes armes déployées, avançait ensuite un chariot qui attirait tous les regards. Y avaient pris place, à genoux car la place manquait, Désir d'été, Arôme d'angélique et Fleur entrouverte de soie. Cette dernière serrait contre son corps un paquet enveloppé de plusieurs couches de tissu : le plat de porcelaine jadis façonné dans les ateliers réputés de la ville de Jingdezhen à la demande de nostalgiques du roi Louis XVI.

Après, venaient le palanquin de l'empereur Guangxu, aux rideaux tirés et maintenus par des nœuds serrés, les palanquins de l'impératrice Xiaoding et celui de la concubine Jin. Les suivaient, peintes dans un jaune plus pâle parce qu'elles transportaient des personnages de moindre importance, les chaises destinées à de vieilles épouses impériales confites dans un veuvage déjà très ancien.

En queue de cortège, roulaient cahin-caha les charrettes où s'étaient entassées les quelques servantes dont Cixi ne pouvait se passer un seul instant et dont elle aurait besoin dès son arrivée au Palais de la tranquillité et de la longévité.

Le départ de Cixi avait été si soudain que Fleur entrouverte de soie n'avait pas même eu l'occasion d'approcher ses deux compagnes sans témoin afin de leur parler en toute sincérité et franchise, encore moins de se confier à Sourcil de paon comme elle l'aurait voulu. De plus, elle avait craint d'apercevoir Solive de montagne et d'en être émue au point de perdre contenance. Mais après leur entretien, l'eunuque avait regagné la Cité interdite et n'en avait plus bougé.

Les dents serrées, Fleur entrouverte de soie s'appuyait contre le flanc de la charrette. Elle redoutait, si par inadvertance elle heurtait le paquet, non pas qu'elle brise la porcelaine, mais qu'en profitent pour lui sauter dessus les génies malfaisants qui y avaient élu domicile. Il lui était étrange de devoir tenir contre sa poitrine, et sans qu'elle puisse s'y opposer, un objet dont l'esprit voulait probablement sa perte.

Bâtie sous le règne de Zhu Di, troisième empereur de la dynastie des Ming, la Cité pourpre interdite avait été sans cesse modifiée et en partie reconstruite depuis. Elle présentait pour l'essentiel l'aspect qu'elle avait reçu au XVIIIe siècle, à l'issue de la dernière grande vague de restauration.

Pour se la représenter, que l'on imagine d'abord, en venant des quartiers sud de Pékin, une suite de portails phénoménaux, véritables fortins de briques enduites d'un crépi rouge, puis une succession d'allées, de cours et d'avant-cours, séparées les unes des autres par d'autres portes, parfois plus massives encore que la première, au pied desquelles chaque homme avait l'impression de n'être qu'une fourmi, un insecte minuscule et insignifiant qu'une puissance divine s'apprêtait à chasser de la main. Et soudain, passée la dernière porte, s'étendait une esplanade gigantesque avec, posés sur des socles de marbre immaculé, les grands palais destinés aux cérémonies, entourés de grues et d'encensoirs de bronze qui veillaient sur des rampes où se lovaient des dragons en bas-reliefs. Le plus beau, le plus grand de ces édifices était la Salle de l'harmonie suprême, un univers à elle seule. Sur le magnifique trône qui s'élevait en son centre, donc au centre du palais et au centre de la Chine, les empereurs des Ming et des Qing présidaient les solennités les plus importantes.

Et au-delà de nouvelles murailles, à l'Est, à l'Ouest et au Nord, s'étendait une foison d'enclos juxtaposés, d'espaces clôturés, coupés du monde extérieur et des édifices voisins, recélant à leur tour d'autres salles, des bâtiments d'habitation, tous coiffés de tuiles jaunes, des théâtres de cour, des galeries de communication, des patios.

Destination de Cixi, le Palais de la tranquillité et de la longévité occupait un très vaste espace, dans l'angle nord-est. Il datait du règne de l'empereur Qianlong. À sa maturité, cet empereur avait souhaité disposer pour ses vieux jours d'une demeure commode et plaisante. Le vieux souverain n'y avait pourtant jamais vécu, se contentant de s'y promener lorsque les affaires de l'État lui en laissaient le temps. Cette imposante résidence n'était réellement utilisée que depuis la première année du règne de Guangxu, lorsque Cixi avait décidé de s'y installer. Et cette résidence était demeurée sa résidence lorsqu'elle avait repris le pouvoir, en 1898.

Vaste et composé de divers édifices, jardins et cours, le Palais de la tranquillité et de la longévité était entouré d'une muraille rouge et constituait une sorte de palais intérieur et indépendant. Ce qui lui valait le surnom de « Petite Cité interdite ». Outre les appartements privés, parmi les bâtiments qui le composaient figurait le Pavillon des sons agréables, théâtre cher à Cixi. D'ailleurs, à peine aperçut-elle ses toits bleus que la douairière s'égaya. Elle s'amusa aussi des reliefs multicolores du Mur aux neuf dragons, monstres jaune-blanc ou verts flottant sur une mer bleue, édifié à l'entrée. Une fois de plus, Cixi s'adaptait aux événements, avec l'enthousiasme d'une adolescente. Elle avait quitté précipitamment les Palais de mer où, pourtant, elle se plaisait beaucoup. Peu importait. La douairière savait déjà tout le profit, les satisfactions qu'elle allait tirer de ce déménagement et de ce nouveau séjour.

Passé le Porche du mélange des harmonies, le palanquin de la vieille impératrice s'arrêta devant ses appartements privés. Avant qu'il regagne le logement étroit qui lui était assigné, Cixi avait tenu à ce que l'empereur Guangxu l'accompagne jusque chez elle. Pour l'humilier, en l'obligeant à la suivre comme un chien de compagnie et en lui faisant entrevoir, sans lui permettre d'y rester, l'agréable résidence construite par son tout-puissant aïeul.

Mais se moquer ainsi de son neveu ne suffisait pas à la Vénérable Aïeule. Parce qu'elle avait cru bel et bien mourir, elle voulut oublier sa frayeur en commettant une nouvelle cruauté à l'encontre de son prisonnier. À peine fut-elle descendue de sa chaise à porteurs que Cixi pénétra dans une aile où étaient pieusement conservés divers objets précieux façonnés pour Qianlong et dont les Barbares, par miracle, ne s'étaient pas emparés quand ils avaient pénétré dans la Cité interdite, l'année 1900. C'étaient des sceaux en or, un carillon utilisé pendant les principales cérémonies de la cour, de la vaisselle d'argent et de jade, ainsi qu'un reliquaire lui aussi en or, un véritable meuble, décoré de pierres précieuses.

– Mon neveu, suivez-moi, et considérez, je vous prie, ce reliquaire magnifique.

Au son de sa voix, engageante et mielleuse, l'empereur comprit que sa tante était déjà occupée à installer la nasse dans laquelle elle allait se plaire à l'enfermer, pour se distraire…

– Sais-tu ce que contient ce magnifique objet ? demanda Cixi.

Elle caressa le reliquaire de son protège-ongle en or et en perle, en prenant soin d'adopter un ton mélancolique et faussement attristé.

Même durant le bref laps de temps où il avait régné effectivement sur la Chine, Guangxu était rarement venu ici. Peut-être lui avait-on parlé de cet objet, mais de longues années de détention et de mauvais traitements en avaient effacé le souvenir de sa mémoire.

– Je ne le sais pas, Vénérable Aïeule…

Cixi feignit la surprise et répondit :

– Le grand Qianlong avait demandé aux fondeurs de placer en son centre deux statuettes du Bouddha de la longévité.

Guangxu ne sut que dire : cette requête n'avait rien d'exceptionnel, c'était même un usage immémorial souvent observé par les Fils du Ciel.

La vieille impératrice se rengorgea :

– Le véritable trésor que contient cette merveille… tu l'ignores vraiment ?

D'un regard, Cixi s'assura qu'un assez grand nombre de serviteurs et de dames de cour l'avaient suivie pour que la leçon qu'elle s'apprêtait à asséner à Guangxu soit entendue par le plus grand nombre et donc rapportée ensuite dans tout le palais. Rassurée sur ce point, elle reprit :

– Usée par le poids des ans et les soucis domestiques, les mauvais traitements que lui avaient fait subir les autres épouses impériales avant qu'elle mette au monde le futur empereur, la mère de Qianlong perdit ses cheveux avant même que ceux-ci ne blanchissent. Chaque jour, les suivantes préposées à sa coiffure en ramassaient de pleines poignées. Ému par cette déchéance physique, Qianlong fit placer ces cheveux dans ce reliquaire où, protégés par l'or qui les enchâsse, ils se trouvent toujours aujourd'hui.

Cixi baissa le ton, cependant certaine d'être entendue de tous car le plus grand silence s'était établi autour d'elle. Excellente actrice, elle reprit :

– Quelle magnifique preuve de l'amour filial ! Grâce à la piété de Qianlong, le personnage de sa mère vivra à jamais… Je remercie les dieux qui m'ont ravi mon fils et lui ont ainsi épargné le chagrin de me voir vieillir. Mais hélas, le malheureux ne pourra imiter son auguste ancêtre et me prouver ainsi son amour. Et moi, malheureuse veuve et privée de mon seul enfant, nul ne se souciera jamais que mes cheveux se fanent et tombent à leur tour… Je suis une esseulée, je suis bien malheureuse, sans fils, sans aucun garçon de ma famille prêt à m'aimer et à honorer mon grand âge.

Dans un dernier effort, remarquable pour une femme âgée qui avait été à l'article de la mort, la douairière réussit à faire couler ses larmes. D'un geste étudié, elle remit de l'ordre dans sa coiffure en replaçant une branche de saule en jade et argent, dans le seul but d'attirer les regards sur sa chevelure que les soins du coiffeur Liu et l'emploi d'une teinture dont il connaissait seul le secret de fabrication gardaient aussi noire qu'au premier jour.

Épuisé, hébété, ayant depuis longtemps renoncé à se disculper, Guangxu ne savait comment réagir. Il n'aspirait qu'à se retrouver seul dans sa chambre. Aussi choisit-il d'acquiescer afin d'abréger cet entretien, sans chercher à rejeter l'accusation d'indifférence que, par sous-entendu, Cixi lui jetait à la face. D'une voix blanche, le prisonnier ne put que murmurer le compliment d'usage qui marquait traditionnellement la fin de sa visite :

– Bonheur à la Vénérable Aïeule, au Père de la famille impériale. Que son séjour dans ce palais lui soit profitable !

Cixi émit un soupir de satisfaction. Son cynisme n'avait pas totalement effacé les rares scrupules que sa méchanceté faisait naître dans son esprit de temps à autre. Accuser Guangxu et le traiter d'ingrat à demi-mots lui permettait d'oublier un instant, certes bien court, son ignominie. Mais la douairière souhaitait à présent se reposer. D'un geste, elle congédia l'empereur et, sans plus s'intéresser à lui, se dirigea vers ses appartements privés. Allègre, elle marmonna quelques ordres brefs à Li Lianying, qui marchait à son côté :

– Sitôt après que je me serai fait masser les pieds, je prendrai une collation dans le jardin de Qianlong, je veux qu'elle me soit servie dans le Pavillon du grand bonheur.

Elle s'arrêta pour mieux réfléchir et ajouta :

– Comme je l'ai déjà dit, il n'est pas question

que le plat des Français soit remisé dans le Palais du bonheur justifié. Je veux qu'il reste à ma disposition, que je puisse le contempler quand je le voudrai.

D'un regard, Cixi désigna un bâtiment voisin, précédé d'une véranda au portique couleur sang de bœuf :

– Tu veilleras à ce que la porcelaine soit exposée là, dans la Salle du plaisir et de la longévité. De la sorte, je n'aurai que peu de chemin à accomplir lorsque je voudrai la contempler.

Li Lianying s'inclina. Jusqu'à présent, l'intérêt manifesté par Cixi pour le plat lui était apparu comme une simple lubie, un intérêt passager auquel il ne lui servait à rien de s'intéresser. Il comprit que cet intérêt était bien plus grand qu'il ne l'avait imaginé et en conçut aussitôt une haine féroce à l'encontre des trois dames de cour chargées de veiller sur la porcelaine de Jingdezhen. Pourquoi n'était-ce pas à lui que Cixi avait confié l'objet ? Il se serait acquitté tout aussi bien de cette mission… Les yeux plissés, il se tourna vers Fleur entrouverte de soie, Désir d'été et Arôme d'angélique qui étaient demeurées à l'écart. Un serpent n'aurait pas examiné autrement les trois souris qu'il s'apprêtait à avaler.

La douairière intercepta ce regard et ne s'en émut pas. Elle se moquait que Li Lianying s'en prenne ou non à ces trois filles et ne voulait pas connaître les raisons qui incitaient le Premier Eunuque à les haïr. La seule chose que la douairière désirait, c'était de vivre comme elle l'entendait, sans jamais être contrariée, que la moindre de ses volontés soit exaucée et que, surtout, nul ne l'empêche de s'amuser comme elle l'entendait durant les mois, les années qui lui restaient à vivre.

Cixi était en effet assez intelligente, assez lucide pour savoir que, par-delà sa guérison, elle était bientôt promise à partir pour le domaine de Sources jaunes. Qu'au moins, d'ici là, les centaines de couturières, brodeuses et modélistes qui travaillaient pour le Vieux Bouddha ne lâchent ni leur aiguille ni leurs ciseaux. Que les jardiniers s'affairent à tordre, couper et tailler les arbres des jardins impériaux afin de leur donner la forme la plus amusante ou la plus pittoresque. Que les eunuques les plus vils transportent en s'arrachant les ongles et en se coupant les mains des rochers aux formes tourmentées destinés à orner les parterres de la manière la plus saisissante. Qu'ils travaillent tous et la craignent, pourvu que Cixi puisse jusqu'à son dernier souffle formuler les caprices les plus fous et les plus précis.

Cette volonté d'être obéie sur-le-champ était d'autant plus vive que la volonté de l'impératrice douairière se heurtait à un obstacle de taille, un obstacle qu'elle pouvait apercevoir pour peu qu'elle relève la tête. Résidence personnelle de Cixi, le Palais de la tranquillité et de la longévité était parfaitement entretenu et régulièrement embelli. Et les plus grands palais, ceux où se déroulaient les cérémonies officielles, avaient encore fière allure. Mais les bâtiments secondaires de la Cité interdite tombaient en décrépitude, les herbes disjoignaient les pavés des cours et les tuiles. Cixi ne pouvait modifier cet état de fait, qui l'écorchait vive puisqu'il attentait à sa grandeur et heurtait son goût pour le beau. Et pour cela, pour cette puissante contrariété qu'elle devait endurer, elle était prête à faire souffrir le monde entier.

Depuis des siècles, la mécanique impériale avait eu le temps de se roder. Le déménagement des quelques milliers de serviteurs, fonctionnaires et suivantes qui accompagnaient Cixi et les siens se fit sans heurts. Partie des Palais de mer entre l'heure du serpent et celle du cheval, la cour fut vite installée dans la Cité pourpre interdite. Rien ne grippa le fonctionnement des services qui s'occupaient de la confection des repas, de la préparation des milliers de linges et de serviettes utilisés chaque jour, de l'acheminement des denrées, des objets d'artisanat et des fleurs nécessaires à la vie quotidienne de Cixi et des siens. Chacun achevait, dans le vieux Zijincheng, ce qu'il avait commencé à faire dans les Palais de mer.

Petit Brillant et Sourcil de paon avaient l'un et l'autre retrouvé leur logement, le premier dans la résidence de Li Lianying, la seconde auprès de la concubine Jin. Les chambres qu'ils occupaient étaient étroites et mal éclairées, facilement envahies par des odeurs de cuisine. Mais du moins avaient-ils la chance d'en être chacun les occupants uniques. Et surtout, ils n'avaient que quelques pas à faire pour se voir à leur guise.

Seule dans la Salle du plaisir et de la longévité, Fleur entrouverte de soie demeurait prostrée, à côté du plat des Français. Avec Désir d'été et Arôme d'angélique, elles n'avaient disposé que de peu de temps pour se redistribuer les tours de garde. La jeune fille était désespérée, sachant qu'elle ne possédait pas la force de caractère qui seule lui aurait permis d'accomplir au mieux la tâche que lui avait confiée Cixi. Sans doute malmenée par un esprit malintentionné, voire plusieurs, elle n'avait pu parler comme elle l'aurait souhaité à Désir d'été et Arôme d'angélique, leur faire part de ses appréhensions, de ses doutes, de ses faiblesses. Le déménagement ordonné par Cixi avait complètement achevé de la déstabiliser : au moins, dans les Palais de mer, du fin fond de sa détresse, avait-elle peu à peu réussi à apprivoiser les lieux. Elle ne se sentait pas, ici, la force de recommencer. Fleur entrouverte de soie se sentait si seule qu'elle s'était désormais refermée sur elle-même, sans plus aucun espoir de se confier. Les mots qu'elle aurait voulu dire à Sourcil de paon et à ses deux amies embarrassaient son esprit et étaient désormais trop nombreux pour qu'elle puisse les ordonner, exposer ses pensées à qui que ce soit. Vaincue par les esprits du plat des Français, la dame de cour n'avait plus qu'à se tuer.

Pour se donner du courage, elle se contraignit à chuchoter, pour se familiariser avec cette idée…

– J'espère que je m'y prendrai avec autant d'adresse que la suivante qui s'est pendue dans les Palais de mer : elle est délivrée à présent et se moque bien de ce que l'on peut penser d'elle… Autrement, non seulement je serai punie mais, de plus, je serai toujours aux prises avec les esprits de la porcelaine, sans compter les reproches que m'adresseront Désir d'été et Arôme d'angélique.

D'abord un peu étonnée, la suivante s'aperçut que ces paroles, loin de l'affoler, la rassuraient car elles étaient sensées et lui offraient enfin une solution propre à mettre un terme à ses tourments. Désir d'été et Arôme d'angélique… La jeune fille faillit pleurer en songeant à ses deux compagnes qu'elle ne reverrait probablement plus. Mais elle ravala bien vite ses larmes, de peur que l'on s'aperçoive qu'elle avait cédé à la tristesse. Et si elle était punie, par exemple enfermée dans un appentis obscur, elle ne pourrait attenter à ses jours.

Fleur entrouverte de soie ne savait, de tout ce gâchis, ce qui la désolait le plus. Était-ce de trahir ses deux amies, de peiner ses parents lorsqu'ils apprendraient sa disparition, de renoncer à vivre et à avoir plus tard une famille et des enfants ? Non, elle souffrait surtout de ne pas se montrer assez forte pour servir Cixi, ce qui la désolait au regard des espérances qui avaient été les siennes quand elle avait pour la première fois pénétré dans la Cité interdite, de la fascination qu'elle éprouvait alors, mêlée d'admiration, pour l'impératrice douairière.

La jeune fille était une fois de plus abîmée dans ses rêveries sombres. Il y eut un bruit, qui la fit sursauter. Immédiatement, elle songea que l'esprit qui l'avait attaquée était revenu. Fleur entrouverte de soie se leva d'un bond, regarda autour d'elle, sans prêter garde à la sensation désagréable que lui causait la chair de poule soudain apparue sur ses bras.

Datant comme le reste de cette partie du palais du règne de Qianlong, la Salle du plaisir et de la longévité était très différente des pièces composant les Palais de mer. Ceux-ci avaient pu s'agrandir au fil des ans car il ne manquait pas de place à leurs abords : les architectes n'avaient eu qu'à bâtir en prenant sur de vastes jardins. Il en allait tout autrement dans la Cité pourpre interdite où la place était chichement mesurée compte tenu du grand nombre de constructions qu'il fallait caser entre quatre hautes murailles qui ne pouvaient bien entendu pas être jetées à bas.

Étranglée par d'autres constructions, la Salle du plaisir et de la longévité était tout en longueur, ce qui était assez rare dans les habitations chinoises. De surcroît, une forêt de colonnes rouges nombreuses et fines empêchait le regard d'en embrasser la totalité en une seule fois. Accessible grâce à de nombreuses portes ajourées, un jardin orné de pins et de cyprès bordait la salle vers l'Ouest. De là, par des corridors circulant à ciel ouvert entre les communs, on pouvait aisément accéder à la résidence de Cixi, en évitant les porches dont les seuils en saillie gênaient la marche.

D'emblée, Fleur entrouverte de soie sut que l'intrus était passé par là. Était-ce un ami, un ennemi ? Solive de montagne, peut-être, qui n'avait pas oublié ses vieux démons et était revenu, en voisin, contempler la pièce de porcelaine qu'il ne s'était pas résolu à abandonner tout à fait, au nez et à la barbe des serviteurs de Cixi…

– Solive de montagne, est-ce toi ? chuchota Fleur entrouverte de soie.

Elle espérait très fort qu'il s'agisse de l'eunuque gardien des collections du Palais du bonheur justifié. La dame de cour l'avait une première fois circonvenu, convaincu de la laisser tranquille. Elle y parviendrait aisément une seconde fois, quelles que soient les intentions du castrat.

Et, de nouveau, ce fut le choc, le même que celui subi par Fleur entrouverte de soie dans les Palais de mer. D'abord un coup dans le bas du dos, qui lui coupa le souffle et l'empêcha de réagir lorsqu'un cordon lui fut passé autour du cou. Déjà, la corde se resserrait, de manière inexorable, lui sciait les chairs, la suivante ne pouvait plus respirer… Cette fois, elle comprit que cet affrontement était plus grave que le précédent, plus impérieuse la raison qui le motivait, plus redoutable son dénouement. Surtout, ce n'était ni un homme ni un esprit qui s'en prenait à elle, Fleur entrouverte de soie en était certaine. Seule une femme avait pu se glisser jusqu'à elle sans faire le moindre bruit ou presque, seule une femme pouvait avoir l'idée d'utiliser une cordelette de coton pour l'étrangler. Elle ne songea pas un instant à accepter cette mort que, pourtant, elle désirait peu de temps auparavant…

Du coin de l'œil, Fleur entrouverte de soie vit la corde, dont une extrémité pendait sur le côté, elle s'en saisit, en un geste mécanique, tira dessus mais s'étrangla davantage, lâcha le fil, battit l'air de ses deux bras. Sa vision se colora de rouge. Il lui sembla que ses yeux allaient quitter leurs orbites, sa langue sortir de sa bouche. Fleur entrouverte de soie se pencha en avant, reprit le cordon, le perdit, fouetta l'air et le retrouva à tâtons, car elle n'y voyait plus rien. Elle tira encore sur le fil, se fit mal mais tint bon. L'autre cria. Fleur entrouverte de soie se laissa tomber à terre, roula sur le côté, la femme ne réussit pas à se retenir, glissa avec elle. Fleur entrouverte de soie lui décocha un violent coup de pied, se releva comme elle le put. Suffoquant, paniquée, elle s'élança vers l'une des portes demeurée entrouverte. Elle voulut regarder derrière elle pour surveiller son assaillante, y renonça aussitôt pour ne pas perdre de temps, repoussa le vantail, sentit l'air frais lui fouetter le visage, et se trouva nez à nez avec Désir d'été.

Fleur entrouverte de soie se jeta dans les bras de son amie. Elle était sauvée. Que l'autre la rejoigne ou non, elles étaient deux désormais et, sinon inattaquables, du moins invincibles. La dame de cour resta un moment haletante, prête à éclater en sanglots, terrorisée par la pensée qu'elle avait failli mourir, et pour la seconde fois, non parce qu'elle l'avait décidé mais parce qu'on avait voulu l'assassiner. Restant étrangement muette, presque impassible, Désir d'été la tenait contre elle, lissant ses cheveux du plat de la main, la serrait contre sa poitrine, avec force. Pendant un moment, Fleur entrouverte de soie n'eut qu'une seule idée, un seul désir : ne faire qu'une avec ce corps qui la serrait, capter les pensées de Désir d'été pour les faire siennes et oublier, oublier ce qui venait de se passer, vider son esprit et s'abandonner complètement dans des bras accueillants.

Enfin, la dame de cour du troisième grade prononça ses premiers mots :

– Doucement, tout va bien, je suis là maintenant.

Curieusement, ces paroles alarmèrent Fleur entrouverte de soie, ou plutôt, le ton avec lequel elles avaient été prononcées. La jeune fille s'écarta, doucement, de Désir d'été afin de se retourner.

De l'autre côté du seuil, gisait Arôme d'angélique. Elle se tordait à même le sol, en silence. Paraissant encore étourdie, elle s'était blessée en tombant et se tenait la cuisse. Sa robe était déchirée, sa coiffure n'avait pas résisté à la lutte et la suivante avait perdu plusieurs de ses bijoux.

Fleur entrouverte de soie regardait ce spectacle, incrédule. Désir d'été, elle, ne semblait en être étonnée outre mesure, et encore moins indignée. Elle hocha la tête, voulut prendre de nouveau dans ses bras Fleur entrouverte de soie, mais celle-ci se refusa à elle, soupira avant de reprendre la parole :

– Tout est de ma faute, j'aurais dû te prévenir, prendre les devants, j'ai manqué de courage.

Fleur entrouverte de soie peinait à donner un sens à ce qu'elle voyait et entendait.

– Que veux-tu dire ?

Elle désigna Arôme d'angélique :

– Tu savais qu'elle m'en voulait ?

– Elle a voulu te tuer, dit Désir d'été. Cela ne sert à rien de chercher à travestir la vérité. Elle a voulu ta mort parce qu'elle aime, parce qu'elle m'aime…

Arôme d'angélique se redressa, vacillante, à peine sortie de son hébétude :

– Ne dis rien, cria-t-elle sans aucune précaution.

Elle voulut s'approcher des deux autres femmes, mais sa cuisse ploya et elle retomba.

D'un geste, Désir d'été lui ordonna de se taire et regarda Fleur entrouverte de soie :

– Tu l'as compris depuis longtemps, nous sommes amantes. Ne crois pas que c'est parce que nous vivons au milieu d'hommes castrés que nous nous contentons l'une de l'autre, en attendant mieux lorsque nous serons sorties de la Ville impériale d'ici quelques années. Nous faisons ensemble « la pluie et le vent » parce que nous nous plaisons et que nous aimons cela, nous sommes certaines qu'aucun garçon ne pourra jamais nous offrir autant de plaisir et surtout nous comprendre comme nous nous comprenons l'une l'autre. Il n'y a qu'une femme pour savoir au mieux jouer avec le corps d'une autre femme. Ma mère me l'avait dit à demi-mots, quand elle me racontait ses années passées dans la Cité interdite, à demi-mots seulement, car elle n'avait jamais osé me décrire par le menu ce qu'elle faisait avec ses compagnes même si, une fois arrivée ici, j'ai pu reconstituer et éprouver par moi-même ce qu'elle n'avait fait qu'évoquer avant que je la quitte.

– Par pitié, par pudeur, tais-toi, demanda à son tour Fleur entrouverte de soie.

Désire d'été hocha la tête :

– Non, tu dois tout savoir, tout entendre. Sinon, tu ne me croirais pas.

Après avoir marqué une courte pause, elle reprit :

– Lorsque je suis nue dans les bras d'Arôme d'angélique, je suis pleinement heureuse, et même au-delà. Je sais que je ne retrouverai jamais et ce plaisir et ce bonheur avec quelqu'un d'autre. Arôme d'angélique pense la même chose que moi. Dès que nous t'avons vue, tu nous as plu, je te le dis avec franchise, tant par ton visage que par tes manières. Nous avons pensé que nous ne t'étions pas indifférentes non plus et avons imaginé que tu aimerais peut-être te joindre à nous.

Encore sous le choc de son affrontement avec Arôme d'angélique, Fleur entrouverte de soie était sidérée par ce discours amoureux qui suivait de si peu une tentative de meurtre. Elle s'indigna, avec d'autant plus de vivacité qu'elle ne supportait pas que ses sentiments aient été mis à jour :

– Comment oses-tu ? Rien, dans mon attitude, n'a été de nature à vous laisser penser que…

Désir d'été l'arrêta d'un regard :

– Inutile de poursuivre, les femmes n'ont guère de secrets pour moi. Tu t'en souviens, l'autre jour, dans les Palais de mer, nous nous sommes serrées l'une contre l'autre, comme aujourd'hui. Si tes lèvres n'ont rien dit, ton corps, lui, m'a parlé…

À l'évocation de l'étreinte qui les avait unies toutes les trois, Fleur entrouverte de soie eut un sursaut : au plaisir qu'elle avait goûté, plus ou moins sans se l'avouer, s'ajoutait à présent la répulsion, l'horreur ; elle avait désiré une femme qui avait voulu plus tard la tuer. Désir d'été devina-t-elle cette pensée, elle pâlit et poursuivit :

– Nous avons hésité, puis nous avons finalement renoncé à te convier à nos jeux, te laissant le soin d'accomplir un jour le premier pas lorsque tu en aurais envie.

Un peu dédaigneuse, la suivante ajouta :

– Tu sais, il y a d'autres suivantes, dans la Cité interdite, qui sont disponibles et intéressées par ce type d'amitié. Mais j'ai eu l'imprudence de reparler de toi à Arôme d'angélique. Elle a cru que j'étais tombée amoureuse de toi, alors qu'il n'en était rien, je te l'assure. Car avec toi, il ne se serait agi que de plaisir, pas de bonheur. En tout cas, j'ai senti son exaspération monter au fil des jours, bien que j'aie arrêté de parler de toi. J'ai tenté de la raisonner mais rien n'y a fait. La jalousie s'était emparée de son cœur. Je l'ai compris, bien entendu, et j'ai tout essayé pour qu'Arôme d'angélique renonce à commettre l'irréparable.

Au prix de grands efforts, Arôme d'angélique s'était traînée dans le jardin. Fuyant le regard de Fleur entrouverte de soie, elle s'adressa à sa compagne :

– Je t'en supplie, au nom de notre amour, tais-toi, elle n'a pas besoin de savoir : je n'ai pu la tuer, c'est bien assez…

Désir d'été secoua la tête pour rejeter le vœu de son amie, et reprit :

– Aujourd'hui, j'ai une nouvelle fois voulu la faire revenir à la raison mais elle ne m'a pas écoutée et est partie en proférant des menaces. Bien sûr, je n'ai d'abord pas pensé qu'elle pouvait commettre un tel attentat et je ne me suis pas alarmée. Puis j'ai eu des soupçons et j'ai décidé de venir ici. Je ne suis cependant arrivée qu'à l'instant même où tu avais réussi à te sauver, par tes propres moyens. Je m'en voudrais toute ma vie…

Désemparée, Fleur entrouverte de soie considéra longuement Désir d'été, avant de se tourner de nouveau vers son assaillante :

– L'autre jour, est-ce toi qui m'as attaquée dans les Palais de mer ?

Fleur entrouverte de soie se demandait quelle réponse elle redoutait le plus. Soit apprendre que la suivante avait déjà tenté de la tuer avant de récidiver, donc sans en avoir conçu le moindre remords. Soit avoir la confirmation, si jamais Arôme d'angélique niait, que son adversaire avait bien été un esprit malveillant échappé de la porcelaine.

Arôme d'angélique demeurant muette, Désir d'été reprit la parole :

– Non, je te l'assure. Cette fois-là, Arôme d'angélique n'y était pour rien.

Fleur entrouverte de soie ferma les yeux, un frisson la parcourut. L'affirmation de Désir d'été semblait sincère et l'affolait. Elle rouvrit les yeux et resta muette, incapable de s'en prendre à l'une ou à l'autre des deux jeunes filles qui lui faisaient face, tant elle les avait aimées toutes deux, tant elle avait été fascinée par le couple qu'elles formaient.

Désir d'été se baissa et saisit les chevilles de Fleur entrouverte de soie :

– Je t'en supplie, au nom des sentiments qui ont, je crois, existé entre nous…

La jeune dame d'honneur marqua un temps d'arrêt avant de poursuivre :

– Au nom des sentiments qui auraient pu exister, je te demande de me croire et de nous pardonner.

Elle jeta un regard sombre à son amante et reprit :

– Je me reproche trop de ne pas avoir su empêcher Arôme d'angélique de s'en prendre à toi pour ne pas être en mesure de t'assurer que cela ne se reproduira plus jamais.

Fleur entrouverte de soie n'osait pas repousser Désir d'été et, pourtant, elle supportait mal, après avoir été à demi étranglée, qu'une main étrangère la touche. Indifférente à la répulsion qu'elle faisait naître dans le cœur de Fleur entrouverte de soie, Désir d'été considéra Arôme d'angélique, toujours prostrée :

– Toi, je te tuerais de mes propres mains si jamais je te soupçonnais de vouloir recommencer… Tu as tout trahi, Arôme d'angélique : moi, notre amour, Fleur entrouverte de soie… Tu m'aimes encore mais moi, je ne sais plus. Pour l'instant, tu me fais horreur. Tu te conduis de la même manière que Li Lianying et tous les autres grands eunuques qui nous persécutent. Les malheurs que les suivantes subissent depuis des siècles de la part des hommes ne t'ont donc rien appris, ni attendrie, ni rendue meilleure et plus humaine ? Oui, vraiment, je n'éprouve que dégoût pour toi.

Cet aveu impudique offusqua Arôme d'angélique et Fleur entrouverte de soie. Elles échangèrent un regard mais rejetèrent aussitôt l'une et l'autre cette marque de connivence qui leur était également odieuse. La dame de cour du troisième grade, elle, poursuivait son discours de reproche :

– Je ne sais si cette répugnance disparaîtra un jour…

Défaite, Arôme d'angélique demanda, d'un geste, à Désir d'été de l'aider à se relever. Mais son amie la repoussa et, pour être certaine de ne pas être encore sollicitée, se releva à son tour, fit quelques pas et désigna le meuble, dont on devinait à peine les contours dans l'ombre, où se trouvait le plat des Français.

– Je ne sais si cette porcelaine sur laquelle Sa Majesté a jeté son dévolu a apporté le bonheur ou le malheur sur nos existences.

Elle pénétra dans la Salle du plaisir et de la longévité, s'approcha de l'objet, le regarda et ajouta :

– Peut-être ni l'un ni l'autre : ce plat ne s'intéresse pas davantage à nos vies et à nos souffrances que les hommes qui nous côtoient chaque jour sans nous voir ou en nous demandant tout au plus de leur prodiguer des caresses, de manière à ce qu'ils aient l'impression d'être moins seuls.

Compte tenu des circonstances qui ne se prêtaient pas à un échange de vues sur les pouvoirs prêtés au plat des Français, Désir d'été ne jugea pas nécessaire de faire état des sentiments que la porcelaine lui inspirait. Désir d'été revint vers elle :

– Tu es bien entendu libre de dénoncer Arôme d'angélique et si tu le fais, je ne te blâmerai pas, pas même dans mon for intérieur, car tu serais légitimement fondée à agir ainsi. Je te demande néanmoins de n'en rien dire à personne, au nom de toutes les douleurs que nous, les femmes, nous devons endurer depuis des millénaires et qui doivent nous unir, nous porter à nous entraider par-delà nos dissensions. J'ai souvent pensé que nous, les Mandchoues, nous étions plus chanceuses que les Chinoises qui sont tenues, fillettes, de se bander les pieds et qui passent ensuite leur vie à claudiquer d'une chaise à une autre, les jambes et le bassin déchirés par des douleurs sans nom. Pourtant, depuis peu, j'en suis venue à penser que cette situation ne nous offre qu'un maigre avantage sur nos sœurs chinoises. Comme elles, nous sommes victimes de la concupiscence des hommes qui nous veulent serviles, dévouées jusqu'à l'abjection. Fleur entrouverte de soie, petite sœur, tu as été attaquée par Arôme d'angélique. Mais songe que, toutes, nous sommes des victimes. Cela doit nous inciter à nous comprendre et à nous pardonner. Autrement, nous resterons toujours des esclaves.

D'un geste las, Désir d'été engagea son amante à quitter la salle avant elle, puis lui emboîta aussitôt le pas, comme si elle avait voulu désormais contrôler le moindre de ses gestes. Une fois de plus, Fleur entrouverte de soie se retrouva seule, plus que jamais en proie à des pensées désespérées qu'elle ne pouvait confier à personne et, donc, que personne ne pouvait discuter.

De retour dans la Cité pourpre interdite, Sourcil de paon et Petit Brillant avaient oublié la querelle née dans les Palais de mer. Ils se connaissaient trop bien et depuis trop longtemps, ils avaient tant appris de l'âme humaine pour ne pas être persuadés que leur mésentente n'était que passagère. L'un et l'autre savaient, pour aller à l'essentiel, que leur dispute de l'autre jour n'était née et ne s'était alimentée que de leurs frustrations et des contraintes inouïes qu'ils devaient endurer.

Ils firent l'amour avec franchise, pour se prouver qu'ils n'avaient rien à se cacher l'un à l'autre et se donnaient mutuellement tout ce que chacun désirait et savait que l'autre souhaitait. La légère fatigue causée par le déménagement qui les avait menés à beaucoup marcher, à déballer des malles et déplacer des meubles détendit leur corps et abolit leur pudeur, accrut leur plaisir.

Par paliers, le bonheur que leur avait procuré cette étreinte s'estompa, en laissant de splendides impressions dans l'esprit des deux jeunes gens. Le premier dégrisé, Petit Brillant attendit cependant avec calme et attention que Sourcil de paon recouvre ses esprits et son corps le repos. La jeune fille s'en émut car elle savait que, compte tenu de sa mutilation, le garçon était probablement resté un peu sur le bord du chemin que la suivante, elle, venait d'emprunter jusqu'à son terme.

Petit Brillant alla boire. Puis il enfila une robe d'intérieur et s'assit à l'autre bout de la chambre, pour mieux regarder son amante occupée à faire une toilette rapide. Appliqué, le garçon détailla les gestes qui, quoique anodins, le charmaient encore, après tant d'années. De son côté, contrairement à son habitude, Sourcil de paon demeura nue après s'être lavée au broc et à la cuvette.

Les deux jeunes gens restèrent ainsi un long moment silencieux, face à face. Ce fut Petit Brillant qui rompit le silence et, d'emblée, donna à la conversation un tour que Sourcil de paon n'attendait pas :

– Selon certains médecins, la thérapie de Den Tiantao a fait merveille. Mais selon d'autres, cette rémission est un feu de paille. Rien ne dit que la Vénérable Aïeule ne va pas retomber malade d'ici quelques jours. L'empereur, qui le sait, se tient prêt. De toute façon, le temps joue pour lui. J'ai appris qu'il a déjà fait préparer des édits qui seront publiés sitôt après la mort de Cixi. Il ne leur manque plus que d'être authentifiés par les grands sceaux de jade conservés dans le Palais de la tranquillité et de la longévité. Li Lianying sera immédiatement décapité, de même que tous les ministres qui avaient juré fidélité à Guangxu avant de le trahir, l'année wuxu, Yuan shikai en premier lieu. Le Fils du Ciel a conservé davantage de partisans qu'on ne pourrait le croire : en secret, des couturières préparent la robe-dragon que l'empereur revêtira pour remercier les dieux d'avoir recouvré son pouvoir. Il paraît même que certaines ambassades étrangères ont déjà été prévenues de cette restauration.

Sourcil de paon ferma les yeux. Un instant, elle imagina quelle serait la situation du palais et de la Chine si Guangxu reprenait le pouvoir… Les grandes étapes de sa courte vie défilèrent devant elle… Peu de temps après être entrée dans la Cité interdite, la jeune fille s'était trouvée mêlée à une conspiration, la première d'une longue série, destinée à redonner son pouvoir au Fils du Ciel prisonnier. Le complot avait échoué [1]. Guangxu était resté prisonnier et Sourcil de paon avait manqué y perdre la vie. Puis il lui avait fallu servir Jin. Mais, aux

1. Voir *La Sonate interdite*.

côtés de Petit Brillant, la jeune fille avait toujours œuvré dans l'ombre à la libération de l'empereur. Et voici que cette perspective, qui avait paru si lointaine pendant tant d'années, ne paraissait plus hors de portée. Sourcil de paon en conçut une impression étrange, mélange de satisfaction et d'appréhension. Celle-ci était fondée sur la peur de l'inconnu, la crainte des soubresauts qu'allaient connaître la Cité interdite et la cour… Pour s'être souvent montrée trop confiante et s'être à maintes reprises réjouie à tort, la dame de cour était incapable d'envisager un avenir radieux.

Le temps passa, une fois de plus, rythmé par les caprices de Cixi. À l'époque du « Commencement de l'été » succéda le temps où « Les épis sont à moitié pleins ». Contrairement aux années précédentes, la douairière ne voulut pas que la cour s'installe au Palais d'été. Encore convalescente, il lui sembla qu'elle était hors d'état d'affronter les quelques heures qu'il fallait aux barges impériales pour se laisser glisser jusqu'à ce séjour pourtant tout proche de Pékin. Et il fallut que les princesses de la Cité interdite affrontent la chaleur étouffante qui, en été, s'emparait de la Capitale du Nord et demeurait la nuit prisonnière, enserrée entre les murailles du Zijincheng.

Fleur entrouverte de soie continuait à veiller sur l'assiette des Français. À heure fixe, Désir d'été et Arôme d'angélique venaient la remplacer mais elles évitaient autant qu'il était possible de sc regarder et étaient toutes trois assez bien dressées par le Neiwufu pour que nul autre qu'elles ne s'aperçoive du trouble dans lequel se déroulaient leurs brèves rencontres.

Puis ce fut l'époque du « Solstice d'été ». Puis celle des « Petites Chaleurs », et celle des « Grandes Chaleurs ». Dans la Cité interdite, on s'étiolait, on suffoquait, et le vent n'apportait que la poussière de la Chine du Nord, tantôt jaune, tantôt blanche, parfois chargée de minuscules insectes dont les myriades poisseuses salissaient les terrasses. Seule Cixi n'avait pas trop chaud : la vieillesse la glaçait peu à peu. Elle apparut, fière et droite, lors de plusieurs services religieux organisés dans les temples de la Cité interdite ou près des autels aménagés à proximité, dans l'enceinte de la Ville impériale. Guangxu, lui, ne fut convié à aucune de ces cérémonies.

À la satisfaction de tous, ce fut ensuite l'époque du « Commencement de l'automne ». Mais les journées ne devinrent vraiment plus clémentes que lorsque, passée la période de la « Rosée blanche », arriva l'« Équinoxe d'automne ».

Fleur entrouverte de soie continuait chaque jour à se morfondre dans un abîme de questions. Que serait-il arrivé si Arôme d'angélique l'avait tuée ? Livrée à ses pensées et redoutant que celles-ci ne la rendent complètement folle, Fleur entrouverte de soie s'efforçait de ne pas y songer. Et pourtant, la jeune fille ne pouvait s'empêcher de songer que, si son assaillante avait eu davantage de chance, le plat des Français serait sans doute demeuré sans protection durant plusieurs heures, laissé à lui-même. Et cela, Fleur entrouverte de soie ne pouvait le concevoir. Ou, plutôt, cette éventualité lui était insupportable : même morte, songea Fleur entrouverte de soie, elle ne voulait pas, n'osait pas désobéir à Cixi.

Et qu'adviendrait-il si, en dépit de ses promesses et de ses assurances, Désir d'été s'avérait incapable de raisonner Arôme d'angélique et que celle-ci revenait, aujourd'hui ou demain, et parvenait finalement à ses fins ? Fleur entrouverte de soie était atterrée. Elle resta un long moment à réfléchir, sans réussir toutefois à mettre ses idées au clair et à savoir quel parti adopter…

Désir d'été lui avait arraché la promesse de ne rien dire. Celle-ci se trouvait ainsi réduite à l'impuissance. Du reste, même si la suivante n'avait pas été liée par un tel engagement, elle n'aurait jamais eu le courage d'aller trouver les eunuques du Neiwufu pour dénoncer Arôme d'angélique. Elle devinait la réaction qui aurait été celle des castrats : ils auraient été trop heureux de pouvoir se moquer des femmes qu'ils étaient impuissants à aimer, se seraient montrés d'autant plus cruels qu'ils ne supportaient pas ces amours féminines qui soulignaient leur inutilité. Ils auraient soit renvoyé Fleur entrouverte de soie sans attacher aucune importance à ses dires, soit l'auraient punie en même temps qu'Arôme d'angélique, attribuant aux deux suivantes la faute d'une seule.

Et, lorsque ces sombres prévisions lui laissaient un instant de repos, Fleur entrouverte de soie était la proie d'autres idées : elle avait aimé Arôme d'angélique et s'en était crue aimée et cependant, celle-ci avait tenté de la tuer… Le temps passait. Bientôt, ce serait l'heure du mouton, et les deux amantes reviendraient, pour prendre leur service. Qui sait ce qui risquait alors de se passer ? Le pire pouvait se produire. Fleur entrouverte de soie ne voulait pas, ne pouvait pas risquer de manquer à son devoir... Dès qu'elle en aurait le courage, elle devait en finir avec cette vie qui la broyait.

Ce matin-là, prenant soin de se tenir bien droite sur le trône de bois noir installé dans sa chambre pour les audiences informelles, Cixi attendit patiemment que les médecins et les astrologues aient fini de parler. Au terme de leur exposé, ces derniers s'agenouillèrent devant l'impératrice. Celle-ci les laissa la saluer jusqu'à la neuvième et dernière prosternation sans les convier à se relever avant, comme elle le faisait parfois avec des intimes ou des personnes qu'elle souhaitait particulièrement honorer. La douairière était d'autant plus amusée, elle se sentait d'autant plus sereine qu'elle avait échappé de peu à la mort quelques mois auparavant, et en était pleinement consciente. Presque taquine, désireuse de profiter de la vie qui ne se décidait donc pas à l'abandonner, Cixi demanda enfin :

– Avez-vous terminé vos exposés ?

Le propos pouvait paraître aimable. Seul Li Lianying, bien entendu présent, devina au ton de la Vénérable Aïeule que les thérapeutes et les mages allaient connaître un moment difficile. Maître Den Tiantao n'était pas là, le médecin impérial échapperait donc aux moqueries voire aux punitions qui allaient pleuvoir. Le Premier Eunuque s'en réjouit car il pouvait avoir encore besoin de lui.

– Donc, commença Cixi d'une voix posée, si je vous ai bien compris, vous me suggérez, jusqu'à ce que commence, s'écoule, puis finisse la mauvaise saison, de ne manger que des mets sans saveur et sans couleur et encore, de manière parcimonieuse, en me gardant toujours de satisfaire pleinement ma faim ?

Un astrologue mandchou, qui passait pour être le plus savant, ne laissa pas à ses collègues le temps de répondre :

– C'est à ce prix, Votre Majesté, que vous conserverez la santé qui est notre bien commun le plus cher.

Cixi caressa le lourd collier de perles, fameux entre tous, avec lequel, du reste, elle souhaitait être ensevelie dans son tombeau de l'Est. Elle se divertit un instant du crissement que faisaient ses doigtiers de vermeil en glissant sur les sphères irisées. Puis elle laissa éclater sa colère :

– Vous avez failli me perdre et c'est ainsi que vous me traitez ? Vous voulez m'affamer, me rendre malheureuse, m'affaiblir ? Croyez-vous que je ne vois pas clair dans votre jeu ? Vous vous êtes tous concertés pour me faire périr de faim et de langueur. Êtes-vous donc les complices de mon neveu ou bien avez-vous été soudoyés par les puissances étrangères qui travaillent dans l'ombre à rabaisser l'Empire du Milieu afin de le dépecer comme une vache crevée, avant même que je sois morte ? Au pire, comme je le pense, vous êtes des félons, au mieux, vous êtes des idiots et vous ne vous rendez pas compte que vous devriez tout mettre en œuvre pour me garder en vie le plus longtemps possible et surtout faire en sorte que je sois heureuse puisque je suis votre mère à tous.

Les mandarins et les mages se regardèrent, atterrés. Cette fois, l'astrologue mandchou resta muet et c'est un autre qui tenta de sauver ce qui pouvait l'être :

– Auguste Majesté ! Soyez persuadée que vous n'avez pas de sujets plus fidèles que nous et que…

– Il suffit ! s'écria Cixi. Avant que le soleil se couche, vous franchirez les portes de la ville, tous ! Et vous prendrez aussitôt le chemin de l'île de Hainan, avec vos familles, vos ascendants et descendants. Vous y resterez jusqu'à ce qu'il me plaise de vous faire revenir. Disparaissez !

Muets et blancs de terreur, les membres de la petite assemblée congédiée se retirèrent dans un grand désordre sous le regard goguenard des castrats de la garde rapprochée de Li Lianying. À peine le dernier fut-il sorti que Cixi se tourna vers le Premier Eunuque, rayonnante :

– Oui, mon cher Li Lianying, vois-tu, j'en ai assez de ces régimes et de ces contraintes. J'ai failli mourir et je ne sais pas si je serai encore en vie à la saison de la « Rosée froide ». Je n'ai nulle envie de me priver durant les mois qui me restent à vivre. Peu m'importe de mourir, maintenant : j'ai cru périr, dans les Palais de mer, et loin d'en avoir conçu de la peur, j'ai vu arriver ce dernier voyage comme une délivrance. Je sais que ces idiots sont innocents des crimes dont je les ai accusés. Il n'y aura qu'à les faire revenir dans quelques mois, du moins s'ils ne sont pas morts en chemin. J'ai seulement souhaité m'amuser un peu. Une vieille femme qui s'est approchée du Domaine des sources jaunes a bien le droit de se distraire, n'est-ce pas ?

Sa colère plus ou moins feinte et les paroles qu'elle venait de tenir à l'eunuque Li avaient donné soif à la douairière. Celle-ci ajouta :

– En attendant, fais-moi servir de la pastèque. Demande aux eunuques de bien l'épépiner avant qu'ils ne la sculptent et ne la redressent pour me la présenter.

Tout sourire, Cixi éleva la voix afin d'être entendue des serviteurs demeurés en retrait, derrière des écrans de bois incrusté de nacre :

– Si je trouve un pépin, un seul, je promets au fautif d'être contraint d'éplucher des pastèques jusqu'à la fin de ses jours, à l'exclusion de toute autre tâche.

Cixi partit d'un grand éclat de rire rauque, mais ce dernier se brisa net et rentra dans la gorge de la douairière. Celle-ci pâlit, toussa, s'étouffa, se redressa pour chercher de l'air, s'étouffa davantage. D'un bond qui ruina la lenteur et les précautions préconisées par l'étiquette, le Premier Eunuque s'approcha de la vieille femme, voulut lui porter secours, ne sut que faire, songea un instant à la prendre dans ses bras avant d'y renoncer après avoir croisé le regard courroucé d'une suivante. D'ailleurs, Cixi l'arrêta d'un geste, ce qui mortifia le Premier Eunuque. La douairière eut une dernière toux, reprit sa respiration et secoua la tête :

– Ce ne sera pas pour cette fois, je me porte mieux que vous le pensez tous.

Avec plus de force encore qu'elle n'en avait

mis pour tenir Li Lianying à distance, elle repoussa ses dames de compagnie.

– Je veux de la pastèque, je la veux sucrée et fondante, je désire la sentir disparaître sous ma langue quand je la dégusterai, sans sentir la moindre granulosité.

Cixi se figea. S'en prendre aux mages et aux médecins lui avait demandé trop d'efforts. Elle ferma les yeux, pour se reposer, oublier ce monde sur lequel, finalement, elle avait de moins en moins de prise et qui la fatiguait. Dans cette obscurité précaire, elle songea à son infortune : au soir de sa vie, par-delà le décorum et le protocole, la Vénérable Aïeule était bien moins puissante que lors de son accession au pouvoir. La faute en revenait aux Barbares qui n'avaient eu de cesse que de saper l'autorité du trône. Cixi s'était battue mais elle avait échoué. Il lui restait à jouer une dernière scène pour que l'histoire ne conserve pas la trace de son naufrage mais celui de son pouvoir. Avant de mourir, l'impératrice douairière devait faire en sorte que l'avenir soit pire que le présent.

– Oui, murmura-t-elle, je dois et vais semer les graines du chaos pour que l'on se souvienne de mon règne comme d'un paradis perdu. Ils me regretteront en dépit de mes crimes.

Mais il lui fallait agir avec discernement, pour que nul ne puisse jamais l'accuser d'avoir œuvré pour mettre ce désastre en place… Lors de ce dernier acte, Cixi jouerait avec finesse, comme elle l'avait d'ailleurs toujours fait : avant de rendre le dernier soupir, la vieille femme proclamerait bien haut et bien fort qu'elle agissait pour le bien de l'Empire du Milieu alors qu'elle le jetterait à bas. Il lui fallait réfléchir…

La Vénérable Aïeule rouvrit les yeux :

– Que la garde soit renforcée aux portes de la Cité interdite. Que l'on redouble de prudence et que l'on renforce la vigilance autour de mon neveu. Je suis certaine que le moindre de mes malaises lui est rapporté à mesure et qu'il s'en réjouit. À cette heure, il a déjà appris que je m'étais de nouveau trouvée mal, j'en suis sûre, et il s'apprête à en tirer profit.

Se tournant vers son favori, Cixi ajouta :

– Envoie un message au prince Chun. Qu'il se tienne prêt à venir à la Cité interdite quand je le lui ordonnerai.

Li Lianying s'inclina puis prit congé de la douairière en s'efforçant de garder la tête baissée, ce qui lui permit de cacher sa perplexité : le prince Chun n'était autre que le frère de l'empereur. Il passait pour être un homme cupide et peureux. Chun n'avait, en tout cas, jamais rien tenté pour que soit adouci le sort réservé par Cixi à son malheureux frère. C'était la première fois, songea le Premier Eunuque, que la douairière s'apprêtait à le convoquer ainsi au palais impérial. Avait-elle eu vent d'une conspiration qu'ignorait le Premier Eunuque ? Contre toute attente, Chun avait-il osé inspirer, voire organisé un complot destiné à aider Guangxu ? Li Lianying ne pouvait y croire… D'ailleurs, si Chun avait trahi Cixi, celle-ci se serait contentée d'ordonner son arrestation. À moins qu'elle ne veuille l'humilier lui aussi et ordonner de l'arrêter devant ses conseillers et ses ministres avant de le faire exécuter en dépit de son rang illustre, dans l'une des arrière-cours de la Cité interdite, pour mieux l'avilir…

Fleur entrouverte de soie reconnut le bruit caractéristique : les serviteurs du Palais de la tranquillité et de la longévité étaient occupés à verser l'eau dans les clepsydres, comme ils le faisaient chaque jour à la même heure. À présent que sa décision était prise et qu'elle se sentait assez forte pour la mettre en œuvre, la suivante n'avait plus de temps à perdre. La dame de cour s'approcha du plat des Français, le regarda avec attention. L'on aurait dit qu'elle souhaitait en graver la forme dans son esprit, en apprécier la taille et les proportions avec la plus extrême attention. Elle repoussa ensuite les volets des portes qui donnaient sur le jardin aux cyprès, non pas pour se protéger, mais pour éviter d'être épiée par des regards indiscrets durant les quelques instants où il lui fallait être seule.

Puis Fleur entrouverte de soie se dirigea vers un petit meuble où, elle le savait, les eunuques conservaient une provision de papiers et de quoi écrire. « L'empereur n'a pas de jardin », avait calligraphié l'autre jour Petit Brillant. Sans que la suivante sache pourquoi, à peine écrite et lue, la phrase s'était gravée dans son esprit. À cet instant, elle sut que c'étaient des dieux bienfaisants qui l'avaient incitée à remarquer ces quelques mots. Et du fond du cœur, elle les en remercia, sans songer à leur demander de la protéger ; tant elle était résignée à mourir.

La jeune fille s'approcha ensuite du meuble où le plat des Français était rangé. Elle en était certaine, maintenant : la pièce de porcelaine possédait des pouvoirs maléfiques et se trouvait même probablement à la source de son malheur : à l'infortune de l'ancien roi de France dont il célébrait la mémoire, le plat commémoratif souhaitait ajouter d'autres désastres, comme l'odieuse folie dans laquelle avait sombré Arôme d'angélique ou la disparition de Fleur entrouverte de soie. En parlant de ses pouvoirs malfaisants à Cixi, l'eunuque Hua n'avait, hélas, fait que dire la vérité.

Un instant, une nouvelle pensée folle traversa l'esprit de la suivante : si elle brisait la porcelaine, ces forces mauvaises s'évanouiraient-elles au milieu des fragments du plat brisé ? Une fois de plus, Fleur entrouverte de soie fut la proie de pensées qui la malmenèrent. Elle tenait peut-être son salut au bout de ses doigts… Que la suivante se saisisse du plat et le laisse simplement tomber, là où aucun tapis n'habillait les dalles de pierre, et le sort funeste qui s'attachait à lui disparaîtrait peut-être. Mais comment en être certaine ? s'interrogea la jeune fille. De toute manière, une fois de plus, ce projet se heurtait à un mur, une impossibilité qui soulignait son absurdité : pour rien au monde, Fleur entrouverte de soie n'aurait voulu ni même osé désobéir à Cixi en détruisant l'objet maléfique, même si celui-ci était cause de sa mort prochaine. La suivante s'écarta du meuble. Passé ces atermoiements, craignant de ne plus avoir la force d'agir, elle n'avait que peu de temps pour mettre son projet à exécution…

Les appartements privés de l'impératrice douairière étaient isolés des dépendances, et notamment de la Salle du plaisir et de la longévité, par une suite de cours intérieures et un haut mur vernissé bâti pour arrêter les vents du nord. Rien de ce qui se passait auprès de Cixi, aucune parole, aucune exclamation ne parvenait donc jusqu'à Fleur entrouverte de soie, qui ignorait tout de la réprimande dont les mages avaient fait l'objet. La suivante se sentait aussi seule qu'elle l'aurait été dans les étendues désertiques du lointain Xinjiang.

Avec autant de soin qu'elle l'aurait fait pour les tablettes de ses ancêtres, Fleur entrouverte de soie lissa le papier du plat de la main et prépara l'encre. Puis elle prit sa respiration et traça les trois caractères à la suite, d'une même inspiration. La suivante replia la feuille de manière à lui donner l'apparence de l'un de ces papiers colorés, rustiques porte-bonheur que les habitants de la Ville chinoise avaient l'habitude de s'échanger à la nouvelle année ou de coller sur les portes et les murs. Jusqu'à ce qu'elle ait le temps et l'occasion de le remettre à sa destinataire, Fleur entrouverte de soie en prendrait le plus grand soin. Cependant, si, par mégarde et malchance, la jeune fille le perdait et qu'un eunuque le trouve, celui-ci le jetterait ou le brûlerait sans même prendre la peine de le regarder de près. Et quand bien même il en lirait les trois caractères, il ne pourrait jamais en comprendre l'intérêt…

La suivante rangea ensuite dans l'armoire le papier qu'elle n'avait pas utilisé. Puis elle parut hésiter et alla rincer le pinceau et la pierre à encre dont elle s'était servie dans une jarre qui, placée près de l'une des baies, recueillait les eaux de pluie, avant de les replacer à leur tour dans leur coffret de laque rouge. « L'empereur n'a pas… » répéta-t-elle à voix basse. Le fait de rédiger le message qui, à défaut de lui garantir la vie sauve, préserverait peut-être son honneur, l'avait rassurée, lui avait permis de prendre la mesure de l'acte inouï qu'elle s'apprêtait à accomplir en en évaluant par avance les conséquences. Pourtant, en agissant ainsi, Fleur entrouverte de soie avait brûlé les étapes : la rédaction de la lettre ne constituait que la dernière partie du plan dont il restait à présent à mettre en œuvre les premières phases. Ce qui était, et de loin, le plus dangereux. Cet exercice difficile, Fleur entrouverte de soie allait s'y atteler sur-le-champ. À présent, il lui fallait réfléchir, fouiller dans sa mémoire, rassembler les souvenirs qu'elle avait conservés des dizaines, des centaines de déplacements qu'elle avait effectués dans la Cité pourpre interdite, et jusqu'au dernier en date, lorsqu'elle avait suivi Cixi en revenant des Palais de mer. Fleur entrouverte de soie devait absolument retrouver, retracer dans son esprit le moindre recoin de ce labyrinthe, se rappeler les successions de cours et d'esplanades, les passages et les couloirs à ciel ouvert qui permettaient de circuler entre les différentes demeures, les raccourcis aussi, par lesquels elle pourrait se faufiler sans se faire repérer par les eunuques qui rôdaient partout dans la Cité interdite, avant de revenir se tapir ici, dans le Palais de la tranquillité et de la longévité, une fois qu'elle aurait trouvé l'emplacement idéal, le lieu à la fois sûr et facile d'accès où la suivante pourrait enfin enfouir, cacher la peur qui l'étreignait.

Guangxu haïssait les Palais de mer, il détestait y demeurer, avec d'autant plus de force que, sur ce point comme pour tout autre, il ne pouvait se soustraire à ces séjours. C'était là qu'il avait été emprisonné pour la première fois, l'année 1898. L'y poursuivait encore, après tant d'années, le souvenir douloureux de ces jours atroces, durant lesquels il avait appris à prendre conscience de sa chute, d'abord incrédule puis peu à peu hébété et abasourdi d'être tombé de si haut. Pourtant, le séjour dans la Cité pourpre interdite lui était encore plus insupportable : ce cadre solennel et grandiose soulignait plus qu'un autre la déchéance de l'héritier infortuné de tant d'empereurs qui, eux, avaient régné en maîtres absolus.

Depuis le matin, l'empereur était affecté de frissonnements que rien ne pouvait arrêter. Pas même l'annonce du nouveau malaise de Cixi. Aussi ce fut d'une écriture tremblante qu'il rédigea les quelques lignes par lesquelles il voulut consigner dans son journal intime son état d'esprit et la résolution qui lui donnait encore la force de vivre : « Je suis souffrant, depuis de longues années, et je sais que mes jours sont comptés. Je pense néanmoins que l'impératrice douairière, ma chère tante, mourra avant moi. Avant que je meure à mon tour, je ferai décapiter Yuan shikai et Li Lianying. Après, je pourrai rendre en paix mon dernier soupir. »

Épuisé, l'empereur reposa son pinceau. Il n'avait qu'un désir : s'allonger et s'efforcer de ne plus songer à rien. Le Fils du Ciel attendit cependant que l'encre fût sèche pour refermer son cahier et renouer le lien qui retenait la couverture de carton doublé de soie jaune.

Enfin, Guangxu ferma les paupières. Il lui fallait coûte que coûte survivre à Cixi. Certes pour être en mesure de se venger mais, surtout, pour éprouver le goût de la liberté, qu'il avait depuis longtemps oublié, ne serait-ce que durant une saison, un mois, un jour. Ensuite, s'il plaisait aux dieux de le faire mourir de suffocation… Guangxu ne cherchait pas à retrouver le goût des cérémonies auxquelles il participait jadis, lorsque tous les égards, tous les honneurs convergeaient vers lui, que les dieux tutélaires de la dynastie se pressaient au-dessus de lui, le conseillaient et l'aidaient à prendre les plus importantes décisions. Ce que le Fils du Ciel désirait le plus ardemment, c'était de pouvoir se rendre, seul, bien sûr sans entraves mais aussi sans témoin ni escorte, jusqu'à l'arrière-cour du Palais de la tranquillité et de la longévité, le passage triste et étroit où le seul amour de sa vie, la concubine Zhen, avait été précipitée vivante dans un puits sur l'ordre de Cixi, l'année 1900.

Le souvenir de la jeune femme arracha un gémissement à l'empereur, qui se recroquevilla sur sa couche. Il se raidit un instant, refusa de s'abandonner au chagrin qui le submergeait, puis accepta d'y céder, heureux de pouvoir pleurer, à chaudes larmes, sur son amour perdu. Et il revit le visage de Zhen, se souvint du son de sa voix, de sa douceur, de son corps et de ses cuisses. Guangxu sanglotait avec d'autant plus de force que, à son grand soulagement, l'image de Zhen demeurait intacte dans son esprit, et aussi précise qu'au premier jour de son veuvage. Il l'entendait rire, chanter et gémir sous l'étreinte comme s'ils n'avaient jamais été séparés.

Puis, peu à peu, songeant à ce dont il avait été dépossédé par la force et la méchanceté, le chagrin de l'empereur se transforma en rage. Guangxu oublia la fièvre qui le dévorait, commença à griffer ses draps, puis les lacéra de toutes ses forces. Son lit, les couvertures qu'il déchirait ne représentaient pas Cixi, ils étaient Cixi. D'un coup, la fureur le submergea. Il se redressa, s'empara des coussins et des oreillers, les jeta dans la pièce, arracha les rideaux qui entouraient sa couche. Restés dans la pièce voisine, les valets accoururent, renoncèrent d'emblée à raisonner le Fils du Ciel, tentèrent de le maîtriser. Mais Guangxu déploya une force insoupçonnable chez un homme privé d'exercice, il les repoussa. L'un des eunuques tomba à la renverse, hurla de peur et de douleur, ce qui arracha au demi-dément un grand éclat de rire. Il fallut que les camarades de l'homme blessé appellent à la rescousse d'autres castrats pour maîtriser le Fils du Ciel qui criait de rage et, tout à la fois, implorait que la concubine Zhen ne soit pas inquiétée. Enfin, l'empereur de Chine parut peu à peu reprendre conscience de la réalité, se laissa reconduire dans le lit où les eunuques avaient remis un semblant d'ordre en y tendant de nouveaux draps.

– Je suis malade, épuisé, à bout de force, murmura l'empereur. J'ai trente-neuf ans[1] mais mon corps en a cent et mon esprit bien davantage.

Loin de s'apitoyer sur son sort, Guangxu s'adressa une nouvelle fois la promesse qui, renouvelée de jour en jour, l'aidait à demeurer en vie :

– Pourtant, avec l'aide des divinités tutélaires du clan des Aisin Gioro, j'aurai la force de demeurer en vie tant que Cixi respirera et je lui survivrai. Dès qu'elle aura expiré, je ferai déchirer son corps et tuer ces chiens de Yuan shikai et Li Lianying.

Fleur entrouverte de soie ne savait pas de quelle manière elle était parvenue à accomplir la mission périlleuse qu'elle s'était assignée. D'autant que, du moins en avait-elle l'impression, la suivante s'était retenue de respirer durant les longues minutes qu'avait duré son escapade insensée. Combien de temps était-elle restée hors de la salle du Palais de la tranquillité et de la longévité ? Fleur entrouverte de soie regarda la pendule et n'en crut pas ses yeux. Elle avait passé une pleine heure hors de la résidence de Cixi. Certes, elle avait abandonné son poste et donc désobéi, mais c'était pour la bonne cause…

D'un instant à l'autre, ses deux compagnes allaient venir pour prendre leur tour de garde. La dame de cour était curieuse de voir quelle serait l'attitude de Désir d'été et, surtout, celle d'Arôme d'angélique. Fleur entrouverte de soie ne craignait

1. L'ancienne Chine ajoutait un an à l'âge « normal » pour tenir compte de la gestation.

pas, ne craignait plus ce nouveau face-à-face : elle venait de se prémunir contre toute manœuvre malveillante. À défaut de sa vie, son honneur et sa réputation étaient à l'abri.

Restait un détail à régler. D'un claquement bref qui constituait le code convenu entre les domestiques de Cixi, Fleur entrouverte de soie appela le petit castrat préposé aux messages. Comme à son habitude, entre deux courses, l'adolescent était occupé à écraser avec application les fourmis qui, en une longue colonne, transportaient des miettes d'un point à un autre d'un recoin d'une cour intérieure. La suivante tira de sa manche le message qu'elle avait au préalable rédigé mais dont elle avait conditionné la remise à la réussite de sa promenade secrète.

– Prends cette lettre, remets-la à Sourcil de paon, la dame d'honneur de la concubine Jin, en mains propres.

C'est à regret que le jeune serviteur avait dû s'arracher à l'observation des insectes dont il avait piétiné quelques escadrons, pour voir les survivants s'égayer comme le faisaient les eunuques de Li Lianying quand celui-ci distribuait les corvées. L'enfant était bien décidé à montrer de la mauvaise volonté et à tout mettre en œuvre pour éviter d'obéir à cette demande qui l'ennuyait tant.

Fleur entrouverte de soie mesura son mécontentement et ajouta :

– Fais comme je t'ai dit. Si tu traînes en chemin, tu finiras dans les bas-fonds des Sources jaunes, où il fait encore plus froid qu'ailleurs.

Cette perspective ne parut pas émouvoir le

garçon, qui resta immobile. Aussi, Fleur entrouverte de soie fut conduite à accroître d'un cran ses menaces :

– Et là-bas, tu retrouveras le Premier Eunuque. Il t'y fera manger des excréments de chien jusqu'à ce que tes dents pourrissent et que tu deviennes un chien à ton tour !

Cette fois, la menace fit son effet, et le garçon s'empara du papier que la suivante avait enserré entre deux morceaux de carton toilé, comme s'il s'était agi de l'un des innombrables documents administratifs et dépourvus d'intérêt que les services du Neiwufu s'échangeaient à longueur de journée.

– Tu le remets à Sourcil de paon, et à personne d'autre, répéta Fleur entrouverte de soie.

Le garçon détala comme un animal. La suivante était certaine qu'il accomplirait sa mission. Restée seule, elle sourit et s'étonna de ce sourire. Elle allait probablement mourir et elle trouvait cependant le moyen de s'amuser… C'était sans doute le signe qu'elle était prête à quitter cette vie et était en paix avec elle-même. Au moins, songea Fleur entrouverte de soie, elle quitterait ce monde sans regrets et sans remords.

L'impératrice douairière de Chine regarda avec impatience le goûteur. Celui-ci n'en finissait pas de mâcher les quartiers de pastèque qu'il arrachait au phénix que les cuisiniers impériaux avaient sculpté dans le fruit rouge. Elle examinait d'un œil avide chaque geste du castrat. Cixi en avait depuis longtemps pris son parti : quand elle se laissait aller et qu'elle ne songeait plus à ses devoirs d'impératrice, la douairière n'éprouvait plus guère d'intérêt que pour elle-même, s'intéressant seulement à ce qui pouvait lui arriver au jour le jour, à sa chambre et à son lit, à se remplir le ventre comme bon lui semblait. À cet instant, ainsi, plus rien n'existait, hormis cette assiette de pastèque dont Cixi était momentanément privée, ce qui lui était insupportable. Cixi était redevenue un enfant, elle trépignait.

Enfin, après avoir mordillé une aile et la crête de la bête sucrée, le goûteur reposa ses baguettes d'argent. Aussi cérémonieux qu'il le fallait, un eunuque prit la soucoupe et la déposa devant Cixi. Aussitôt, celle-ci se jeta dessus, sans retenue. Li Lianying ferma les yeux, peinant à cacher le dégoût que lui inspirait le comportement obscène de la douairière. Celle-ci avait tant redouté d'être privée du fruit convoité que, en quelques instants, la pastèque fut engloutie. Cixi, qui souhaitait en manger une autre, adressa un bref regard à Li Lianying. Le Premier Eunuque comprit et, d'un signe, engagea les valets de bouche à approcher un autre fruit. Le goûteur voulut remplir son office, mais Cixi l'en dissuada d'un geste. L'impératrice n'était plus qu'un ventre, elle était comme rendue folle par la goinfrerie qui l'habitait tout entière. Ce nouveau fruit était délicieux, incroyablement sucré, il fondait dans la bouche de Cixi, comme celle-ci l'avait espéré, aussi léger qu'une neige. De nouveau, le ventre, les flancs, les plumes du fruit en forme d'animal disparurent en quelques instants, les baguettes de Cixi dépeçaient la bête aussi vite que des charognards l'auraient fait avec une carcasse. La douairière s'affolait, elle était ravie, elle voulait un troisième fruit. Les eunuques se regardèrent, interdits. Ils avaient pris la précaution de faire préparer une seconde pastèque et, par hasard, en avaient commandé un troisième, pour équilibrer le décor de la desserte aux fruits. Qu'arriverait-il si l'impératrice voulait un quatrième dessert ? Ils craignaient tant de se faire réprimander qu'ils n'avaient pas le temps de réfléchir et contemplaient, affolés et dégoûtés, le spectacle que continuait à leur offrir le spectacle des baguettes impériales, occupées à dépiauter l'oiseau factice. Et les lèvres sèches de Cixi hypnotisaient Li Lianying, ces lèvres qui se tendaient, se craquelaient chaque fois que Cixi avalait une nouvelle bouchée…

Enfin, hors d'haleine, la douairière reposa ses baguettes. Passablement étonnée de ce qu'elle venait de faire, prenant peu à peu conscience de sa gloutonnerie, elle minauda comme une vieille enfant. Cixi se sentait d'autant plus sotte et fautive que l'engloutissement de la pastèque ne lui avait pas apporté la satisfaction attendue, hormis le plaisir un peu animal de s'être rempli l'estomac autant que celui-ci pouvait le supporter. Nauséeuse, Cixi se détourna des autres mets que les castrats s'apprêtaient à lui servir. D'une voix rauque, elle s'adressa au Premier Eunuque :

– Li, j'ai soif.

Le favori saisit une aiguière et versa un filet clair, l'eau de la Source de jade, dans un gobelet en or enrichi de pierreries. La Vénérable Aïeule but à grandes goulées, demanda un autre verre, le vida également, très satisfaite de reconnaître la saveur, presque la texture de son eau préférée, dont elle espérait qu'elle stimulerait de nouveau son appétit. Son ventre déjà ballonné ne put cependant pas y résister. L'impératrice de Chine se tourna de nouveau vers le favori impérial. Cette fois, elle ne lui offrait plus le visage d'une enfant capricieuse mais celui d'une vieille femme malade, très malade et, même, terrorisée.

– Fais-les sortir, tous, vite.

Incrédule, le Premier Eunuque regarda la Vénérable Aïeule, il ne comprenait pas pourquoi celle-ci mettait si abruptement un terme à sa collation, et souhaitait soudain congédier les serviteurs présents : qui donc allait desservir ? Cixi ne pouvait demeurer au milieu de ces amoncellements de nourriture, de ces plats et de ces coupes. Le Premier Eunuque la considéra de nouveau, pour saisir, dans une expression, un geste de l'Aïeule, ce qui lui permettrait de comprendre son attitude.

– Trop tard, imbécile !

Cixi aurait tué Li Lianying si elle avait pu y parvenir d'une seule œillade. Sachant qu'elle n'avait pas ce pouvoir, elle ferma les yeux. L'impératrice avait trop honte, elle était trop mortifiée pour continuer à regarder le monde, rencontrer les regards de ses dames de compagnie qui observaient la scène. S'estimant déshonorée, et de surcroît par sa propre faute, Cixi regretta pour la première fois de sa vie d'être née. La vieille impératrice n'avait jamais éprouvé ce sentiment, pas même lorsqu'elle avait à plusieurs reprises craint de perdre son pouvoir, sitôt après la mort de son époux l'empereur

Xianfeng ou pendant les événements funestes de l'année 1900. Les yeux toujours clos, elle songea à adresser une prière aux dieux tutélaires de la dynastie, caressant l'espoir qu'ils se saisiraient d'elle et la feraient disparaître dans les cieux avant d'écarter cette idée, étant trop peu religieuse pour y croire vraiment. Alors, doucement, et tandis que son odorat fin commençait à être malmené, elle rouvrit les yeux, se haïssant tout autant qu'elle détestait tous les serviteurs présents, Li Lianying au premier chef. Celui-ci s'approcha et comprit, mais trop tard.

L'abus de fruit, les propriétés naturelles de la pastèque et une consommation immodérée d'eau de la Source de jade avaient eu raison des intestins de la Vénérable Aïeule.

Le silence régnait dans la Salle du plaisir et de la longévité. Allongée sur un lit de coussins, Fleur entrouverte de soie n'éprouvait aucune crainte. De quel côté la mort allait-elle venir et quelle apparence revêtirait-elle ? La jeune suivante était résignée, pas même curieuse de savoir de quelle manière elle périrait.

La suivante était arrivée dans les palais impériaux emplie de crainte mais aussi d'espoir. En peu de temps, cette espérance s'était évanouie car lui étaient vite apparues en pleine lumière les bassesses, trahisons et vilenies qui faisaient l'ordinaire de la vie de la cour décadente de Cixi. Inutile de vouloir se battre, c'était sans espoir. D'ailleurs, l'essentiel était préservé : grâce à sa détermination, la suivante avait sauvé le plat des Français, du moins était-elle en droit de l'espérer. Elle en était si soulagée, si fière, que cette satisfaction réduisait à presque rien l'appréhension qu'elle éprouvait à l'idée de mourir bientôt. Sans craindre de prononcer, certes à voix basse, des mots de mauvais augure, la jeune suivante se réjouit de sa prochaine délivrance :

– Morte, je serai enfin débarrassée des tourments qui m'étreignent sans fin. La tête tournée vers le septentrion, mon corps se reposera pour l'éternité. Peut-être aurai-je la chance, si mon âme possède assez de vigueur et de persévérance, d'accorder, par-delà mon trépas, puissance et inspiration à ceux qui honoreront ma mémoire, s'il se trouve parmi les descendants de mes neveux et nièces des personnes assez pieuses et assez bonnes pour se souvenir de moi… J'espère qu'ils feront devant ma tombe les offrandes et les libations, comme dans mon village natal, pour que mon esprit sorte de terre et se mêle à leurs pensées en suivant le cours de la rivière voisine…

La jeune fille se leva, aussi légère qu'elle était déterminée à ne pas lutter pour vivre. Elle était sereine, l'esprit à peine troublé par deux pensées qui ne pouvaient y demeurer ensemble et, même, se contredisaient l'une l'autre, absolument inconciliables. Désir d'été et Arôme d'angélique avaient fait plus que trahir Fleur entrouverte de soie : les deux dames de cour l'avaient caressée, elles avaient humé son odeur, l'avaient laissée les caresser à son tour. En la cajolant, en lissant ses cheveux, en effleurant ses lèvres, elles avaient souhaité sa mort… Ces deux créatures avaient-elles depuis le début contrefait l'affection ? Fleur entrouverte de soie ne pouvait le concevoir, elle rejetait l'évidence avec force. Car sans se l'avouer, la suivante avait été fort troublée par les deux amantes, au point même qu'elle ne regrettait de mourir que pour une seule raison : jamais plus elle n'éprouverait le trouble capiteux qu'elle avait connu en mêlant son souffle à celui des deux traîtresses. Son corps ne frémirait plus contre le leur. Au seul souvenir de ces instants qui l'avaient transportée, la jeune fille sentit que sa gorge se serrait.

D'un coup, le souffle de la vie fut le plus fort. Fleur entrouverte de soie ne voulut plus mourir. Revigorée par le souvenir de l'émoi, du plaisir, même, qu'elle éprouvait en compagnie de Désir d'été et d'Arôme d'angélique, la suivante n'avait plus peur, ni des propriétés maléfiques du plat de porcelaine, ni de Cixi, encore moins des deux compagnes qui lui avaient pourtant menti. Elle voulait aimer, manger et plaquer son corps contre ses deux amies dont elle ne pouvait décidément plus croire qu'elles avaient comploté sa perte.

– Arôme d'angélique, Désir d'été, implora Fleur entrouverte de soie, sans craindre de parler à voix haute et, ainsi, d'être entendue. Je vous aime.

– Moi aussi, je t'aime…

N'était-ce pas la voix de Désir d'été ? Fleur entrouverte de soie était-elle le jouet de ses pensées folles ? Elle se retourna. L'objet de son désir, de sa passion se tenait devant elle, souriante. Désir d'été lui souriait, lui tendait les bras, même. Elle inclina légèrement la tête, découvrant Arôme d'angélique qui regardait elle aussi Fleur entrouverte de soie avec un air engageant. Celle-ci ne pouvait y croire…

– Nous t'aimons toutes deux très fort, et allons tout t'expliquer.

Désir d'été s'avança, les mains tendues devant elle en un geste engageant et affectueux. Son odeur naturelle, aussi suave que celle d'un parfum, enivra Fleur entrouverte de soie. À son tour, celle-ci ouvrit les bras. La sensation qui fut la sienne lorsque sa poitrine se pressa contre celle de Désir d'été fut la dernière joie pleine et entière que la suivante éprouva dans cette vie-là. Par chance, elle en jouit pleinement, goûtant ainsi un instant d'éternité. Cet instant écoulé, elle ressentit une douleur fugitive qui lui perçait le flanc, crut un instant qu'un bijou décroché de sa coiffure en était la cause, s'écarta pour mieux en juger et croisa le regard de Désir d'été. Ces yeux-là étaient déterminés, ils appartenaient à une meurtrière.

Déjà affaiblie par le filet de sang qui coulait de son ventre à belle allure, Fleur entrouverte de soie fit un nouveau pas en arrière, aperçut la longue lame rougie que Désir d'été brandissait encore – la blessée reconnut un objet qui servait à découper la viande rôtie lors des cérémonies chamaniques organisées dans les palais – la tueuse l'avait probablement cachée dans les plis de sa robe avant de pénétrer dans la salle.

Fleur entrouverte de soie eut un étourdissement, elle crut mourir, puis se reprit, se sentit envahie par la haine. Son esprit se révolta à l'idée que sa jeunesse, sa vie avait ainsi été brisée, son pur amour trahi. La grandeur d'âme, la confiance et la générosité, qui l'habitaient encore quelques instants auparavant et lui avaient troublé l'esprit s'évanouirent d'un coup. Elles firent place à un implacable désir de vengeance, d'autant plus affûté qu'elle s'était sentie prête à pardonner… Fleur entrouverte de soie s'avança, décidée à ne pas mourir seule. Sa détermination aurait-elle faibli que la souffrance qu'elle ressentait au flanc l'aurait remise dans le chemin dont la suivante ne voulait plus s'écarter. Surtout, il lui fallait tenir, ne pas expirer tout de suite, tromper la mort du moins durant encore quelques instants.

Incrédule, Désir d'été la vit s'avancer vers elle :

– Que fais-tu ? Je viens de te tuer, tu te vides de ton sang, laisse-moi…

Muette, tendue vers l'accomplissement de ce qui lui restait à entreprendre avant d'expirer, Fleur entrouverte de soie tendit la main.

– Donne ça.

La peur venait de changer de camp : se sachant mourante, Fleur entrouverte de soie ne craignait plus rien, et cette détermination glaçait Désir d'été et sa comparse. Interdite, la meurtrière ne bougea pas alors que d'une bourrade, elle aurait pu écarter sa victime.

– Le premier assaut que tu as subi, c'était moi, s'écria la dame de cour de troisième grade. Je te hais tout autant qu'Arôme d'angélique te déteste car tu as jeté le trouble dans notre amour. Si tu as cru à tort que tu étais attaquée par un homme, c'est que le désir de te tuer m'avait donné une force considérable, celle d'un lutteur de foire.

Fleur entrouverte de soie n'accorda aucune importance à ces mots. Muette, sans craindre de se couper, elle saisit l'arme par la lame, la retourna vers son assaillante et l'en perça à son tour, un peu en dessous du nombril, avant que celle-ci eût pu esquisser le moindre geste. Sous le coup de la surprise et de la douleur, Désir d'été tomba comme une masse.

– Chienne pelée ! hurla Arôme d'angélique.

Elle se jeta sur Fleur entrouverte de soie, certaine d'en venir à bout en un instant, folle de colère et de peur à l'idée que son amante avait été blessée, peut-être gravement. L'esprit enveloppé par des brumes bleutées, déjà en route pour les Sources jaunes, c'est à peine si Fleur entrouverte de soie aperçut cette nouvelle assaillante. Elle brandit une nouvelle fois l'arme sanglante, rassemblant les quelques forces qui lui restaient. Confiante dans son agilité, Arôme d'angélique voulut l'éviter, y parvint d'abord, voulut frapper son adversaire, se prit les pieds dans sa robe, tomba en avant. D'une main, elle voulut se rattraper, ne rencontra que l'habit de Fleur entrouverte de soie, s'y cramponna jusqu'à le déchirer, fit choir la jeune fille.

Celle-ci tomba sur Fleur entrouverte de soie, avec une lourdeur, une force que la gardienne de la porcelaine française, presque morte, prit pour de la passion, tant elle eut de plaisir à sentir contre son corps celui de cette femme. Elle voulut l'étreindre pour se convaincre de son bonheur et peut-être aussi pour se rassurer avant de se retrouver, seule, dans la froide contrée de la mort. Oubliant qu'elle tenait une arme, Fleur entrouverte de soie pénétra le flanc de sa seconde victime. La lame perça un organe vital, ôtant sur le coup le souffle à Arôme d'angélique. Éperdue de terreur et de rage, celle-ci éprouva une infortune suprême : le nez contre le sol, elle eut le temps, avant de mourir, d'assister à l'agonie de son amante dont le corps hoqueta, se contracta deux ou trois fois avant de se détendre d'un coup, enfin délivré.

Dernière des trois à périr, Fleur entrouverte de soie quitta la vie et ce monde, sans appréhension et même intensément contentée, puisque d'un doigt et d'un pied, elle touchait l'une et l'autre de ses deux anciennes amies. L'odeur des crèmes et des onguents dont les deux mortes avaient oint leur corps, le seul sentiment de leur présence la transportaient. Fleur entrouverte de soie était si heureuse qu'elle en oublia ce qui aurait dû la réjouir sincèrement : elle était parvenue, jusqu'à son dernier soupir, son dernier instant de conscience, à protéger le plat des Français.

Sourcil de paon tendit à Petit Brillant le document que lui avait remis le petit messager dépêché par la morte. Très pâle, la dame d'honneur de Jin expliqua :

– Fleur entrouverte de soie m'a fait porter ce pli peu avant de périr. Je suis certaine qu'elle a eu conscience de sa mort prochaine et que, pour cette raison, elle m'a fait parvenir ce message.

L'eunuque ouvrit le dossier de carton, examina sommairement le recto et le verso de la feuille sur laquelle Fleur entrouverte de soie avait tracé quelques caractères, avant de considérer sa compagne, interrogateur.

Sourcil de paon reprit :

– Je suis certaine que cette lettre concerne le plat des Français. Tu sais comme moi qu'il a disparu de la vitrine où Cixi l'avait fait placer.

Petit Brillant regarda autour de lui, comme pour s'assurer que nul ne pouvait les entendre, et bien que cette précaution fût superflue : la pièce, une resserre à ombrelles où s'étaient retrouvés les deux amants, était close. De plus, sa position, tout au bout d'un long couloir pratiqué entre deux résidences de concubine, permettait de voir approcher un intrus assez à l'avance pour s'enfuir, le cas échéant, par l'une des deux portes qui se faisaient face.

La nouvelle de la mort des trois gardiennes désignées par Cixi, conjuguée à l'annonce de la disparition de la porcelaine, affectait davantage l'eunuque que son amie ou, du moins, l'ébranlait jusqu'à l'affoler.

– Comment peux-tu en être certaine ?

Sourcil de paon reprit le livret envoyé par Fleur entrouverte de soie, en caressa la couverture, pensive, avant d'en dénouer les liens de soie. Puis elle regarda Petit Brillant, chercha dans son regard la confirmation de ses propres déductions. Mais elle ne lut dans les yeux sombres du jeune homme que l'incertitude, l'inquiétude, voire la peur, et elle s'en irrita. Gênée, presque honteuse, consciente du mépris qui pointait derrière cet agacement, la jeune fille choisit de confier à Petit Brillant le résultat de ses déductions, manière de se donner bonne conscience :

– Je ne sais ce qui s'est passé entre Fleur entrouverte de soie et ses deux compagnes et qui expliquerait cette tuerie. Il est possible que celles-ci aient volé le plat des Français. Désir d'été et Arôme d'angélique seront ensuite revenues dans la Salle du plaisir et de la longévité pour une raison que je ne peux deviner. Peut-être simplement pour narguer leur compagne, ou tenter de maquiller leur forfait en faisant semblant de découvrir le vol afin d'être en mesure d'accuser Fleur entrouverte de soie d'en être la responsable.

Petit Brillant était assez fin pour comprendre que Sourcil de paon le trouvait à cet instant peu vif d'esprit. Ce qui ne fit qu'accroître le trouble du garçon et ne contribua pas à lui rendre les idées plus déliées. Aussi demeura-t-il muet, pressé que Sourcil de paon reprenne la parole afin qu'il puisse mieux cacher son émotion.

En fait, la dame d'honneur était très affectée par la mort de Fleur entrouverte de soie dont elle s'était en quelque sorte toujours considérée comme la grande sœur, voire la mère adoptive. Mais loin de l'abattre, cette disparition stimulait ses pensées et, surtout, la pressait de trouver au plus vite le secret selon elle contenu dans le message.

– Nous ne saurons probablement jamais pour quelle raison exacte ces trois suivantes se sont tuées, reprit la jeune fille. En revanche, je le répète, je suis sûre que la lettre de Fleur entrouverte de soie concerne la porcelaine de Jingdezhen. Soit qu'elle ait découvert le lieu où Arôme d'angélique et Désir d'été l'ont cachée avant de revenir auprès d'elle. Soit qu'elle ait elle-même décidé de la dissimuler, pour la soustraire à un danger dont elle aurait eu connaissance ou qu'elle aurait seulement redouté.

La jeune fille marqua un temps d'arrêt, renonça cette fois à regarder Petit Brillant pour ne pas ressourcer son agacement et continua :

– Tu le sais, des liens particuliers me liaient à Fleur entrouverte de soie. Sans être une amie proche, j'étais sans doute celle dont elle était la plus proche, du moins m'accordait-elle sa pleine confiance et savait que celle-ci était bien placée. Je dois aujourd'hui honorer ce sentiment. Ce message a nécessairement un sens caché, mais je ne l'ai pas encore découvert.

Sourcil de paon ouvrit le cahier et pointa le premier des trois caractères. Du moins pour les deux premiers, ils avaient été tracés d'une main experte et avec élégance, ils s'inscrivaient chacun certes dans un quadrilatère, comme il se devait, mais celui-ci était un peu déformé, un peu allongé, ce qui ne semblait pas traduire une quelconque maladresse mais plutôt répondre à un souci esthétique.

– Huang (*le roi*)…, dit la suivante.

Puis elle regarda le second caractère. Celui-ci avait été écrit par la même main, c'était indéniable.

– Mei (*n'a pas*)…, poursuivit la jeune fille.

La dame d'honneur de Jin s'arrêta sur le troisième caractère :

– Celui-ci n'est qu'ébauché ou, plutôt, il donne l'impression d'avoir été écrit à la hâte, avant que la main qui tenait le pinceau soit contrainte d'arrêter net son mouvement. On ne voit qu'une sorte d'esquisse et l'on en est réduit à imaginer de quelle façon ces traits de pinceau auraient pu être complétés. Ensuite, il faut en déduire le caractère projeté. Et, par là, la signification possible de cette suite de trois idéogrammes, le sens général de cette phrase certes courte mais qui, pourtant, semble posséder un sens si important…

Petit Brillant s'approcha. À mesure que les années passaient, les moqueries les plus légères lui étaient de plus en plus pénibles et douloureuses car elles le renvoyaient à son état physique, ce qui le conduisait à se demander dorénavant chaque jour si l'embonpoint qui submergeait son pauvre corps n'alourdissait pas dans le même temps son esprit. Stimulé par le désir de ne pas se montrer si sot et lent d'esprit que Sourcil de paon paraissait le penser, le garçon sut mobiliser toutes ses ressources pour tenter de décrypter l'idéogramme inachevé :

– Regarde, on distingue assez bien quatre lignes qui forment un carré, ou du moins, un carré qui a presque la forme d'un rectangle. Les traits qui devaient occuper le milieu de cette figure sont presque invisibles, à peine esquissés. On dirait que Fleur entrouverte de soie n'a pas osé appuyer autant qu'elle l'aurait voulu sur le papier afin de donner à ces traits la direction, la forme désirées. À moins que…

À ce moment, le jeune eunuque au regard sombre se pencha davantage sur le message, jusqu'à presque coller son nez sur le papier, ce qui produisit un effet comique involontaire dont il se rendit compte mais choisit d'ignorer, afin de ne pas, une fois de plus, prêter le flanc à la moquerie. Et ce fut non sans fierté que l'eunuque se redressa et put conclure :

– Je crois bien que c'est le caractère « jardin » (*pu*).

Sourcil de paon parut impressionnée par le propos de son amant, elle considéra à son tour la phrase mystérieuse avant de regarder Petit Brillant, l'air approbateur. Celui-ci reprit :

– L'empereur n'a pas de jardin, *Huang mei pu*... C'est une phrase que j'ai moi-même écrite voici quelque temps, un jour que je me trouvais en compagnie de Fleur entrouverte de soie dans la demeure de Cixi, peu après que la cour était revenue des Palais de mer. À l'aide de trois mots simples, je voulais simplement célébrer le malheur qui frappe Gungxu, souligner son état de prisonnier, le dénuement dans lequel il se trouve. Ce jour-là, Fleur entrouverte de soie a en quelque sorte lu par-dessus mon épaule et a répété cette phrase à voix haute. Je m'en souviens fort bien, c'est d'ailleurs à cette occasion que j'ai appris que ton amie savait lire et écrire, comme toi.

Sourcil de paon sourit :

– Nous savons toutes calligraphier, ou presque, je te l'ai déjà dit. Il n'y a que des hommes obtus pour penser qu'aucune des filles présentes dans les palais impériaux ne connaît cet art. Hormis les malheureuses qui sont vraiment trop sottes ou qui pourraient nous trahir. Lorsqu'une nouvelle suivante est recrutée par l'administration impériale, nous l'éduquons en secret, pour notre plaisir, pour son agrément et surtout pour vaincre les préventions des hommes du Neiwufu et la haine plus ou moins sourde et sournoise qu'ils nourrissent à l'égard de notre sexe.

Satisfaite de cette petite proclamation, Sourcil de paon réalisa que celle-ci n'avait que peu à voir avec le sujet principal qu'elle était occupée à traiter avec Petit Brillant. Aussi remit-elle la phrase mystérieuse au centre de la conversation.

– Mais ces mots, que tu as donc écrit, si je comprends bien, au fil de l'inspiration, sans y mettre un sens caché, pourquoi Fleur entrouverte de soie y aurait-elle fait allusion avant de périr ?

– Je ne peux le comprendre, répondit Petit Brillant. Nous n'avons fait, cette fois-là, qu'échanger quelques paroles concernant l'interdiction faite aux filles de savoir lire et écrire, des paroles comparables à celles que tu viens de prononcer. Nous n'avons pas été plus avant car Fleur entrouverte de soie venait de recevoir la charge du plat des Français. Hormis le fait que nous ne voulions pas être pris en flagrant délit de bavardage, ce qui aurait pu nous attirer de graves ennuis, je pense que notre amie souhaitait se consacrer pleinement à son travail…

L'eunuque marqua un temps d'arrêt avant d'ajouter :

– Je t'assure, j'ai beau fouiller dans ma mémoire, je ne vois rien, je ne discerne aucun indice qui pourrait m'aider à deviner quel peut être aujourd'hui le sens caché de cette phrase…

Sourcil de paon ne chercha pas à interroger davantage Petit Brillant. Réfléchissant à voix haute, elle proposa :

– « L'empereur n'a pas de jardin »… Un jardin ? La Cité pourpre interdite en compte un grand nombre. Mais comment savoir duquel Fleur entrouverte de soie a voulu parler ? Faute d'indications précises, je serais tentée de penser qu'elle ne pouvait songer qu'au plus grand, au plus beau d'entre eux, le Jardin impérial… Est-ce là qu'est cachée la porcelaine ?

Petit Brillant acquiesça :

– Oui, cet enclos constitue en quelque sorte le jardin par excellence. Cependant, à supposer qu'il s'agisse bien de lui, ce que je suis prêt à accepter, comment savoir où Fleur entrouverte de soie, ou qui que ce soit d'autre, aurait pu cacher le plat des Français ? Ce jardin est vaste et occupe tout l'espace situé entre le Palais de la tranquillité terrestre et la muraille qui sépare la Cité interdite de la Colline du charbon. Il comporte un trop grand nombre de rochers amoncelés, de pavillons, de kiosques et de recoins pour que Fleur entrouverte de soie se soit contentée de le mentionner sans faire figurer davantage de précisions dans son message.

Elle aussi occupée à examiner sous toutes ses formes la réalité partielle qui s'offrait à eux, Sourcil de paon était arrivée aux mêmes conclusions que son amant. D'un regard qu'elle fit aussi tendre que possible, elle approuva Petit Brillant et ajouta :

– Sans compter les eunuques jardiniers qui travaillent sans relâche à tailler les arbres et les buissons, à soigner les fleurs et les oiseaux encagés, les servantes qui vont et viennent sans cesse, le traversent d'un bout à l'autre pour aller commodément des Six Palais de l'Ouest aux Six Palais de l'Est. Si elle avait voulu y cacher la porcelaine de Jingdezhen, Fleur entrouverte de soie n'aurait jamais pu trouver le moment propice afin de s'y trouver seule. Et en imaginant que cette circonstance se fût produite, notre amie n'aurait pas eu le temps de trouver une cachette assez commode, assez sûre et discrète…

Le visage de la dame de cour de Jin s'assombrit. Et de nouveau, elle douta de Petit Brillant :

– Es-tu certain de ne rien avoir oublié de la circonstance où Fleur entrouverte de soie t'a vu calligraphier cette phrase ? Le moindre souvenir un peu particulier pourrait sans doute nous donner un indice très précieux…

Elle regretta aussitôt ses paroles mais il était trop tard et, blessé, l'eunuque aux yeux sombres s'emporta :

– Tu ne me crois jamais.

Petit Brillant refoula un soupir, resta un instant silencieux. Il eut un moment de découragement, qui lui fit songer que le couple qu'il formait avec Sourcil de paon était voué à l'échec, quoi que tentent et se disent les deux jeunes gens et bien qu'ils s'aiment tous deux. Rien de bon, vraiment, ne pouvait être construit sur du sable mouvant : la mutilation de Petit Brillant, le fait qu'ils n'étaient ni l'un ni l'autre maîtres de leur destin, la date du départ, inéluctable et définitif, de la jeune fille étant soumis au bon vouloir de quelques eunuques rancis du Neiwufu. La dame d'honneur, de son côté, comprit qu'elle était allée une fois de plus trop loin dans le dénigrement et se le reprocha.

Au lieu de trouver une consolation dans la gêne qui saisit Sourcil de paon, le garçon mesura le peu de confiance qu'il lui inspirait dans ce genre de moment. Il résolut de ne pas lui en faire le reproche, afin de ne pas se placer dans une situation d'infériorité et, tout au contraire, lança une contre-attaque audacieuse et fondée :

– Où que se trouve le plat des Français à cette heure et quelle que soit l'identité de celle ou de celui qui l'a dérobé, je ne comprends pas pourquoi tu désires tant le retrouver. Car ce n'est pas toi qui en as la charge, et sa disparition ne te menace en rien, sur ce point-là, nous n'avons aucune inquiétude à nourrir. De plus, si nous nous fions à la mise en garde que l'eunuque Hua a présentée à Cixi, la perte de cette porcelaine, voire le simple fait de la malmener, est susceptible d'attirer de grands maux sur le Vieux Bouddha. Devons-nous nous en plaindre ? Je ne le crois pas et je sais fort bien que tu es du même avis que moi. Cixi a commis l'imprudence de braver les réticences de l'eunuque Solive de montagne et les mises en garde de Hua. Elle a même eu l'outrecuidance, bravant ainsi les esprits, de rebaptiser ce dernier en l'affublant du nom de l'objet qui, selon lui, est tant chargé de menaces… Il faut nous en réjouir ! Voici des années que nous souffrons toi et moi, par la faute de cette vie recluse, et nous savons que, quel que soit notre avenir, nous ne nous en remettrons jamais complètement… Alors, que nous importe cette porcelaine ? Qu'elle demeure où elle se trouve et, s'il le faut, ne soit jamais retrouvée. Occupons-nous plutôt de nos propres personnes et de ceux qui nous sont chers. Bien entendu, pour ce qui regarde Fleur entrouverte de soie, nous ne pouvons certes plus rien entreprendre pour elle… Mais sachons au moins nous occuper de nous-mêmes.

Sourcil de paon savait que Petit Brillant avait raison pour l'essentiel lorsqu'il recommandait de se désintéresser du plat des Français. Mais elle n'aimait pas être ainsi rappelée à l'ordre et décida de faire valoir avec fermeté la raison qui la conduisait à ne pas suivre les conseils de son amant :

– En pleine conscience, Fleur entrouverte de soie m'a fait parvenir ce message afin que j'en tienne compte, d'une manière ou d'une autre. J'ai l'intuition que ce texte a quelque chose à voir avec la porcelaine des Français et c'est pour cette raison que je la cherche. Par fidélité envers ma pauvre amie qui se morfond à présent dans le froid domaine des Sources jaunes, je mettrai tout en œuvre pour le retrouver, quoi que je risque…

Petit Brillant savait que Sourcil de paon souhaitait avoir le dernier mot, une volonté d'autant plus ardente que la situation était tragique et que la suivante de Jin mettait son point d'honneur à ne pas perdre la face au terme de cet entretien. Une fois de plus, ce fut le garçon qui renonça à entretenir la querelle. Il n'avait au demeurant pas le loisir, s'il l'avait désiré, de poursuivre cet entretien : l'heure du mouton s'achevait et l'eunuque devait aller reprendre son service auprès de Li Lianying. Sourcil de paon, elle, fit disparaître le message de Fleur entrouverte de soie dans les replis de sa manche avant de rassurer son amant :

– Dès que j'arriverai dans ma chambre, je le

rangerai sous ma couche, la statuette de la boddhisattva Guanyin veillera sur elle et la protégera des regards trop curieux. Mais il n'y a de toute manière rien à craindre : nul ne pénètre jamais chez moi.

Une nouvelle fois, la jeune fille se reprocha la dureté avec laquelle elle avait traité Petit Brillant. Juste avant que les deux amants se séparent, elle se blottit dans les bras du garçon, le serra contre elle en espérant que son souffle, ses gestes, le langage de son propre corps sauraient, mieux que les mots que, de toute façon, elle n'aurait su dire, convaincre Petit Brillant qu'elle l'aimait et ne le méprisait pas.

La respiration de Cixi était rauque, ses yeux petits et brillants, la peau de son visage semblable à un papier craquelé, son teint jaune. Ses dames d'honneur avaient installé la vieille femme contre un assemblage de coussins sans lesquels celle-ci n'aurait pu demeurer assise dans son lit. Les eunuques les plus familiers s'étaient regroupés près des colonnes qui se trouvaient autour de la pièce, à faible distance des murs recouverts de lambris et de miroirs. Venus en hâte du temple de la Ville impériale où ils demeuraient d'ordinaire, quelques moines tibétains se tenaient près d'un brasero où ils jetaient de temps à autre de petits morceaux de papiers très fins recouverts de formules propitiatoires. La fumée qui s'élevait, mêlée à celle des encensoirs et au parfum des corbeilles de fruits frais disposées à profusion, les fragrances épicées de thé au gingembre ne cachaient en rien les senteurs de pourriture qui nappaient le corps de la douairière. D'autres religieux marmonnaient des sutras.

Avec effort, Cixi fit signe au prince Chun d'approcher :

– Cette fois, c'est la fin. Je t'ai fait venir en hâte car avant longtemps, je chevaucherai le Dragon et m'envolerai dans les airs.

Le noble mandchou s'avança. Malgré l'inquiétude qui l'habitait, son visage n'était guère expressif. Seules ses joues trop bombées et déjà tombantes, en dépit de son âge, lui donnaient un air à la fois blasé et satisfait, un peu niais. Son regard était beau et triste. D'une manière générale, l'expression de son visage et sa manière de se tenir témoignaient clairement que ce prince, petit-fils de l'empereur Daoguang, était pleinement conscient d'être de sang impérial. Il était aisé, à ses manières, de saisir que Chun revendiquait tous les privilèges et égards afférents à son rang, mais que, beaucoup trop timoré et doué de peu d'imagination, à peu près incapable d'entreprendre quoi que ce soit, il laissait à d'autres le soin de défendre ses intérêts ou de châtier ceux qui, par extraordinaire, auraient souhaité l'en priver ou l'abaisser.

– Majesté, vous vivrez dix fois dix mille ans, se crut obligé de déclarer le prince.

L'œil de Cixi le terrorisa :

– Tais-toi, imbécile. Je meurs et n'ai ni envie ni besoin que tu m'adresses des sornettes. Écoute-moi : ton fils, le jeune Puyi, sera le prochain empereur, je l'ai décidé.

En dépit des mises en garde de Cixi, Chun ne sut cacher sa surprise. Il se récria :

– Votre Majesté, mon frère, l'empereur Guangxu, est encore de ce monde !

Cixi se raidit et ferma les yeux. Non pour reprendre ses esprits, elle n'en avait nul besoin, ayant toute sa conscience et étant absolument déterminée, mais pour taire la fureur qui, si elle lui avait donné libre cours, aurait pu la tuer avant d'avoir mis en œuvre dans sa totalité le plan mûri en quelques heures. Aussi, ce fut sans proférer les menaces, les injures sous lesquelles elle aurait aimé ensevelir Chun que la vieille femme reprit :

– Écoute. Ton fils sera le prochain Fils du Ciel car j'ai de bonnes raisons de penser que son oncle, ton frère, l'empereur Guangxu, est affecté par une maladie fatale et ne peut plus nourrir aucun espoir de guérison. Il n'a plus, lui aussi, comme moi, que quelques heures à vivre.

Cette fois, Chun ne cilla pas. Il avait tant à penser, en si peu de temps… D'abord, il devait se garder d'indisposer une nouvelle fois Cixi car celle-ci, vieille femme blessée à mort, pouvait fort bien décider, d'un mot, de le faire tuer. Ensuite, le prince devait considérer, assimiler l'annonce de la mort prochaine de son frère, l'actuel empereur, une nouvelle qui le plongeait dans une perplexité insondable : Guangxu était certes de santé fragile et celle-ci s'était gravement altérée, pour des raisons qui tenaient à la dureté de sa séquestration et au traitement qu'il subissait. Pour autant, le prince Chun était régulièrement tenu informé de l'état de santé de son aîné. Il n'avait pas été mis au courant d'une brusque aggravation de son état et s'en étonnait… Enfin, et surtout, la perspective, aussi soudaine qu'inattendue, de devenir d'ici peu de temps le père de l'empereur en titre lui laissait soudain envisager des honneurs nouveaux, des perspectives d'enrichissement fabuleuses.

– Pour respecter la loi qui veut que l'enchaînement des générations soit respecté, et qu'un enfant succède à un homme de la génération précédente, c'est donc Puyi qui succédera à son oncle puisque les dieux n'ont, hélas, pas voulu que celui-ci ait des enfants. Lorsque l'empereur Guangxu et moi-même nous aurons, malheureusement pour la Chine, cessé de vivre, je veux, Chun, que tu exerces la régence. À ce titre, tu conduiras les affaires de l'Empire du Milieu, et rien de ce qui regarde la Chine ne te sera inconnu.

La surprise tout autant que le plaisir et, déjà, la peur de ne pas savoir s'y prendre paralysaient Chun. Cette fois, tétanisé, le prince n'avait aucun mal à demeurer coi, tant il se sentait écrasé par ce qu'annonçaient les dernières volontés de Cixi. Ce qui le dispensa de prononcer les paroles sottes et convenues dont il était familier.

– Mais pour les questions les plus importantes, poursuivit la douairière, tu devras recueillir l'avis de ma chère nièce, l'impératrice Xiaoding.

Un autre que le prince Chun n'aurait pas apprécié la restriction ainsi apportée à ses pouvoirs futurs. Le père du prochain empereur, lui, accueillit ce nouveau codicille avec soulagement, tant il craignait de se trouver seul en première ligne. De plus, il n'était pas assez bête pour ne pas savoir que Xiaoding était très proche de Cixi. Nul doute que la nièce saurait faire preuve de la même détermination, de la même fermeté que sa tante et, ainsi, aiderait le cas échéant Chun à venir à bout de toutes les difficultés qui pourraient se présenter. Le prince s'inclina et salua par trois fois la douairière.

Méprisante, Cixi le regarda se prosterner. La vieille femme savait qu'elle laissait la Chine entre les mains débiles d'un incapable, et que l'impératrice Xiaoding n'avait en rien l'étoffe d'une femme d'État. Ulcérée de mourir et plus encore de devoir renoncer au pouvoir, entre deux hoquets dont elle croyait que chacun allait l'emporter, Cixi goûtait la joie de savoir qu'elle ne laisserait derrière elle qu'une terre brûlée à jamais ravagée. Ce plaisir inestimable était bien le dernier que pouvait s'offrir la femme qui s'était voulue la plus puissante du monde. Et, eu égard à la situation, ce n'était pas le moindre.

– À présent, retire-toi, Chun, et va préparer ton fils au destin fabuleux qu'il m'a plu de lui donner. Je sais qu'il n'a que quatre ans, mais il saura se montrer digne de ma confiance et de sa dignité. Revêts-le des grands habits de cour et amène-le-moi ici, dans la Cité pourpre interdite. Je veux l'accueillir, les rites doivent être respectés.

Jusqu'alors, Cixi s'était efforcée, en dépit de sa déchéance physique, de garder un certain maintien. En s'adressant à Chun, au prix d'efforts inhumains, son esprit avait pris soin de choisir les mots les plus recherchés, de n'oublier aucune des formules prescrites par la situation. D'un coup, la volonté de Cixi l'abandonnait et, avec elle, la relative maîtrise que la douairière avait réussi à imposer à son corps. Celui-ci, que plus rien ne pouvait désormais nourrir, se vida une nouvelle fois, trahissant la douairière de la façon la plus infamante.

Délaissant le paravent d'où il veillait au bon déroulement de ces entretiens ultimes, Li Lianying bondit et ordonna, de la voix la plus solennelle et la plus assurée qu'il put :

– Sortez, tous, même les médecins. Sa Majesté doit se reposer pour recouvrer les forces qui lui permettront de nous protéger encore durant de nombreuses années.

D'un soupir, Cixi remercia le Premier Eunuque de sa présence d'esprit et de son efficacité. Quant à Chun, il se retira sans montrer aucune prestance, incapable d'adopter la contenance qui aurait convenu à cet instant où le destin de la Chine basculait, au milieu de bruits et d'odeurs immondes.

Cixi mourante, hormis Sourcil de paon et Petit Brillant, nul n'avait vraiment eu le temps de s'intéresser aux circonstances de la mort des trois gardiennes du plat des Français. Tout au plus les eunuques chargés de procéder à une enquête sommaire constatèrent-ils que les trois suivantes s'étaient probablement tuées les unes les autres, sans toutefois pouvoir déterminer l'ordre de ces trépas ni, *a fortiori*, les raisons qui avaient présidé à cette tuerie. Les corps furent promptement emportés, les noms des jeunes filles maudits et leurs dépouilles enterrées à la hâte et sans cérémonie aucune, afin de punir les trois coupables d'avoir ainsi commis et accumulé les infractions les plus graves.

Tel fut, à grandes lignes, le résumé que Petit Brillant fit à Sourcil de paon lorsque les deux jeunes gens se retrouvèrent dans leur repaire habituel, quand la fin de l'audience accordée par Cixi au prince Chun laissa à l'eunuque aux yeux sombres le loisir de retrouver son amante.

Lorsqu'elle eut entendu ce récit, qui correspondait peu ou prou aux informations qui circulaient déjà chez la concubine Jin, Sourcil de paon s'excusa :

– Je sais que je me montre plus souvent désagréable à ton endroit que je ne le devrais. Tu as d'ailleurs déjà tout dit sur ce qui explique ces accès de mauvaise humeur que nous avons en partage. Regardons la vérité en face : ni toi ni moi, nous ne parvenons à nous maîtriser quand notre tour vient de faire souffrir l'autre. Je me déteste, dès que j'ai l'occasion de prendre un peu de recul. Je sais que tu t'adresses les mêmes reproches.

Lorsque ces paroles essentielles furent dites, la jeune dame d'honneur décida d'adopter un ton moins sévère, sans toutefois cesser de prodiguer des marques de réconfort à son amant. Elle tira de sa manche le message de Fleur entrouverte de soie et expliqua :

– J'ai eu le loisir, pendant un moment que j'ai pu soustraire à l'emploi du temps auquel Jin m'astreint, de considérer de nouveau les trois caractères tracés par notre pauvre amie. Dans un premier temps, j'ai pensé comme toi que le dernier pouvait être le mot « jardin ». Mais en le regardant sous une autre lumière, il m'a semblé qu'il pouvait aussi être lu comme étant une ébauche du caractère « prison » (*qiu*).

Petit Brillant regarda son amante, pensif, avant

de se pencher à son tour sur le message et de prononcer à haute voix la phrase ainsi reconstituée :

– 王没囚, « L'empereur n'a pas de prison » (*Huang mei qiu*). Tu as peut-être raison, mais j'avoue que cela n'est guère plus clair…

– Je sais, reconnut Sourcil de paon. Pour le sens général, il est aisé d'imaginer qu'en écrivant ces mots, si nous ne nous trompons pas, Fleur entrouverte de soie formulait une sorte de vœu : elle souhaitait que l'empereur ne soit pas emprisonné, imaginait que celui-ci se trouvait en liberté, voulait peut-être même ainsi forcer le destin, inviter les dieux à enfin aider le Fils du Ciel pour le tirer de sa geôle. Mais je reconnais que si cette phrase est destinée à me faire passer un message crypté, nous ne sommes plus guère avancés qu'auparavant.

D'un geste, Petit Brillant approuva l'analyse de la jeune fille puis s'assombrit :

– À propos de Guangxu, as-tu appris les paroles que Cixi aurait adressées au prince Chun ?

– Au sujet de la supposée maladie de l'empereur ?

Petit Brillant acquiesça avant d'ajouter :

– Oui. Quant à moi, je n'avais jusqu'à présent pas entendu parler de cette indisposition. J'espérais en savoir plus en m'en entretenant avec le Premier Eunuque. Li Lianying possède une grande intelligence et est aussi méfiant qu'un vieux singe mais j'ai appris depuis longtemps à le questionner sans y paraître, de manière à apprendre ce qu'il ne veut d'emblée pas me dire, et sans qu'il s'en doute. Mais mes plans ont été déjoués : Li a quitté le palais de Cixi sitôt après le départ de Chun et je n'ai donc pas pu lui parler. Je ne sais ce qu'il avait de si pressé à accomplir.

– La Vénérable Aïeule veut que la tradition soit respectée, suggéra Sourcil de paon. Cixi a dû charger Li Lianying d'organiser tout à la fois ses propres funérailles dans les tombeaux de l'Est et l'intronisation du prochain empereur, ainsi que toutes les audiences qui vont la précéder. Le Premier Eunuque aura sans doute voulu s'assurer que les directives de Cixi étaient parfaitement respectées. Il va revenir d'un instant à l'autre auprès de Sa Majesté.

– Oui, tu as sans doute raison. À moins que le Premier Eunuque n'ait voulu prendre des nouvelles de Guangxu, que ce soit à la demande de Cixi ou de sa propre initiative.

– Tout ceci nous a fort éloignés du message de l'infortunée Fleur entrouverte de soie, fit remarquer la dame d'honneur. Bien que je ne sache que proposer…

Petit Brillant leva les yeux, comme pour chercher dans les ornements colorés du plafond une réponse à leurs interrogations. Mais les nuages et les fleurs multicolores demeurèrent muets, et l'eunuque en fut réduit à avancer, sans grand enthousiasme :

– Admettons que Fleur entrouverte de soie, en écrivant ces trois mots, veuille nous inciter à imaginer une situation dans laquelle Guangxu ne serait pas emprisonné. Or, si le Fils du Ciel n'avait pas été détrôné, l'année wuxu, il demeurerait aujourd'hui encore dans le Palais de la nourriture de l'esprit. Crois-tu que ce soit là que Fleur entrouverte de soie, ou une autre, ait pu dissimuler le plat des Français ?

Sourcil de paon hésita, puis répondit :

– Ce n'est guère davantage possible que lorsque nous avons envisagé qu'elle ait pu vouloir cacher l'objet dans le Jardin impérial. Depuis l'année wuxu, le Palais de la nourriture de l'esprit est fermé. En s'en approchant, notre amie n'aurait pas manqué d'attirer l'attention des autres domestiques, auprès desquels elle aurait été bien en peine de justifier sa présence en ce lieu, compte tenu de ses attributions qui étaient connues de tous. Sans compter que les portes et les fenêtres de cette résidence sont hermétiquement closes et que Fleur entrouverte de soie aurait éprouvé les pires difficultés en cherchant à s'y introduire.

– Tu as raison…

Les deux jeunes gens cédèrent un moment au découragement, et il y eut un long silence. Cet instant leur parut néanmoins bien doux. Puis la jeune fille leur démontra, en quelques mots, que leur situation était beaucoup plus périlleuse qu'ils ne le pensaient :

– L'eunuque Hua avait raison d'adjurer Cixi de ne pas arracher le plat des Français aux collections du Palais du bonheur justifié. Depuis ce jour funeste où la porcelaine a été apportée dans les Palais de mer, tout est allé de mal en pis pour le Vieux Bouddha, pour la dynastie et pour l'Empire du Milieu. Cixi se meurt, elle annonce que le Fils du Ciel est lui aussi mourant, confie le trône à un enfant qui tête encore sa nourrice et le pouvoir à un incapable dont on sait que, de deux attitudes, il adoptera toujours la pire.

Petit Brillant approuva :

– Non seulement Cixi a mis en marche une mécanique infernale mais, de surcroît, cette machine l'a broyée, à tel point que le Vieux Bouddha n'a plus la force, la capacité de s'apercevoir qu'il est trop tard pour reculer ni même de réaliser quelle est l'origine de ces malheurs. Quant à nous, nous allons être entraînés dans cette catastrophe, que plus rien ne peut arrêter…

Sourcil de paon baissa la tête, fatiguée. Elle s'en voulait, était toute honteuse de ne pouvoir honorer la mémoire de la défunte en la secourant par-delà la mort. Ce remords la conduisait même à estimer qu'elle la trahissait. Petit Brillant prit son amante dans ses bras et la serra contre lui :

– Sans compter avec le Fils du Ciel. Alitée et sur le point de périr elle-même, Cixi a prononcé à son endroit des mots étranges. Il semble qu'elle soit persuadée que l'empereur va mourir.

Il marqua un silence et ajouta, encore plus grave :

– La Vénérable Aïeule a fort bien pu décider de faire périr Guangxu afin d'être certaine que celui-ci ne lui survivra pas.

Effrayé par ses propres paroles, l'eunuque se tut un instant puis ajouta :

– Faire tuer le Fils du Ciel ! Non, c'est impossible, Cixi n'oserait pas !

Désabusée, Sourcil de paon haussa les épaules :

– Ce ne serait pas le premier Fils du Ciel à

périr de mort violente : le dernier Ming a bien été contraint de se pendre avec sa propre ceinture, sur la Colline du charbon. Si la douairière ne peut concevoir que Guangxu lui survive ne serait-ce qu'un jour, elle va le faire exécuter, n'en doutons pas. Te souviens-tu de tous les morts dont est jalonnée la vie de la douairière ? La première épouse de son époux l'empereur Xianfeng, puis l'impératrice, épouse de son propre fils, l'empereur Tongzhi et, avant cela, Tongzhi lui-même… Si elle se sent perdue, Cixi aura d'autant moins de remords à ordonner ce dernier meurtre que, de tous, celui-ci lui sera sans doute le plus agréable.

– Tu as raison. Je dois aller reprendre ma place auprès du Premier Eunuque. Si Cixi a condamné Guangxu, Li Lianying le sait, peut-être même est-ce lui que la douairière a chargé d'exécuter cette besogne. Et si tel est le cas, je ne suis certes pas en mesure de m'y opposer. Mais je peux tâcher d'en être informé…

La résignation perçait sous ses paroles. Sourcil de paon, elle, ne voulait pas renoncer à la fidélité que les deux jeunes gens avaient mise en œuvre durant tant d'années en secret :

– Battons le rappel des partisans de Guangxu et tâchons de dévier les plans de Cixi. Efforçons-nous de gagner un peu de temps, de gagner une heure, une seule : si la Vénérable Aïeule meurt avant que le Fils du Ciel n'ait été mis à mort, la situation changera du tout au tout. Désormais dépourvu de la protection de Cixi, même le Premier Eunuque n'osera s'en prendre à l'empereur, et celui-ci sera sauvé

De nouveau, Petit Brillant exprima son découragement :

– Tu le sais aussi bien que moi, au fil des ans, les fidèles de Guangxu se sont faits aussi rares que les papillons à l'époque de la Grande Neige.

Sourcil de paon baissa les yeux :

– En ce cas, si tu as raison, cela me conforte dans l'idée que nous devons coûte que coûte retrouver le plat des Français. Nous sommes si démunis, si impuissants que, de toute manière, nous n'avons guère d'autre choix : espérons que, la porcelaine remise à sa place, le cycle infernal qu'a causé son déménagement s'arrêtera de lui-même. Il ne nous restera plus qu'à apaiser les esprits pour tâcher de ramener un peu d'ordre et de calme dans la Cité interdite.

Petit Brillant acquiesça en souriant :

– Tu en conviendras, cet espoir repose sur peu de chose. Et notre petite armée est réduite puisqu'elle ne compte pour le moment que deux personnes, toi et moi, avec, peut-être, le souvenir et les indications laissées par Fleur entrouverte de soie, mais nous n'en sommes pas même certains. Continue, si tu le veux bien, à réfléchir sur l'énigme qu'a laissée derrière elle cette malheureuse. Quant à moi, je vais aller retrouver Li Lianying, comme nous l'avons dit.

La dame d'honneur de Jin secoua la tête, impuissante à manifester autrement son refus d'accepter la réalité décrite par son ami, et bien qu'elle sût au fond d'elle-même que ce dernier avait raison. Les deux jeunes gens s'étreignirent une dernière fois. Puis, après avoir pris les précautions d'usage pour veiller à ce que nul ne puisse le voir quitter ce lieu, Petit Brillant abandonna son amante. Sans perdre un instant, Sourcil de paon recommença à considérer la calligraphie incomplète laissée par son amie morte. Au cœur du troisième caractère, un trait surtout – une esquisse, une rature ? – l'intriguait.

Petit Brillant, lui, décida, avant de rejoindre la résidence du Premier Eunuque, de faire un assez grand détour. Il comptait aller chercher une nouvelle lampe à huile dans un entrepôt situé à l'ouest de la Cité interdite, tout contre la muraille. Pour cela, il lui fallait franchir le Ruisseau des eaux d'or. Doté d'un nom glorieux, celui-ci n'était en fait qu'un modeste canal qui, venu des Palais de mer, du côté du Couchant, serpentait dans la Cité interdite avant d'en ressortir, du côté de l'Est. Comme il franchissait un des ponts de marbre, l'eunuque aperçut une chose grise qui flottait entre deux eaux. Il pensa d'abord à un chiffon, crut ensuite distinguer de petits bras. Il songea que, malgré les interdits et les difficultés matérielles de toutes sortes, une servante avait enfanté et s'était débarrassée de son enfant. Puis Petit Brillant distingua une manière de fourrure qui ne pouvait être celle d'un petit être humain. À moins que… Le serviteur s'approcha davantage.

– Sa Majesté est mourante…

Poulie grinçante poussa un cri terrible, qui fit reculer les deux eunuques venus, à titre de bon voisinage, l'informer de ce qui se passait dans la Cité pourpre interdite. Les deux castrats avaient longuement hésité avant de venir parler au mangeur de cafards car ils savaient ses réactions imprévisibles et lourdes de dangers. Abandonnant le demi-fou à ses imprécations, ils se hâtèrent de regagner le hangar des barges impériales dont ils avaient la charge.

Là, en la seule compagnie des grenouilles et des poissons, ils se sentirent enfin à l'abri de Poulie grinçante et des fureurs du monde. Rassurés et indifférents aux événements inouïs qui s'enchaînaient à un rythme soutenu dans la Ville impériale, les deux hommes appelèrent les carpes de l'Étang de la grande salive en chantonnant, d'une voix presque inaudible, comme seuls ils savaient le faire. Venues au monde voici des lustres, les bêtes avaient vu se succéder plusieurs empereurs ; qui d'autres mieux qu'elles étaient en mesure de rassurer ces serviteurs, leur faire oublier les vociférations du demi-dément qui, dans sa conciergerie, hurlait à Cixi qu'il l'aimait et qu'elle ne pouvait le quitter ainsi ?

Puis, peu à peu, les deux eunuques entendirent les cris décroître. Ils n'auraient jamais pensé que Poulie grinçante se calme aussi vite. Mais ils se promirent cependant d'adresser un rapport dès le lendemain au Neiwufu afin d'exposer à l'administration impériale les craintes que faisait surgir dans leur esprit le comportement déréglé du gardien. Cette folie douce était connue de tous, du moins de ceux qui approchaient Poulie grinçante. Or, les deux hommes ne doutaient pas que, à l'occasion de la mort de Cixi, cette démence décuplerait et conduirait à une catastrophe. Mieux valait prendre les devants, de manière officielle, et faire part de leurs inquiétudes. Quand Poulie grinçante aurait commis une folie, ils ne pourraient être accusés de ne pas avoir donné l'alarme.

Peu à peu, au gré des clapotements de l'étang, ainsi qu'ils l'avaient espéré en ne se consacrant plus qu'aux poissons de la pièce d'eau, les deux gardiens des barges retrouvaient leur sérénité. Couchés à plat ventre dans la barge de Cixi, invisibles depuis la berge, comme coupés du monde, ils caressaient du regard les poissons – Petite musarde au dos pourpré, Rayon de soleil tacheté de brume, Pureté céleste des dix mûriers – qui venaient à eux afin de manger les pains à la vapeur que les deux hommes émiettaient. Pour parfaire leur bonheur, ils sortirent de leur poche deux cages finement tressées qu'ils déposèrent entre eux. Ici, au milieu du lac, les cris des grenouilles, le bruit des vaguelettes et les sauts des poissons couvriraient aisément les chants de leurs grillons. Ils pourraient les écouter chanter, dialoguer et discourir, sans craindre que, depuis les berges, d'autres serviteurs les entendent, les jalousent, convoitent leurs animaux chanteurs et cherchent à s'en emparer la nuit prochaine en fouillant sous leur oreiller.

Chaudement habillés de manteaux molletonnés, les deux hommes étaient heureux. Ils ne pouvaient savoir que, pris d'une frénésie incontrôlable, déterminé comme jamais, Poulie grinçante était occupé à vider avec conscience et ardeur tous les pièges à cafards disposés dans son logis, jusqu'à emplir une grande dame-jeanne de « petits voraces » aux antennes recourbées.

Retiré dans son appartement, le favori impérial n'aurait jamais imaginé se trouver un jour face à un dilemme de cette nature, tant il avait toujours su, depuis son plus jeune âge, quelle que soit la situation, le parti adopter pour en tirer le meilleur avantage. Le Premier Eunuque n'aurait jamais pensé, *a fortiori*, hésiter entre donner la mort et donner la vie, tant il avait eu, comme sa maîtresse Cixi, l'habitude de tuer pour d'abord conquérir le pouvoir et, ensuite, pour le conforter et le conserver.

Ce jour-là, néanmoins, les circonstances compliquaient sérieusement le choix crucial qu'il avait à faire. Une nouvelle fois, Li regarda ce qui restait du médicament que lui avait remis le médecin Den Tiantao, amputé des portions respectivement utilisées par Cixi et remises à l'impératrice Xiaoding. Mais le flacon restait muet et le Premier Eunuque en était réduit à trouver en lui-même les réponses aux questions qu'il se posait. Le médicament qu'avait préparé le thérapeute contenait la vie et la mort du Fils du Ciel et, dans le même temps, l'avenir du favori impérial, quel qu'il soit.

Que Li obéisse à Cixi et donne à boire à l'empereur la totalité de la fiole – Guangxu n'aurait ni la force, ni l'idée, ni l'envie de se méfier – et celui-ci mourrait, sans doute assez facilement, à la satisfaction de Cixi. Avant d'expirer, dès qu'elle connaîtrait la merveilleuse nouvelle, peut-être celle-ci couvrirait-elle une dernière fois le Premier Eunuque de récompenses, d'honneurs et de richesses. Au contraire, que Li Lianying désobéisse à Cixi et ne donne à son neveu prisonnier que quelques gouttes de l'élixir, au prétexte, du reste exact, qu'il s'agissait d'un fortifiant puissant, et le Premier Eunuque assurerait ainsi peut-être encore mieux son avenir. En effet, Cixi une fois morte, le favori allait se heurter à des haines recuites, à des hommes qui feraient tout pour le perdre. Mais s'il sauvait Guangxu, il pourrait implorer la miséricorde de l'empereur en lui prouvant qu'il n'avait tenu qu'à lui, Li Lianying, de ne pas l'empoisonner : le favori n'aurait qu'à convoquer le thérapeute impérial afin que celui-ci, preuves scientifiques à l'appui, explique au Fils du Ciel rescapé les effets à double facette de la potion. Ensuite, Li Lianying se jetterait aux pieds de Guangxu afin de réclamer son pardon pour tout ce qu'il lui avait fait subir. Certes, l'empereur lui avait promis la mort. Mais Guangxu était un homme droit : il ne pourrait que pardonner à celui qui, *in fine*, lui aurait sauvé la vie…

Petit Brillant demeurait en retrait, il connaissait assez bien le Premier Eunuque pour savoir qu'il ne fallait pas le déranger lorsque, pour mieux réfléchir, Li croquait des graines de potiron par poignées entières. Celui-ci se prit à rêver. Il avait été durant de longues années le favori de l'impératrice douairière, *de facto* l'un des hommes les plus influents de Chine. Pourquoi ne deviendrait-il pas le premier dans les annales de la cour impériale à réussir le tour de force de servir avec dévouement deux souverains successifs en passant, pour le second d'entre eux, du statut de geôlier à celui de sauveur puis de fidèle serviteur ? Le pari était risqué mais Li Lianying désireux de le tenter.

Il ne savait plus que faire, qui servir, qui trahir ? Son orgueil était sur le point de lui faire perdre la tête. Pour finir, dans un moment de lucidité, le favori comprit que rien ne pourrait effacer dans l'esprit de Guangxu le souvenir de tant d'humiliations et de journées passées à grelotter de froid, de peur et de faim. Aussi Li glissa-t-il dans sa manche le flacon de jade, décidément bien utile, propre à de nombreux usages et à diverses manœuvres, tout à fait décidé à ce que, de gré ou de force, l'empereur de Chine en absorbe le contenu entier. Puis il se retourna vers Petit Brillant, et ne regretta pas de ne pas s'être confié au jeune eunuque. Le plus souvent réfléchi et plein d'une sotte humanité, celui-ci aurait conseillé de sauver Guangxu, ce qui aurait agacé le Premier Eunuque. De plus, il aurait fallu le faire disparaître ensuite, de crainte que cet imbécile aille raconter à Cixi les atermoiements de son maître. Et Li ne savait plus si, après le meurtre de Guangxu, il aurait encore la force de tuer, et de tuer encore. Son parti était pris, Li jeta aux oiseaux les graines qu'il n'avait pas mangées.

Sourcil de paon essaya tout. Elle regarda le texte incomplet laissé par Fleur entrouverte de soie sous différents angles, alla jusqu'à déchirer la couverture de tissu et de carton pour s'assurer qu'aucun autre message – qui, celui-ci, aurait été le vrai – ne s'y trouvait dissimulé. Elle eut même l'idée de lire le texte dans un miroir pour voir si l'ingéniosité de son amie défunte ne s'était pas appliquée à tracer une phrase plus ou moins lisible à l'envers. Avec de grandes précautions, la dame d'honneur de Jin approcha le message d'une flamme car elle savait que certaines encres, *a priori* invisibles, étaient sensibles à la chaleur. Mais la lampe ne révéla rien que la jeune fille ne vît déjà, et par chance, ne roussit pas même la feuille.

Sourcil de paon cherchait tant à découvrir la signification qu'elle savait cachée... Son esprit s'obscurcit à proportion, perdant de vue les autres sujets primordiaux qu'elle aurait pourtant dû garder à l'esprit. Aussi, à une ou deux reprises, la dame d'honneur oublia, en une manière de paradoxe assez affreux, que Fleur entrouverte de soie n'était plus et se proposa d'aller l'interroger, avant de se raviser en se reprochant, navrée, ce trou de mémoire passager. Elle en revint même à l'interprétation première de la suite de trois caractères, *Huang mei pu*, « L'empereur n'a pas de jardin », puis examina de nouveau la seconde interprétation, tout aussi insatisfaisante et obscure que la première : *Huang mei qiu*, « L'empereur n'a pas de prison »...

Elle chercha bien sûr si une autre manière d'agencer ces trois caractères révélait un sens nouveau, buta à chaque reprise sur le fait que la signification du troisième idéogramme se dérobait à elle. Puis la suivante s'interrogea une fois de plus sur la raison qui avait bien pu conduire Fleur entrouverte de soie à déformer légèrement les trois idéogrammes, de façon à en faire des rectangles, certes à peine marqués... Hésitante, la jeune fille reposa le papier. Sourcil de paon était si lasse de réfléchir pour rien, se sentait si impuissante et si désemparée qu'une impression étrange la saisit. La dame d'honneur de la concubine Jin avait l'impression d'être abandonnée à son triste sort, abandonnée de tous les êtres humains, au milieu de la Cité pourpre interdite, prisonnière des innombrables cloisons, murs et murailles qui la séparaient du monde extérieur. Elle imagina que des esprits malintentionnés, dont sa protectrice la boddhisattva Guanyin ne réussissait pas à la préserver, la regardaient depuis le ciel s'agiter et s'épuiser, toute seule, ainsi que des enfants l'auraient fait avec une mouche retenue prisonnière dans une boîte de verre. Cette pensée lui déplut. D'instinct, Sourcil de paon leva les yeux pour tâcher de voir si elle pouvait apercevoir ces génies malveillants, ne vit personne, ni homme ni créature divine, et se sentit plus abandonnée que jamais.

Dès qu'il pénétra dans la chambre de Guangxu, Li Lianying congédia les serviteurs présents afin de ne garder avec lui que Petit Brillant. Pressé d'en finir, il marcha droit vers l'empereur de Chine :

– Sa Majesté la Vénérable Aïeule a appris que vous étiez fatigué. Elle a ordonné que ce médicament soit préparé à votre attention.

S'efforçant de ne donner aucune expression à son regard, le Premier Eunuque tendit la fiole de jade coloré à Guangxu. Machinalement, celui-ci tendit la main – il avait absorbé tant de potions… – ôta lui-même le bouchon, huma un parfum agréable, où l'on trouvait des senteurs de fruits et de rosée. Un instant, Li crut que Guangxu allait porter le flacon à ses lèvres et en boire le contenu d'une traite. Or, d'un coup, Le Fils du Ciel s'emporta :

– C'est un poison, je le sais, je le lis dans ton regard, misérable !

D'un geste si énergique que Li Lianying ne l'en aurait jamais cru capable, le Fils du Ciel de Chine repoussa l'objet de jade. Celui-ci heurta un petit buffet incrusté de plaques de pierre dure et se brisa aussitôt. Le liquide qu'il contenait, une sorte d'huile épaisse et pailletée, coula le long du meuble et recouvrit presque entièrement le charmant paysage bucolique qui était peint sur le côté. Le Premier Eunuque ne s'attendait certes pas à ce geste. C'était la première fois, depuis des années, que l'empereur osait ainsi se rebeller. Qu'est-ce qui expliquait cette attitude ?

Le cœur battant, le favori impérial savait que, de toute sa vie, il n'avait jamais réfléchi aussi vite et avec autant d'intensité. Guangxu avait-il appris que Cixi se mourait et avait-il décidé, déjà, de proclamer bien haut que nul ne pourrait plus jamais le contraindre à agir contre sa guise ? C'était impossible. Les castrats qui étaient chargés de surveiller l'empereur ne l'avaient ni quitté des yeux ni laissé sortir de sa prison, et Li Lianying savait que nul autre n'était venu ici avant lui, pas même Petit Brillant.

Le défi qui lui était ainsi adressé stimula la frénésie qui habitait en permanence le favori impérial dès lors qu'il s'agissait d'abaisser un être humain.

– Tu oses te rebeller contre moi ? Tu le regretteras avant longtemps.

Ivre de fureur et avide de tuer celui qui venait de s'opposer à lui, Li attrapa une écharpe de soie laissée sur le lit, puis se jeta sur Guangxu. Passé son mouvement d'humeur, celui-ci se sentit incapable de retrouver la force qui lui avait permis de rejeter le flacon. Le Premier Eunuque passa l'étoffe autour du cou de l'empereur, s'effara d'oser ce geste, à tel point qu'il eut peur de mourir sur-le-champ, frappé à mort par les dieux protecteurs de la dynastie des Grands Qing. Désormais contraint d'aller au bout de son mouvement, il serra davantage, y prit du plaisir et constata avec satisfaction qu'étrangler un homme était finalement chose aisée, surtout quand cet homme-là est aussi faible qu'un vieillard, à peine capable de rejeter une fiole d'apothicaire. Cet accès de mépris vint à point pour donner à Li le sursaut de vigueur qui lui manquait.

Dès lors, tout alla très vite. Guangxu ne dit rien, se débattit à peine. C'était déjà fini. Le favori de Cixi avait assassiné l'empereur de Chine.

Impuissant, incrédule, l'amant de Sourcil de paon vit le corps décharné de Guangxu glisser à terre, sans bruit, presque avec douceur et élégance. Li restait immobile, silencieux. Passé la stupeur première, le jeune castrat aux yeux sombres s'étonna que la mort de celui qui aurait dû régner en maître sur la Chine ait été si rapide et si facile à donner. Une autre pensée lui vint bientôt à l'esprit, étrange. Depuis de nombreuses années, Petit Brillant avait peut-être été le plus actif, le plus déterminé de tous les Chinois – castrats, fonctionnaires ou princes – qui avaient œuvré, certes en vain, à la libération du Fils du Ciel. Et aujourd'hui, hormis l'assassin, il était le seul témoin de ce meurtre. C'était là un privilège bien amer, dont il ne goûtait pas l'ironie. Une insupportable sensation de découragement le saisit, qui redoubla lorsque le jeune serviteur, mesurant à chaque instant davantage les conséquences de la scène inouïe qui venait de se dérouler devant lui, réalisa l'inutilité de tant d'efforts.

Ajoutant à l'irréel de la scène, Li Lianying s'écarta de Guangxu sans s'intéresser davantage à lui, se comportant à peu près comme il l'aurait fait s'il avait rencontré un chat crevé en se promenant le long des douves de la Cité pourpre interdite. À peine essoufflé et d'une voix normale, il se contenta d'énumérer avec méthode les ordres que Petit Brillant devait mettre en œuvre sans tarder.

– Nettoie le buffet souillé, brûle l'écharpe dans le brasero puis fais entrer les eunuques. Qu'ils s'occupent du reste. Auparavant, arrange le corps sur le lit. Fais en sorte que l'empereur donne à peu près l'impression d'avoir péri de mort naturelle, pour que les serviteurs ne soient pas trop effrayés, même si je n'ai aucun compte à leur rendre. Leurs pleurs me fatiguent déjà, inutile de les aggraver. Ne te donne cependant pas trop de mal : de toute manière, personne ne se souciera de la manière dont l'empereur aura trouvé la mort et je suis même certain que, avant l'heure du porc, l'on saura que j'ai tué le Fils du Ciel, dans la Cité interdite et au-dehors… D'ailleurs, cela m'est égal.

Presque badin, le Premier Eunuque ajouta :

– Va ensuite trouver les préposés de garde au bureau des rites. Qu'ils préviennent les embaumeurs, les prêtres, les moines, les tailleurs et les autres. Moi, je vais regagner ma place auprès de Cixi.

En souriant, le favori ajouta :

– Je vais tâcher de faire en sorte que le deuil soudain qui frappe une nouvelle fois sa famille n'assombrisse pas trop ses derniers instants. Pauvre Chine : perdre en si peu de temps, et son empereur et son impératrice douairière ! Qu'allons-nous devenir ?

Silencieuse, Sourcil de paon demeurait abasourdie. Les idées se bousculaient dans son esprit, ravagé par le chagrin et l'horreur. Il lui sembla qu'elle ne pourrait jamais retrouver la parole, faute de savoir comment agencer les mots propres à dire tout son effroi, son inquiétude aussi.

– Alors, c'est fini. Guangxu est mort. Il ne revêtira plus jamais les grandes robes-dragons cérémonielles.

De nouveau, la dame d'honneur laissa passer un long silence. Elle regarda les murs du petit pavillon comme si elle les voyait pour la première fois alors qu'elle en connaissait par cœur chaque lambris et chaque lézarde lorsque, ennuyée ou simplement étrangère aux caresses de Petit Brillant, elle les détaillait avec application. Enfin elle reprit :

– Et Cixi ? Comment va-t-elle ?

Petit Brillant ne pouvait s'empêcher de regarder son amante fixement. Sitôt après le meurtre de Guangxu, il s'était dépêché d'exécuter les recommandations de Li Lianying avant que celui-ci le laisse aller à sa guise. Puis, tête baissée, il était venu retrouver son amante sans regarder personne, aucun des serviteurs rencontrés qui, pourtant et parce que le jeune castrat passait pour être toujours bien informé, lui avaient demandé au passage, et en vain, des nouvelles de Cixi et de Guangxu.

Hormis Li Lianying, la jeune fille était ainsi le premier être humain dont Petit Brillant croisait le regard depuis la mort de Guangxu. Éperdument, et quoique la dame d'honneur soit, bien entendu, tout à fait étrangère au drame auquel il venait d'assister, Petit Brillant tâchait de trouver dans ses yeux une explication au désordre qui broyait la Cité interdite.

Sourcil de paon se méprit sur ce que désirait le jeune homme. Elle s'approcha de lui, voulut l'étreindre pour le réconforter. Gêné par ce mouvement, presque indisposé puisqu'il ne répondait en rien à ses attentes du moment, Petit Brillant s'écarta vivement. Il était bien entendu incapable d'expliquer à son amante que, à cet instant, c'est au corps sans vie de Guangxu qu'il avait songé lorsque celui de Sourcil de paon s'était plaqué contre le sien. La dame d'honneur en fut blessée mais ne le montra pas ni ne s'en offusqua réellement car elle savait que le garçon venait de vivre un événement d'une violence prodigieuse.

Cependant, pour se donner une contenance, elle interrogea de nouveau :

– Cixi a-t-elle eu le temps d'apprendre la nouvelle ou est-elle entrée en agonie avant que Li Lianying aille la retrouver ?

Toujours hébété, Petit Brillant dut rassembler ses idées afin d'être en mesure de répondre :

– Je l'ignore. Mais en venant ici, j'ai aperçu les moines tibétains. Ils continuent à psalmodier dans les cours basses, sans que rien n'indique que leur liturgie ait changé depuis leur arrivée dans la Cité interdite. Leurs prières ne seraient pas les mêmes si l'impératrice avait expiré.

– Le Vieux Bouddha réussira à s'accrocher à la vie autant d'heures qu'il le faudra pour savourer pleinement la nouvelle du trépas de son neveu.

Petit Brillant approuva :

– Oui, et elle aime trop les cérémonies et veut tellement, jusqu'à son dernier instant, se placer au centre de l'univers qu'elle fera aussi tout ce qui est en son pouvoir pour recevoir son successeur désigné. Elle s'amuse tant de nous laisser entre les mains d'un enfant.

– Je ne sais ce qu'il va advenir de nous. Quels que soient ses crimes, Cixi partie, plus rien ni personne ne nous protège. Qui sait si les Barbares ne vont pas nous attaquer comme sous le règne de l'empereur Xianfeng, quand ils ont pillé et brûlé le vieux Palais d'été, ou même envahir la Cité interdite comme ils l'on fait l'année gengzhi ? Te rends-tu compte que cela fait presque cinquante ans que la Vénérable Aïeule régnait sur nous ?

Ensemble, les deux jeunes gens avaient toujours soutenu le parti de Guangxu mais la disparition annoncée de Cixi les tétanisait cependant. Ce fut Sourcil de paon qui, la première, commença à reprendre ses esprits. Certes, des deux amants, ce n'était pas elle qui avait assisté à l'assassinat de l'empereur de Chine, ce qui lui conférait un avantage certain sur Petit Brillant pour ce qui était de renouer le fil de pensées moins soumises à ses émotions. Éperonnée, même, par le désir de les tirer tous deux de la torpeur où ils avaient sombré, la dame d'honneur regarda autour d'elle. Presque rageuse, l'esprit encombré par les images odieuses qu'avait fait naître le récit de Petit Brillant, Sourcil de paon s'empara du message de Fleur entrouverte de soie, bien décidée, cette fois, à comprendre son sens. Elle se risqua même à plaisanter, non sans accomplir un large effort sur elle-même :

– Aide-moi donc à découvrir ce secret qui se dérobe à nous. Je ne vois pas ce qui peut nous arriver de plus grave après l'assassinat de l'empereur et la mort de la douairière, mais je suis certaine qu'une fois la porcelaine retrouvée, nous connaîtrons quelque répit.

Petit Brillant s'approcha du message, il s'apprêtait une fois de plus à répéter l'une ou l'autre des phrases dépourvues de sens qu'ils ânonnaient tous les deux depuis trop de temps. Une fois de plus, en montrant le dernier idéogramme, l'eunuque proposa :

– Il s'agit peut-être du caractère dessin (*tu*). La phrase pourrait donc se lire ainsi : 王没图, *Huang mei tu*, l'empereur n'a pas de dessin…

Sourcil de paon ferma les yeux un instant, pour mieux réfléchir, avant de reprendre :

– Mais cela ne nous éclaire pas davantage, cela ne veut rien dire. Nous savons tous, bien entendu, que, privé de liberté, Guangxu n'avait pas le loisir de contempler comme il l'aurait voulu les dessins, les tableaux, les rouleaux peints conservés dans les collections impériales. Mais à quoi bon écrire cette évidence ? Et comment l'interpréter sur un mode allégorique, par exemple, si telle a été l'intention de Fleur entrouverte de soie ?

Après avoir observé un silence, elle reprit :

– Nous faisons peut-être fausse route depuis le début. Après tout, c'est moi qui nous ai mis en tête que ce message comportait un sens caché. Il n'en est peut-être rien. Il est certain que Fleur entrouverte de soie était menacée, puisqu'elle a fini par périr de manière atroce, et elle le savait probablement, ce qui lui aura fait perdre la tête et l'aura conduite à rédiger cette lettre dépourvue de logique.

– Et en proie à une sorte de délire, elle aurait simplement écrit une phrase qu'elle m'avait entendu prononcer quelques jours auparavant ? Je n'y crois guère, remarqua Petit Brillant.

De son doigt, s'efforçant de retracer dans l'espace le mouvement interrompu qui avait été celui du pinceau de la dame de cour disparue, il tâcha dans le même temps de se remémorer les nombreux caractères auxquels le troisième pouvait correspondre, y compris les idéogrammes les plus compliqués et les moins utilisés, tels ceux qui figuraient dans les anciennes inscriptions ornant les temples ou les calligraphies les plus Vénérables. Mais aucun d'entre eux n'était en mesure de correspondre. Reprenant le véritable travail qu'avait accompli Sourcil de paon voici quelques heures, le garçon s'efforça d'imaginer toutes sortes de ruses pour percer le secret du texte. Puis, aux prises avec l'état second dans lequel la nouvelle de la mort de

Guangxu les plongeait, l'eunuque et son amante conjuguèrent leurs efforts, explorèrent de nombreuses pistes, lurent à voix plus ou moins haute diverses combinaisons possibles.

Peu à peu, Sourcil de paon se sentait envahie par une étrange sensation. Passé l'horreur suscitée par le récit de l'assassinat de l'empereur, la jeune fille était la proie étonnée d'un nouveau sentiment, une sorte d'apaisement qui la gagna peu à peu. Elle crut d'abord que ce sentiment n'était qu'une réaction de la nature, la seule façon que son esprit avait trouvée pour reprendre des forces, se protéger des visions de mort qui l'assaillaient : le Premier Eunuque se jetant sur l'empereur et nouant l'écharpe fatale, Guangxu, affaibli, cherchant désespérément l'air et les forces qui lui permettraient de lutter, son dernier râle… Peu à peu, cependant, la jeune fille comprit que ce soulagement, loin d'être passager, était au contraire durable. Elle eut d'abord honte de ce qu'elle prit pour de la versatilité, voire une incroyable inconséquence. Elle regarda Petit Brillant, n'osa se confier à lui puis songea que, finalement, savoir que Guangxu avait bel et bien expiré lui était un soulagement réel et lui ôtait de l'esprit le poids qui l'oppressait depuis des années, ce dont elle n'avait pas à avoir honte.

– L'empereur n'a pas, l'empereur n'a pas…, poursuivait le jeune eunuque.

Sourcil de paon le considéra avec tendresse. Le garçon, au contraire, paraissait avoir besoin de se consacrer à la résolution de ce véritable casse-tête pour canaliser ses émotions, maîtriser la stupeur qui ne l'avait pas quitté depuis le forfait commis par Li Lianying…

Petit Brillant éprouvait à son tour le sentiment qui s'était saisi peu de temps auparavant de Sourcil de paon, cette impression d'enfermement : même emprisonné, Guangxu constituait de son vivant une sorte de contre-pouvoir à celui de Cixi puisque, du jour où celle-ci disparaîtrait, il était destiné à remonter sur le trône. Prisonnier, le Fils du Ciel, n'en constituait pas moins un recours, presque une promesse. Guangxu mort, Cixi se mourant, disparaissaient presque dans le même temps les deux principaux personnages de la Cité interdite. Ne pouvant, en raison de son jeune âge, accorder une réelle importance au jeune Puyi, Petit Brillant méprisait le prince Chun à l'image de tous ceux qui, de près ou de loin, avaient approché le père du futur empereur. Il existait désormais un gigantesque vide au cœur de la Chine, une béance dont rien ne permettait d'envisager comment elle allait être comblée. L'eunuque ne voulut pas succomber au découragement qui aurait pu naître de cette analyse. Et, en prenant sur lui-même, il concentra de nouveau toute son attention sur le message de Fleur entrouverte de soie, recommençant à marmonner les mots, les phrases qui lui venaient successivement à l'esprit. Or, sans qu'il le sache et même l'entrevoie, la succession de mauvaises nouvelles et de malheurs auxquels il était confronté avait ébranlé un pan de son esprit, révélant un champ de réflexion jusque-là insoupçonné.

Et, soudain, l'eunuque aux yeux sombres regarda Sourcil de paon avec gravité puis éclata de rire. Un instant, un frisson glaça la jeune fille qui craignit que Petit Brillant ne sombre dans la déraison. Mais le garçon comprit qu'il l'inquiétait et se hâta de la rassurer :

– Nous avons fait fausse route depuis le départ. Le message de Fleur entrouverte de soie ne se cachait pas dans le sens de ces trois caractères…

– Je ne comprends pas… Comment est-il possible de découvrir la teneur de la phrase si tu ne t'intéresses pas à la signification des trois idéogrammes ?

Petit Brillant pointa le trait, à peine esquissé, qui occupait le centre du troisième et dernier caractère et qui, tache ou non laissée par Fleur entrouverte de soie, avait déjà retenu l'attention de Sourcil de paon lorsque celle-ci avait essayé, seule, d'en percer le sens.

– Je ne sais pas ce que signifie ce mot, jardin, prison ou dessin, peu importe, cela ne revêt aucune importance. Vois, cette petite barre, là, que tu as prise, comme moi, pour une surcharge, la scorie laissée par le pinceau qui, habile à tracer les deux premiers caractères, se serait montré hésitant. Si l'on regarde de très près, il est assez aisé de voir que cette rature n'a pas été tracée avec la même encre que le reste, ni même avec le même pinceau. Le noir est un peu bleuté, la texture veloutée. Loin d'être le fruit d'une maladresse, ce trait a été voulu par Fleur entrouverte de soie. C'est lui qui nous indique où se trouve le plat des Français.

Sourcil de paon ne comprenait rien au discours de son amant et pourtant, elle mesurait que celui-ci parlait sérieusement, et sans que son esprit soit égaré.

– Les deux premiers caractères n'ont aucune importance, ni le troisième, du reste. Ce qui compte, c'est sa forme générale et, bien entendu, ce trait… Regarde de plus près ce caractère et oublie ce qu'il signifie ou pourrait signifier. Concentre-toi sur sa configuration, cette forme géométrique, inscrite dans une sorte de carré un peu trop allongé, cela ne te dit rien ?

Le triomphe modeste mais certain d'avoir raison, le garçon poursuivit :

– C'est la forme générale de la Cité interdite. Vois, les traits formant ce cadre, en haut et en bas, à gauche et à droite, représentent les quatre murailles qui enserrent les résidences impériales et les isolent du monde. Ce troisième idéogramme n'en est pas un, en réalité. C'est un plan, simplifié, certes, mais un plan quand même. C'est pour cela que Fleur entrouverte de soie a légèrement déformé les proportions des trois caractères, afin de mieux faire correspondre les contours du troisième avec ceux du Grand Au-Dedans.

Petit Brillant se tut un court instant, afin de laisser à son amante le temps de mesurer les conséquences de ce qu'il expliquait. Sourcil de paon compléta :

– Et ce trait particulier, dont tu as justement remarqué qu'il avait été tracé avec une encre modifiée, il indique donc la cache où notre amie a placé la porcelaine. Et à en juger par son plan codifié, celle-ci se trouve au nord de la Salle du culte des

Ancêtres, dans l'un ou l'autre des Six Palais de l'Est.

Sourcil de paon trépignait de joie, elle poursuivit :

– Tu as raison, c'est certain. Fleur entrouverte de soie a peut-être un temps songé à aller remettre le plat des Français dans le Palais du bonheur justifié. Mais elle s'est vite rendue compte que c'était là une mission impossible à mener à bien : il lui aurait fallu traverser une large part de la Cité interdite, ce qui lui aurait pris trop de temps et l'aurait exposée à être surprise hors de la résidence de Cixi. De plus, les eunuques qui veillent sur les collections d'objets d'art l'auraient fatalement vue et dénoncée. Alors que pour se rendre dans l'un des Six Palais de l'Est, elle n'avait que quelques pas à faire en sortant de chez Cixi, pour peu qu'elle ait emprunté, ce qui a dû être le cas, le corridor des lingères, désert dans la journée.

Certain d'avoir raison, l'eunuque reprit la parole :

– Le trait, je pense qu'il indique la demeure de la concubine de jade.

La jeune dame d'honneur se pencha à son tour sur le message, l'examina de plus près :

– Ce que je vois semble correspondre avec ta proposition, vraiment, tout concorde.

Il y avait une nuance de regret dans sa voix : ce n'était pas elle qui avait résolu l'énigme, en dépit de ses efforts et de l'amitié qui la liait à Fleur entrouverte de soie, dont elle s'estimait désormais un peu indigne. Cela n'échappa pas à Petit Brillant, qui ne voulut pas, profitant de ce triomphe, prendre sa revanche et se venger ainsi des mille vexations ou mouvements d'humeur que lui avait infligés son amante. Généreux, même, il tint à préciser :

– Le jour où Fleur entrouverte de soie a lu et retenu la phrase que j'avais écrite par compassion pour le Fils du Ciel, je me suis souvenu qu'elle avait insisté sur un fait : elle aurait aimé vivre chez Jin. Cette remarque appuyée vient de me revenir, et je suis certain que Fleur entrouverte de soie savait que je m'en rappellerais. Toi, tu ne pouvais t'appuyer sur ce souvenir pour t'aider à découvrir le secret du message…

– Chez la concubine Jin…, répéta Sourcil de paon. En effet, bien qu'elle n'ait aucun motif officiel de se rendre chez ma maîtresse, Fleur entrouverte de soie ne risquait pas d'attirer l'attention, elle n'était qu'une suivante parmi les autres, à vaquer à ses occupations.

Les deux amants continuèrent à imaginer ce qu'avait pu être le raisonnement de la défunte. La cachette qu'elle avait choisie présentait l'avantage d'être aisément accessible. Bien sûr, un tel choix n'était pas dépourvu de dangers : la porcelaine risquait d'être découverte par une autre que Sourcil de paon, et celle-ci pouvait même être accusée de l'avoir tout à la fois dérobée et dissimulée là. Mais Fleur entrouverte de soie avait dû faire vite, sans doute improviser, sans disposer d'aucun conseil…

Un chant triste et saccadé retentit dans le lointain. Les deux jeunes gens reconnurent une mélodie mandchoue. Il s'agissait sans doute d'une incantation lancée par les chamanes qui, à l'approche de la mort de Cixi, avaient reçu le droit de pénétrer dans la salle où était couchée le Vieux Bouddha afin d'y prononcer les anciennes prières de sa race. Petit Brillant et Sourcil de paon se regardèrent. Ils s'étaient compris l'un l'autre : le chant annonçait que la Vénérable Aïeule était sur le point de devenir d'un moment à l'autre l'« Invitée du Ciel ».

Il n'en fallut pas davantage pour susciter dans l'esprit de Petit Brillant un nouvel accès de découragement :

– Guangxu est mort. Cixi va le rejoindre au domaine des Sources jaunes. À quoi servirait-il que nous tentions de replacer le plat des Français dans les collections du Palais du bonheur justifié, puisque le chaos s'est déjà emparé de la Cité interdite ?

Sourcil de paon n'était pas loin de partager l'analyse du garçon. Une nouvelle fois, cependant, sa volonté d'influer autant qu'elle le pouvait sur les événements l'incita à vouloir agir :

– Nous ne savons pas ce que le destin nous réserve, à nous et aux autres habitants de la Cité interdite. Tâchons d'apaiser les esprits offensés. À l'occasion de la mort de Cixi, le Neiwufu va être sollicité de toutes parts par l'entourage du prochain empereur ou, du moins, les proches du prince Chun. Un fonctionnaire va tôt ou tard s'apercevoir que j'ai dépassé l'âge de demeurer auprès de Jin et je devrai cette fois te quitter.

Sourcil de paon se redressa, son visage se fit plus grave, sa voix aussi :

– Dès que je serai au-dehors, je te jure que je m'emploierai à te faire sortir de la Cité interdite bien que la loi t'oblige, toi, à y rester jusqu'à ce que tu entres dans la vieillesse. D'ici quelques années, nous vivrons tous deux, heureux, dans une maison de la Ville chinoise, je t'en fais la promesse. Mais d'ici là, il nous faut demeurer en vie et nous préserver de ce qui peut nous empêcher d'accomplir ce rêve.

La dame d'honneur marqua une courte pause avant de conclure :

– Je retourne chez Jin pour tâcher d'y trouver le plat des Français. Pour la suite, es-tu décidé à m'aider ?

Presque blessé que Sourcil de paon lui pose cette question, Petit Brillant acquiesça. À cet instant, les chants des chamanes s'amplifièrent. Le garçon attendit que cette incantation s'éteigne pour reprendre :

– En dépit de notre découverte, nous ne sommes pas absolument certains que la porcelaine se trouve chez Jin. Comment savoir, de surcroît, à quel endroit exact elle est cachée ?

Cette fois, Sourcil de paon n'eut pas besoin de réfléchir longtemps :

– Fleur entrouverte de soie n'a pas dû pénétrer dans l'appartement de Jin proprement dit, elle était pressée et, là aussi, ne devait pas trop attirer l'attention. Je crois que je sais où se trouve le plat de porcelaine et pense savoir comment m'y prendre pour vérifier que j'ai raison.

– Mais la concubine de jade va te vouloir auprès d'elle !

– Pour ce qui regarde Jin, de deux choses l'une. Ou bien elle n'a pas été appelée au chevet du Vieux Bouddha et, après avoir appris la mort de

Guangxu et en attendant l'annonce officielle de celle de Cixi, elle s'est enfermée dans sa chambre et attend la suite des événements en retenant sa respiration, sans même oser pleurer. Ou bien, comme c'est plus vraisemblable, elle a été conviée par le Neiwufu à réfléchir aux côtés de l'impératrice Xiaoding au bon ordonnancement des funérailles du Fils du Ciel. Dans tous les cas de figure, je vais pouvoir aller et venir à ma guise dans sa résidence. Dès que j'aurai découvert la porcelaine de Jingdezhen, je la cacherai sous mes habits et te rejoindrai ici. Il faudra ensuite la rapporter au Palais du bonheur justifié et cela, je ne peux le faire. Toi, en revanche, en raison de ta proximité avec Li Lianying et surtout parce que tu es un homme libre de ses mouvements dans la Cité interdite, tu y parviendra assez aisément.

La jeune fille était sur le point de prendre congé de son amant lorsqu'elle remarqua une trace d'humidité sur la robe du garçon. Elle détourna les yeux avec pudeur, craignant d'embarrasser Petit Brillant. Le garçon intercepta son regard et trouva assez de ressource pour en rire, en dépit de la situation :

– Détrompe-toi, mon corps ne m'a pas trahi. Ce n'est qu'une sorte de peau de bête que j'ai repêchée dans le Ruisseau des eaux d'or et que j'ai glissée dans ma ceinture. Elle est comme tannée et agrémentée d'un ruban de facture mandchoue. Sans doute un chamane l'a-t-il perdue en venant dans la Cité interdite pour assister Cixi…

Il exhiba la dépouille de la belette, qui dégoûta quelque peu la jeune fille. Ni l'un ni l'autre ne pouvaient deviner le rôle joué depuis plusieurs mois par ce porte-bonheur. Un peu sottement rejeté par Fleur entrouverte de soie, il n'avait pu lui venir en aide, en dépit de la bonne volonté de l'esprit protecteur de sa tribu mandchoue. En revanche, la petite dépouille avait porté chance à l'eunuque chinois, l'avait aidé à percer le secret du message laissé par la malheureuse dame de cour.

Poulie grinçante montra aux sentinelles de la garde mandchoue qui défendait la Porte fleurie de l'Ouest son laissez-passer de service. Les soldats avaient l'habitude de voir les serviteurs aller et venir entre la Cité pourpre interdite et les Palais de mer. De plus, le visage de Poulie grinçante leur était connu, aussi ne s'occupèrent-ils guère de lui, davantage intéressés par la partie de mah-jong qu'ils étaient en train de disputer. Si, comme on le disait, la douairière était en train de se préparer à gagner les Sources jaunes, entre les princes et les dignitaires étrangers qui viendraient présenter leurs condoléances aux princesses, le passage du convoi funéraire de Cixi et celui de l'empereur défunt, sans compter celui du nouveau Fils du Ciel et des personnages invités aux cérémonies d'investiture, les gardes n'allaient pas chômer. Alors, en prévision de ce surcroît de travail, ils étaient moins regardants en matière de passage. De toute manière, pensait leur chef, l'empereur et la douairière étaient morts ou sur le point de l'être, il n'y avait plus personne de vraiment indispensable à défendre, dans le Grand Au-Dedans, rien que des castrats peureux et des servantes immodestes.

À pas mesurés, Poulie grinçante négligea les cours et les passages secondaires : ceux-ci étaient bons pour la simple valetaille occupée à de basses besognes. Lui, l'amant de Cixi, missionné par les dieux pour donner à la Vénérable Aïeule le baiser qui la sauverait et lui conférerait la vie éternelle, il emprunterait bientôt les rampes centrales réservées aux seuls empereurs, en tant qu'époux secret de la douairière…

Pour venir trouver son impératrice, sa femme, l'eunuque gardien avait revêtu la plus belle de ses robes brodées et s'était paré de ses plus beaux colliers. Il avait même drapé ses parties mutilées dans les étoffes les plus fines, imprégnées du parfum le plus suave afin qu'en dépliant les tissus, Cixi soit aussitôt conquise. Il faisait beau, en cette époque de la Gelée blanche [1], le ciel était très clair, l'air froid mais vivifiant : la nature s'était faite éclatante pour assister aux noces que le monde attendait. Poulie grinçante hâta le pas. Certes, il entendait les chants des moines tibétains venus en grand nombre, et dont les litanies alternaient avec celles des chamans. Il connaissait les uns et les autres de ces chants dont le caractère funèbre ne lui échappait pas d'ordinaire. Mais ce jour-là, celui de son mariage, l'eunuque savait que, contre toute évidence, ces musiques et les appels des longues trompettes au son grave proclamaient son bonheur et surtout celui de Cixi. Il lui fallait se hâter, la mariée avait dû se faire belle et l'attendait, sous son voile, tout de

---

1. Cixi et Guangxu moururent à quelques heures d'intervalle, à la fin octobre 1908.

rouge vêtue, elle-même rougissante et timide comme il sied à une jeune épousée. Empli d'orgueil et sûr de son bon droit, Poulie grinçante ne regrettait qu'une chose : que sa mère et les autres habitants de Xiao li pu ne soient pas là pour admirer son triomphe.

Sourcil de paon se défit du manteau matelassé qu'elle avait passé sur sa robe en prenant soin de garder son bras contre son buste. C'était là, sous l'aisselle, que la jeune fille avait placé le plat des Français, après l'avoir enveloppé dans un tissu épais. Avec de grandes précautions, elle prit le paquet de sa main demeurée libre et le posa sur la table de bois noir. Puis elle expliqua à Petit Brillant :

– Il était bien là où je l'avais supposé. Fleur entrouverte de soie l'avait simplement déposé dans la Salle des présents, la chambre où la concubine de jade range les cadeaux de Cixi. Il ne faut y pénétrer qu'à dessein, car Jin craint toujours que l'on y brise quelque chose. Je ne sais comment Fleur entrouverte de soie s'est débrouillée mais elle est parvenue, apparemment sans encombre, à déposer la porcelaine au milieu des autres objets qui encombrent ce salon. Cette cachette était la plus sûre : à moins de bien le connaître ou de le chercher avec attention, le plat ne se distinguait pas, au milieu des autres pièces de porcelaine.

Petit Brillant considérait le paquet avec circonspection. Il n'osait pas déplier le tissu, comme si celui-ci avait pu constituer un rempart fragile propre à atténuer, un peu, les influences néfastes qui s'échappaient de la porcelaine. Sourcil de paon surprit ce regard inquiet et presque hostile. Ce qui l'incita à exhorter son amant à la prudence :

– Cette porcelaine est envoûtée, c'est un fait acquis. Ne lui montre pas que tu la redoutes et que tu t'en méfies. Tâche aussi de ne pas la détester. Mieux vaut ne pas l'offenser avant que nous ayons pu la replacer dans le Palais du bonheur justifié. Elle sait que nous ne sommes pour rien dans son déplacement et, au contraire, que nous la protégeons et voulons lui redonner la paix.

Petit Brillant acquiesça :

– Hâtons-nous. Si la Vénérable Aïeule vient à trépasser ou même si elle va plus mal, Li Lianying me fera immanquablement appeler auprès de lui et j'aurai bien plus de mal que maintenant à aller et venir comme je l'entends.

D'un hochement de tête, Sourcil de paon se rangea à l'avis du jeune homme mais elle prit le soin, avant de remettre son manteau, d'adresser une courte prière à la boddhisattva Guanyin. Le chemin que les deux jeunes gens devaient accomplir n'était guère long, mais la dame d'honneur ne voulait négliger aucune mesure de prudence. Tandis qu'elle priait avec application, Petit Brillant se saisit avec autorité du paquet et le mit sous son bras. C'était, Sourcil de paon le comprit, une manière de lui signifier que désormais, c'était à lui qu'il revenait de braver les dangers qui les menaçaient. Ce geste fit frissonner la jeune fille qui, pourtant habituée à décider pour deux ou, à tout le moins, à faire preuve d'initiative, fut troublée par cette attention. Elle y vit la marque subreptice de la masculinité qui, malgré lui, faisait souvent défaut à son amant.

Les chants touchaient à leur fin. Juste après le prononcé de la dernière strophe, les deux jeunes gens quittèrent le pavillon. Au même instant, jusque-là escorté de soldats revêtus de leur grand uniforme de cérémonie, cuirasse rembourrée et haut casque orné de touffes de crin, un palanquin attendu de tous franchissait la porte du Midi : portée par des serviteurs vêtus de longues robes sombres ornées de calligraphies claires, c'était la chaise fermée qui transportait Puyi, le jeune enfant en bas âge que sa dévouée nourrice n'aurait jamais cru un jour devoir présenter à une femme mourante.

Sans aide aucune, Cixi réussit à reprendre appui sur son séant et parvint même à ramener vers elle un gros coussin. Elle se sentait mieux, n'en était pas sûre, voulait s'en persuader. D'ailleurs, les coliques qui l'avaient tordue et l'avaient réduite, une humiliation dont elle se serait passée, à n'être plus qu'un ventre douloureux et méprisable, s'étaient quelque peu calmées. En femme intelligente et déterminée, dès les premières attaques du mal qui risquait de lui être fatal, la douairière s'était uniquement occupée d'organiser sa succession afin que l'avenir de la dynastie et de la Chine lui échappe le moins possible en dépit de sa disparition probable. Elle avait bien entendu tout à fait oublié le plat des Français et la malédiction afférente. Il est probable qu'il en allait de même pour ses serviteurs, y compris Li Lianying. Au demeurant, ils se seraient tous bien gardés d'évoquer la porcelaine s'ils s'étaient souvenus de son existence, de peur de s'attirer des embarras. La nouvelle de la mort de Guangxu était en train de se répandre dans les palais impériaux, et jusque dans la résidence de Cixi. Comme Li Lianying l'avait prévu, la rumeur le désignait déjà comme étant l'assassin du Fils du Ciel.

Parmi les courtisans et les serviteurs qui demeuraient près du lit impérial, le médecin Den Tiantao attendait la fin, tout en assurant de temps à autre à la douairière qu'elle se portait comme un charme. Avec d'autant plus de conviction forcée que le rapide et énième examen auquel il venait de procéder n'augurait rien de bon. En particulier, la langue de Cixi s'était étrangement rapetissée et se coinçait sans que la vieille femme s'en rende compte entre ses dents gâtées, rendant sa diction par moments impossible à comprendre. Pour la forme, le médecin formula une nouvelle prescription dont il confia la confection aux deux eunuques de la Pharmacie impériale qui attendaient ses ordres. Puis il regarda partir les deux apothicaires, l'air trop dubitatif pour ne pas attirer l'attention d'un autre homme.

Ce dernier, qui n'appartenait pas au cercle rapproché de ceux qui servaient ou soignaient la malade, se tenait néanmoins dans la vaste chambre de la douairière, avec des dizaines d'autres personnages, en raison de la faveur assez récente que Cixi lui avait accordée. C'était l'eunuque Hua le Plat des Français. À la seule observation du visage de Den Tiantao, celui-ci comprit que la fin était imminente. Comme Sourcil de paon et Petit Brillant, et plus qu'un autre, il savait que l'assiette des Français ne pouvait être étrangère à cette fin. Prenant un air affairé, Hua se composa un visage qui exprimait à la fois l'inquiétude qu'il éprouvait pour Cixi et l'assurance d'un homme jouissant d'un traitement privilégié. Sous le coup de l'émotion, son corps ondulait plus que de coutume. Il gagna furtivement le seuil où se tenaient les serviteurs du second rang, se mêla à eux avant de s'en éloigner et quitta discrètement la demeure de Cixi.

Bien entendu incapable d'apercevoir ce manège, l'impératrice douairière demanda à boire, et même, à avaler quelques cuillerées de riz bouilli. Retrouvant avec cette nourriture frugale un peu de vigueur, elle se tourna vers Li Lianying. D'une voix assez forte pour que celui-ci l'entende mais assez basse pour que nul autre n'y parvienne, elle prévint :

– Je me sens mieux, la nouvelle de la mort de mon neveu m'a beaucoup soulagée. Or, Puyi est trop jeune pour régner, et le prince Chun n'est bon qu'à vendre des nouilles sautées. Aussi, en tant que grand-tante du nouvel empereur et tante de son père, je vais garder le pouvoir et gouverner la Chine « derrière le rideau ». Ce me sera d'ailleurs une tâche plus aisée que du temps du vivant de mon neveu Guangxu car il ne faudra plus compter avec ses misérables partisans ou avec les questions oiseuses des chancelleries des pays barbares, qui demandaient régulièrement de ses nouvelles.

Li Lianying, tout entier habité par le geste irréparable qu'il avait commis dans la demeure de l'empereur ne répondit rien. Bouleversé par son propre crime, il savait que, quoi qu'elle en pense ou dise, Cixi avait probablement prononcé ses dernières paroles.

La lumière commençait à décliner et, avec elle, la maigre chaleur qui, au soleil, empêchait que l'on ressente le froid enserrant cependant la Cité interdite. Petit Brillant et Sourcil de paon savaient comment se tenir et marcher pour donner l'impression qu'ils étaient occupés à accomplir une mission confiée par une princesse ou un eunuque de haut rang. Nul ne songea donc à s'étonner de leur présence dans la partie de la Cité pourpre interdite où, d'ordinaire, les serviteurs de la famille impériale ou du Premier Eunuque ne se rendaient guère. C'était cependant fort rare qu'ils s'aventurent ainsi tous les deux jusqu'aux abords du Palais du bonheur justifié. N'était la nécessité impérieuse qui les contraignait à venir ici, l'un et l'autre auraient été tentés de rebrousser chemin. Pour plus de sûreté, en prévision de la rencontre inopportune qu'ils risquaient de faire, et selon que l'importun connaîtrait déjà ou non la nouvelle de la mort de Guangxu, Petit Brillant et Sourcil de paon étaient convenus d'avancer un mensonge somme toute plausible : ils déclareraient être mandatés par Li Lianying, faux certificat à l'appui, pour venir chercher un ancien objet de culte dans les collections impériales…

Ils arrivèrent dans l'étroite avant-cour du bâtiment, tout entière close de hauts murs qui protégeaient un peu du froid, Petit Brillant souffla :

– Bientôt, nous n'aurons pas même à nous justifier afin de détourner les soupçons d'un eunuque trop indiscret. Passé ce portail, là-bas, plus personne ne pourra nous apercevoir, si ce n'est les serviteurs du Palais du bonheur justifié. Nous sommes tirés d'affaire.

Sourcil de paon ne répondit pas, trop anxieuse pour demander à Petit Brillant de quelle manière ils allaient s'y prendre pour replacer la porcelaine ensorcelée dans le coffre dont Cixi n'aurait jamais dû la faire ôter.

Tout à coup, une silhouette se dressa devant eux. D'instinct, Petit Brillant serra le paquet contre lui. Courageuse, Sourcil de paon fit un pas en avant pour protéger son amant et son précieux chargement. Les deux jeunes gens reconnurent l'eunuque Hua. Celui-ci s'avança vers eux, menaçant.

– Donnez-le-moi !

Petit Brillant ne perdit pas son sang-froid. Il pivota sur lui-même de manière à placer le plat hors d'atteinte de Hua, au moins dans l'immédiat.

L'eunuque insista, menaçant :

– C'est à moi qu'il revient de le remettre en place !

Changeant de ton, d'une voix moins dure, il ajouta :

– J'avais mis en garde la Vénérable Aïeule. Malheureusement, celle-ci n'a pas tenu compte de mes avertissements. Sans doute parce que je n'ai pas été assez convaincant. Aussi je dois réparer ma faute et ranger moi-même le plat des Français, c'est une charge, un devoir sacré qui m'incombe.

Sans se concerter, Petit Brillant et Sourcil de paon estimèrent l'un et l'autre que Hua leur mentait. Ils ne songèrent pas à nier qu'ils transportaient la pièce de porcelaine : Hua semblait déterminé, si prêt à recourir à la violence, que tenter de le berner était inutile voire dangereux.

Petit Brillant voulut ruser :

– Laisse-nous passer, nous agissons sur ordre de Li Lianying.

Hua haussa les épaules :

– Le Premier Eunuque ignore que vous êtes là, je le sais, je viens de le quitter. Cixi va mourir mais elle a repris pour un instant quelque vigueur. J'ai compris que ce sursaut était lié au sort du plat des Français, et que celui-ci manifestait son contentement de regagner son port d'attache en accordant à Sa Majesté un court répit, l'illusion d'aller un peu mieux. En sortant de la résidence de Cixi, j'ignorais ce qui avait pu exactement arriver à cet objet et qui avait pu s'en emparer. Aussi je me suis posté ici et j'ai simplement attendu. Vous n'avez d'ailleurs pas été très longs et je vois, Petit Brillant, à ta mine et au paquet que tu tiens, que tout ce que j'ai imaginé est bien réel.

Reprenant un ton dur, Hua répéta :

– Dépêchez-vous. Je n'ai qu'à crier pour que l'on vienne ici et alors, vous aurez à vous expliquer devant les gardes. Je sais que vous n'êtes détenteurs d'aucun ordre de mission, ou tout au plus d'un faux.

Jusque-là silencieuse, Sourcil de paon intervint :

– Toi non plus, tu ne disposes d'aucun mandat certifié qui justifierait ta présence en ce lieu et ta demande. Ta position n'est pas plus assurée que la nôtre, laisse-nous passer !

Pour toute réponse, Hua s'avança, bouscula d'un coup d'épaule Sourcil de paon. Surprise et déséquilibrée, celle-ci tomba, sans pouvoir retenir un cri. Petit Brillant hésita, empêché d'agir comme il l'aurait souhaité en raison de la porcelaine qui l'embarrassait mais dont il ne voulait pas se défaire. Or, une nouvelle plainte de son amante l'effraya, lui fit craindre que celle-ci soit blessée. Cette fois, l'eunuque aux yeux sombres posa le paquet à même le sol, avant de se pencher vers la jeune dame d'honneur. Hua n'attendit pas davantage. Il voulut s'emparer du plat, mais trébucha sur une dalle plus haute que les autres, chuta à son tour. De son côté, Sourcil de paon se relevait, sans trop de mal. Hua, en revanche, paraissait s'être blessé au bras. Comprenant qu'il n'avait plus aucune chance de parvenir à ses fins, il éclata en sanglots :

– Je vous en supplie, il faut briser cet objet…

Ni Petit Brillant ni Sourcil de paon ne s'attendaient à une telle requête.

– Il faut le réduire en miettes, poursuivait Hua.

Il vit, impuissant, Petit Brillant reprendre la porcelaine. Encore plus surprise que son compagnon, la dame d'honneur se pencha vers lui :

– Je ne comprends pas. Tu as tenté de mettre Cixi en garde contre les pouvoirs maléfiques qui risquaient d'être libérés si on dérangeait cet objet. Les événements t'ont du reste donné raison puisque l'empereur Guangxu est mort et que Cixi est mourante. Et pourtant, c'est toi, Hua, qui demande à ce que le plat des Français soit brisé, recommandant ainsi d'accomplir ce que tu préconisais d'éviter, et de la manière la plus complète ? Pourquoi as-tu changé d'avis ?

Hua se releva, il semblait s'être fait mal à une jambe :

– Je ne renie rien de ce que j'ai dit à Cixi et je vais m'expliquer. Le paradoxe n'est qu'apparent. Le jour où Cixi a découvert la porcelaine dans les collections laissées par les anciens empereurs, j'ai expliqué et dit tout ce que je savais. Je suis au service des Grands Qing depuis de nombreuses années et j'ai toujours tâché de m'acquitter de mes fonctions le mieux possible. Aussi est-ce pour cette raison que j'ai dit la vérité à la Vénérable Aïeule, et lui ai fait part des pressentiments sombres que m'inspirait la porcelaine. Cependant, je n'imaginais pas que le fait de la déplacer serait si grave et causerait le trépas de l'empereur… Or, aujourd'hui, avec la mort de Guangxu, tout est changé, radicalement. Ce qui constituait une menace recèle aujourd'hui une promesse ou, au moins, une promesse de vengeance.

– Que veux-tu dire ? s'enquit Petit Brillant.

– À présent que le Fils du Ciel est mort, je peux bien le dire d'autant que mon sort m'est indifférent et que tu peux bien me dénoncer si tu le veux : de son vivant, j'ai toujours soutenu l'empereur, j'ai soupiré en songeant qu'il était emprisonné et tenté de soulager sa peine, par exemple en lui faisant parvenir des mets choisis lorsque l'occasion m'était donnée d'être en mesure de soudoyer ses gardiens. À présent que la puissance de la porcelaine des Français a mis, comme je le crois, un terme à la vie de l'empereur de Chine, je désire ardemment qu'elle détruise à présent celle de Cixi, et son monde avec elle, même si je dois disparaître avec lui.

Petit Brillant ne s'attendait pas à ce discours qui, bien entendu, fit résonner chez lui une corde sensible :

– Bien que je serve Li Lianying depuis mon arrivée dans la Cité interdite, j'étais comme toi un partisan de l'empereur et je ne te dénoncerai donc pas. J'ai toujours haï Cixi et le Premier Eunuque, mais n'ai jamais pu faire autrement que de les servir. Je n'aurais aucun déplaisir à voir périr le Premier Eunuque et me réjouirai sincèrement de la mort du Vieux Bouddha. Peut-être que la destruction de cet objet causerait la mort immédiate de Cixi, mais rien ne dit que cette perte ne s'accompagnerait pas d'autres dévastations et d'autres malheurs. Nous sommes tous trois en vie. Mais si les démons attachés à ce plat ne se calment pas, qui sait si nos existences ne sont pas elles aussi menacées ? Trois suivantes ont bel et bien perdu la vie depuis le jour où Cixi s'est entichée de la porcelaine…

Hua secoua la tête.

– Je t'ai déjà dit que je ne tenais plus à la vie.

Sourcil de paon s'efforça de sourire :

– Tu es maître de ton existence, en effet. Mais laisse-nous le loisir d'essayer d'ordonner la nôtre comme nous l'entendons. Tu es seul et nous formons un couple, nous voulons demeurer ensemble le plus longtemps possible, comprends-tu ?

S'estimant menacée, la jeune fille n'hésita pas à jeter ainsi sa solitude à la face de Hua. Petit Brillant s'en indigna, qui éprouvait une certaine sympathie pour l'eunuque demeuré à terre depuis que ce dernier avait confessé sa secrète allégeance à Guangxu et manifestement ouvert son cœur aux deux jeunes gens. Désormais confiant, il voulait atténuer la dureté des propos de Sourcil de paon. Il tendit la main à Hua afin de l'aider à se relever. Petit Brillant n'était pas loin de vouloir accéder au désir de Hua, tant ce dernier avait su commencer à le convaincre de la justesse de ses actes.

Sourcil de paon comprit que son amant, ému par la détresse de l'eunuque Hua, était prêt à faire droit à sa requête. Aussi rapide qu'une civette se faufilant dans un taillis, elle se saisit du paquet et, sans plus s'occuper des deux hommes, courut vers le porche qui précédait le Palais du bonheur justifié et y donnait accès.

Au loin, Poulie grinçante vit un palanquin, tendu d'étoffes pâles et surmonté d'une boule dorée, s'arrêter devant le palais de Cixi. Une main gracieuse en releva le rideau. Une femme apparut, coiffée à la mode des bourgeoises de la région de Chaoshan, près de Canton, les cheveux tendus sur une armature recourbée. Salués par les lanternes des porteurs qui, bien qu'étant immobiles, ne cessaient pas de danser dans l'air du soir, plusieurs dignitaires sortirent de la résidence impériale et s'approchèrent avec respect du palanquin. Dans les bras de sa nourrice, un enfant en sortit, revêtu d'habits somptueux. Le sang de Poulie grinçante, déjà échauffé par les bouillons de cafards que l'eunuque avait ingurgités pour fêter le plus beau jour de sa vie, ne fit qu'un tour dans ses veines.

L'eunuque gardien était aux portes de la félicité, et voilà qu'un marmot tentait de lui voler une victoire chèrement acquise, voulait le priver du bonheur qu'il avait mis tant d'années à atteindre ? Poulie grinçante ne doutait pas que cet enfant, qu'honoraient des princes et des mandarins aux habits brodés de grues, de faisans d'argent ou de paons, était un rival. Il sentit, partout dans ses veines, ses muscles et son esprit, s'élever des centaines, des milliers de petites voix. Les cafards ingurgités lui intimaient l'ordre d'exterminer cet intrus, ce misérable enfant qui venait le défier sans crier garde, à quelques pas de l'être aimé. Le visage empourpré, tremblant de fureur, Poulie grinçante chercha l'arme qui allait le débarrasser du gêneur. Il regarda autour de lui, ne vit rien qui pourrait l'aider, songea que sa force seule suffirait. Depuis qu'il avait quitté les Palais de mer, au contact du froid, les effets bénéfiques du thé aux cafards avaient cessé de calmer ses rhumatismes. Il monta cependant, tel un soldat d'élite, à l'assaut sur la rampe dallée de pierre menant au palais de Cixi, puis se jeta sur le petit groupe en hurlant.

L'instant suivant, il vit, très près de lui, des visages, entraperçut celui de la nourrice qui, en se retournant, lui jeta un regard, entre indifférence et surprise. Au milieu des cris étouffés et des jurons proférés à voix basse, Poulie grinçante prit cette figure pour celle de Cixi, ne comprit pas pourquoi l'impératrice douairière ne s'intéressait pas davantage à lui, ne saisit pas non plus pourquoi, d'un coup, le ciel basculait par-dessous le sol contre lequel il avait soudain le nez et la bouche plaqués.

Ce fut tout juste s'il sentit les cafards lui fouailler les entrailles… Il se débattit et, au prix d'un ultime effort, brisa l'étreinte qui le retenait, les eunuques de la cour n'étant guère habiles à maîtriser un forcené. L'instant d'après, Poulie grinçante se jetait dans le vide, la tête la première, perdu de raison mais cependant assez lucide pour savoir qu'il allait mourir sur-le-champ, le front fracassé contre des nuages de marbre blanc, quittant la vie, incrédule, définitivement fâché avec le genre féminin dont la plus éminente représentante, l'impératrice douairière de Chine, lui battait ainsi froid après l'avoir tant de fois encouragé à la vénérer.

À quelques pas de là, protégé de cette scène comme du reste du monde par une escouade de mandarins et de castrats emplumés, le jeune Puyi quittait les bras de sa nourrice. Bondissant, insouciant, sautillant, l'enfant pénétra dans la résidence impériale, sous l'œil attentif de sa nourrice effarée de se retrouver là. D'un coup, des dizaines de visages se tournèrent vers lui, avides de le scruter, de contempler sa jeunesse et son regard innocent pour tâcher d'effacer la tache pourtant indélébile que le souvenir de l'agonie de Cixi leur laisserait à jamais.

Une silhouette trapue apparut à la porte du Palais du bonheur justifié.

– Je t'attendais, entre vite.

Sourcil de paon reconnut l'eunuque Solive de montagne, qui avait tant protesté lorsque le plat des Français lui avait été arraché. Elle lui tendit aussitôt le paquet que le gardien des trésors impériaux fit prestement disparaître dans les replis de sa robe brodée. Il expliqua :

– J'ai vu toute la scène depuis le seuil, à travers le jour ouvragé du battant. Je me tenais prêt à intervenir, ajouta-t-il en souriant.

Il désigna un bâton dont la suivante supposa qu'il s'agissait d'un maillet de gong, d'une taille imposante. Solive de montagne expliqua :

– Je m'en serais servi en cas de besoin pour te venir en aide. Mais j'avais confiance en toi, ajouta-t-il en songeant aux trois suivantes mortes dont, tout au contraire, il avait craint les maladresses et redouté l'incapacité à protéger la porcelaine. Assez charitable pour les plaindre, il leur accorda une pensée émue avant de reprendre :

– J'étais certain que tu ferais ce qu'il faudrait. Je savais qu'il ne fallait rien moins que la détermination d'une femme pour mettre un terme à cette étrange aventure.

– Crois-tu que la porcelaine possède les pouvoirs que lui a attribués l'eunuque Hua ? demanda Sourcil de paon.

Suivi de la dame d'honneur, il pénétra dans la première pièce, qu'éclairaient chichement des lampes à huile. S'y trouvait le trône sur lequel Cixi s'était assise voici quelques mois, ignorant que, ce faisant, elle se condamnait à mort. Sourcil de paon comprit que, hormis son compagnon, le Palais du bonheur justifié était vide. Elle n'en conçut cependant aucune inquiétude : Solive de montagne ne lui inspirait aucune crainte et, de toute manière, la jeune fille avait tant été de surprise en surprise, depuis plusieurs jours, que rien ne pouvait plus l'effrayer, songea-t-elle. D'un pas sûr, l'eunuque gagna la salle où devait être rangé le plat des Français et où régnait une odeur de bois, de peinture et de poussière. Sans se retourner, l'eunuque répondit :

– J'en suis certain. Je crois même qu'elle en a bien davantage.

– Que veux-tu dire ?

– Je ne suis pas sûr que les démons qui s'en sont échappés se contenteront d'avoir fait périr l'empereur et la Vénérable Aïeule. Je crains fort qu'ils aient pris le goût de semer la terreur et que, d'une manière ou d'une autre, ils s'en prennent de nouveau à la dynastie. Songe à la somme de malheurs et de pleurs qui sont à l'origine de sa fabrication…

Il replaça la porcelaine dans un coffre dont il rabattit le couvercle avec soin. Sourcil de paon s'aperçut alors que la pièce était emplie d'autres caisses et boîtes à peu près semblables et en conçut une inquiétude certaine : contenaient-elles des objets aussi dangereux que le plat des Français ? S'arrachant à ses pensées, la dame d'honneur reprit :

– La porcelaine pourrait continuer à semer le malheur, alors que nous venons de la remettre à sa place ?

– L'avenir nous le dira, se contenta de répondre Solive de montagne.

– Tu as parlé de la mort de Cixi ? As-tu du nouveau ? demanda Sourcil de paon.

– Elle est inéluctable, qu'on s'en réjouisse ou qu'on la déplore. Elle est imminente.

À cet instant, retentirent les cymbales et les appels profonds des trompettes tibétaines.

– Voilà. Tout est accompli, soupira Solive de montagne. La Vénérable Aïeule est morte.

Sourcil de paon ne fut pas surprise par cette nouvelle que tout annonçait.

– Pourtant, le plat des Français a été remis à sa place. Crois-tu que nous devrions improviser une cérémonie pour tâcher de calmer définitivement les mauvais esprits ?

– C'est inutile et d'ailleurs, nous n'en aurions pas le temps. Cixi a passé sa vie à défier les hommes et les dieux. Elle n'a jamais hésité à braver les interdits en tuant les uns après les autres tous ceux qui s'opposaient à elle ou risquaient de se trouver sur son chemin. Les créatures du monde divin se sont vengées, voilà tout.

Les instruments funèbres se turent. Il y eut un long silence, mais aucun des deux serviteurs ne s'en aperçut. Sourcil de paon revint vers le seuil, alors que Solive de montagne, soulagé que la porcelaine ait repris sa place, était demeuré en arrière et regardait le coffre de loin.

D'instinct, la dame d'honneur regarda au dehors. Quoique déclinant, le soleil était toujours là, les oiseaux volaient et le vent soufflait, un peu, venu du nord. Surtout, les bâtiments étaient toujours debout, solides, imposants. Cixi et Guangxu étaient morts et, pourtant, rien ne semblait en apparence changé.

Puis Sourcil de paon remarqua qu'elle respirait doucement, comme si elle craignait, par son seul souffle, de déclencher le cataclysme qui, à sa grande surprise, n'accompagnait pas la mort de l'impératrice. Elle se retourna, considéra Solive de montagne qui l'avait rejointe, regarda son corps, le contempla longuement, pour se rassurer pensa-t-elle, en captant autant que possible la force, l'énergie tranquille, tout simplement la vie qui émanait de l'eunuque. Peu à peu, l'appréhension de Sourcil de paon décrut, mais la jeune fille eut la désagréable surprise de s'apercevoir que si Solive de montagne le lui avait proposé, elle aurait accepté de faire l'amour avec lui, aussi naturellement qu'elle l'aurait fait à la demande de Petit Brillant, peut-être avec plus de plaisir encore. Ce qui la conduisit à s'interroger sur la véritable nature de ses émotions : était-elle réellement attachée à l'eunuque aux yeux sombres par de véritables sentiments, ou bien était-elle prête à s'attacher à tout homme qui saurait la rassurer ? Ce qu'elle croyait, depuis tant d'années, être de l'amour, n'était-ce qu'un sentiment beaucoup plus commun, une simple affection, certes solide mais prête à laisser la place à une passion véritable ? Sourcil de paon se trompait-elle depuis toujours, et ce qui la liait à Petit Brillant, n'était-ce qu'un besoin né de la nécessité, le seul désir de ne pas souffrir de la solitude et de se protéger contre l'adversité ?

La dame d'honneur ne s'interrogea pas davantage ni se s'apitoya plus longtemps sur son sort. Le visage de Fleur entrouverte de soie se rappelait à son souvenir. Et la mort de Cixi, suivant de si près celle de son amie, lui fit mesurer toute l'absurdité de la tragédie qui avait conduit à la mort des trois suivantes. Car Sourcil de paon n'en doutait pas :

elle ne saurait probablement jamais avec exactitude comment et pourquoi Fleur entrouverte de soie, Désir d'été et Arôme d'angélique étaient mortes. Mais elle était certaine que ces disparitions, ainsi que celle de la première suivante qui s'était pendue, avaient été provoquées par l'inconscience de la Vénérable Aïeule, soucieuse avant de mourir de défier des esprits démoniaques, pour se prouver qu'elle était la plus forte. Un simple caprice de la douairière avait suffi pour que le destin de ces filles bascule…

Sourcil de paon entendit du bruit derrière elle, se retourna et eut un geste craintif. C'était l'eunuque Hua qui, remis de son altercation avec Petit Brillant, l'avait rejointe sous la véranda du Palais du bonheur justifié. Avec courage, redoutant que Hua n'ait pas dit son dernier mot, elle se plaça entre le nouveau venu et Solive de montagne. Mais Hua lui adressa un geste triste et fatigué dont elle comprit la signification. Cixi était morte, l'eunuque se moquait désormais de ce qui pouvait arriver au plat de Jingdezhen. Il était secrètement satisfait de ne pas avoir eu à briser le plat pour que la douairière meure. Petit Brillant, qui le suivait de près, pénétra à son tour sous le péristyle et étreignit longuement Sourcil de paon.

Solive de montagne comprit qu'il n'avait plus rien à craindre pour la porcelaine et s'en réjouit, tout à fait indifférent au trouble qu'il avait fait naître chez Sourcil de paon. Son esprit n'était occupé que par le désir de renouer avec le fil des jours, de pouvoir se lever le matin et se coucher chaque soir en sachant que le plat des Français avait repris sa place. Il souhaitait se repaître autant que possible de cette certitude afin de tâcher d'atténuer les chagrins nombreux qu'il éprouvait dans le Palais du bonheur justifié.

L'eunuque gardien voulut convier Sourcil de paon et les deux autres serviteurs à le suivre dans son logement afin de s'y abriter du froid en se serrant autour d'un brasero. Or, une rumeur d'abord indistincte naquit alors avant de s'amplifier très vite. C'était une sorte de piétinement, semblable à celui que fait une troupe, un son tout à fait incongru puisque nulle armée n'avait le droit de pénétrer dans la Cité interdite, encore moins une unité à cheval. Cela semblait provenir d'une vaste esplanade, toute proche, qui constituait une sorte de place à peu près située au centre de la Cité interdite et, par là, une manière de passage obligé.

Les quatre serviteurs firent quelques pas sous la véranda aux colonnes pourpres, de façon à tâcher de distinguer ce qui se passait. À rebours des usages, plusieurs dizaines de serviteurs, hommes et femmes, et même quelques personnages de haut rang, ainsi qu'en témoignait leur toilette, couraient en désordre, l'air affolé. Un instant, Petit Brillant crut que les Barbares étrangers mettaient à profit la mort quasi simultanée des deux souverains pour passer à l'attaque et une nouvelle fois donner l'assaut à la Cité interdite. Passé cette première pensée, il se rendit compte de sa sottise : cet offensive aurait été précédée d'une canonnade, d'une rumeur guerrière. Or, rien de tel n'avait retenti…

Solive de montagne semblait lui aussi troublé par ce spectacle. Ce fut Hua qui en livra la clef :

– Je les reconnais, ils étaient chargés de préparer le corps de Guangxu et de veiller sur sa dépouille. À la nouvelle de la mort de Cixi, ils abandonnent leur poste, pour je ne sais quelle raison. Ils préfèrent honorer la Vénérable Aïeule et la servir une dernière fois plutôt que d'accomplir leur véritable devoir.

– Je me demande ce que l'impératrice Xiaoding va penser de cela. Elle veille tant à ce que le protocole soit respecté dans ses moindres détails, remarqua Sourcil de paon, qu'elle ne pourra que s'irriter de cette cavalcade. (Elle marqua un temps d'arrêt avant d'ajouter, fataliste :) Quant à Cixi, même morte, elle continue de commander et de faire peur…

– Peut-être le dernier, je demeure fidèle à mon maître, dit Petit Brillant. Guangxu ne peut rester seul, je vais le rejoindre.

L'eunuque joignit le geste à la parole, et Sourcil de paon ne chercha pas à le retenir, satisfaite, presque orgueilleuse, que son amant se conduise aussi élégamment dans le malheur. Les trois autres serviteurs se séparèrent. Sans se regarder, Hua regagna le palais de Cixi, et Sourcil de paon la demeure, voisine, de Jin. Plus que jamais, la jeune fille s'interrogeait sur la nature des sentiments qui la liaient à Petit Brillant. Sourcil de paon s'en voulait d'autant plus qu'elle savait l'essentiel : son amant, lui, l'aimait éperdument et, de toute façon, elle n'avait pas le droit de se désintéresser de lui quand elle aurait quitté les palais impériaux. Quant à Hua, à présent que Guangxu et Cixi avaient expiré, il était bel et bien contraint de s'intéresser désormais à son propre sort, d'autant qu'une idée venait de naître dans son esprit : les esprits, dont il avait en vain dénoncé l'influence néfaste, n'allaient-ils pas s'en prendre à lui, à présent, à la fois parce qu'il leur fallait une nouvelle victime et qu'ils souhaitaient le punir d'avoir voulu prévenir Cixi de leurs probables méfaits ? À cette idée, son corps fut la proie d'un tremblement tel qu'il n'en avait jamais connu : son ancien surnom, le Têtard, se rappelait à lui…

Resté seul, Solive de montagne pénétra de nouveau dans le Palais du bonheur justifié. Là où Sourcil de paon n'avait rien distingué de particulier, l'eunuque ne voyait que désolation et désirait demeurer seul. Car, partout, son œil exercé contemplait des vides, des trous, des manques. En venant ici l'autre jour, indignée, Cixi avait annoncé aux eunuques qu'ils s'empresseraient de dévaliser ce palais à sa mort. La douairière se trompait. Depuis plusieurs années, les castrats avaient commencé à piller les collections impériales. Pour arrondir les maigres émoluments que leur versait le Neiwufu, les autres gardiens du Palais du bonheur justifié vendaient les uns après les autres jades, vases et calligraphies antiques : les objets, dissimulés dans les charrettes chargées de l'approvisionnement de la Cité interdite, repartaient en secret chargées des trésors impériaux, bientôt revendus à des antiquaires peu scrupuleux que fréquentaient des Barbares esthètes et fortunés [1]. L'un des seuls

1. Peu après, sous le court règne de Puyi, les eunuques mirent le feu au Palais du bonheur justifié pour effacer toute

à se montrer honnête, Solive de montagne n'avait rien pu faire pour mettre un terme à ce trafic. Et il avait toujours renoncé à le dénoncer, tout à la fois par crainte de représailles perpétrées par des castrats corrompus et que le climat de décadence régnant dans la Cité interdite n'incitait pas à se montrer honnêtes. Surtout, Solive de montagne s'était simplement efforcé, d'un mot, d'un reproche à peine appuyé, de freiner quelque peu ce trafic et, en tout cas, d'en faire le décompte. L'autre jour, il avait envisagé de s'emparer par la force du plat des Français, quoi qu'il lui en coûte, avant de renoncer, cet accès de courage retombé.

Longtemps, Solive de montagne s'était promis, Guangxu revenu sur le trône et une fois balayée la clique de Li Lianying, de faire état de ces malversations. En attendant ce jour, il avait tout fait pour que retrouve sa place le plat des Français, le seul objet des collections impériales dont, le déménagement étant connu de tous, le castrat pouvait demander le retour… Or, l'empereur venait de périr et, l'eunuque gardien le savait, ce n'était pas le jeune Puyi qui allait être en mesure de restaurer les anciennes vertus. Les vols, la gabegie, les mensonges perdureraient, et les collections impériales ne cesseraient pas d'être pillées. Solive de montagne en mourrait… Il était désespéré. C'est à peine s'il eut la force, à la lumière de rares lampes à pétrole, de s'approcher d'un coffre, laqué de rouge et doté de serrures

---

trace de leur forfait. Ce qui conduisit le jeune empereur à les chasser de la Cité interdite.

de cuivre, et admirer l'objet qui n'aurait jamais dû en sortir, le plat des Français autrefois créé dans le feu des ateliers de Jingdezhen pour célébrer la mémoire d'un roi exécuté : la porcelaine oubliée.

Pour l'éditeur, le principe est d'utiliser des papiers composés de fibres naturelles, renouvelables, recyclables et fabriquées à partir de bois issus de forêts qui adoptent un système d'aménagement durable.

En outre, l'éditeur attend de ses fournisseurs de papier qu'ils s'inscrivent dans une démarche de certification environnementale reconnue.

Composition réalisée par FACOMPO (Lisieux)

Imprimé en Espagne par LIBERDUPLEX (Barcelone)

Dépôt légal : avril 2008
Édition 01